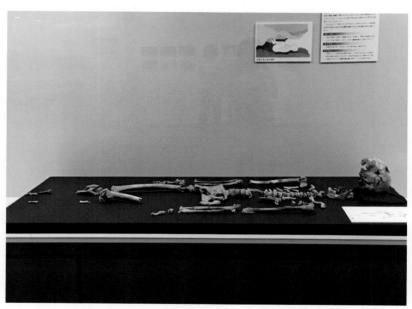

圖1-1　白保4號人骨（前田舟子攝影）

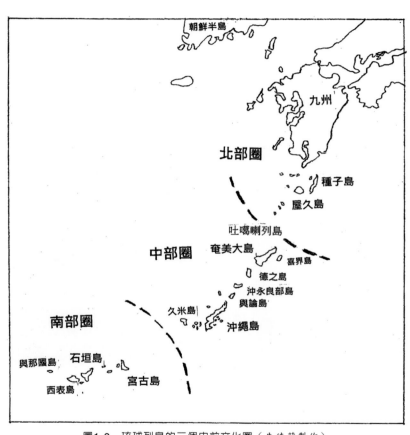

圖1-2　琉球列島的三個史前文化圈（朱德蘭製作）

參考資料：新城俊昭，《教養講座　琉球‧沖繩史》，頁17。

圖1-3　三山勢力圖（朱德蘭製作）

參考資料：同圖1-2，頁46。

圖1-4　山北王的居城，今歸仁城跡（朱德蘭攝影）

圖1-5　首里城正殿（朱德蘭攝影）

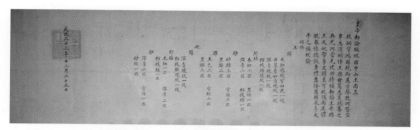

圖1-6　明孝宗頒給琉球國中山王尚真的勅書（沖繩縣立博物館・美術館藏）

圖1-7　唐船（沖繩縣立圖書館藏）

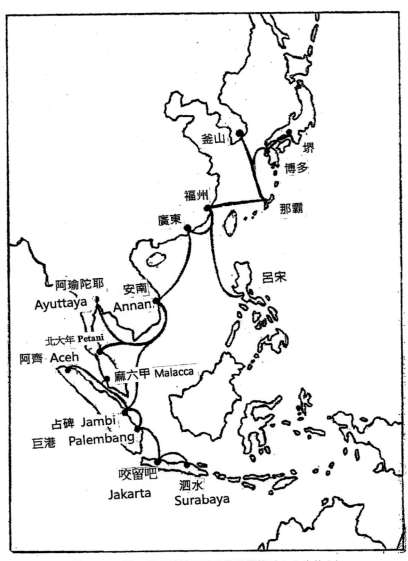

圖1-8　14至16世紀琉球王國的貿易網絡（朱德蘭製作）

參考資料：同圖1-2，頁75。

圖2-1　宗教調査紀録「宗門手札」（沖繩縣立圖書館藏）

圖2-2　前往江戶的琉球慶賀使行列（琉球大學附屬圖書館藏）

圖2-3　琉球士族與庶民（琉球大學附屬圖書館藏）

圖2-4　琉球社群的生活樣貌（琉球大學附屬圖書館藏）

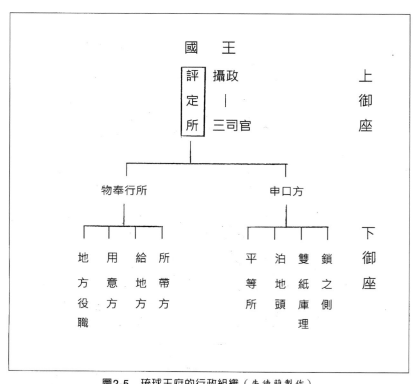

圖2-5　琉球王府的行政組織（朱德蘭製作）

參考資料：同圖1-2，頁133。

圖2-6 紅底瑞龍繡圖的唐衣（那霸市歷史博物館藏）

圖2-7 冊封使行列（沖繩縣立博物館・美術館藏）

圖3-1　脫清人（從事琉球復國運動者）（那霸市歷史博物館藏）

圖3-2　沖繩縣立圖書館長時代的伊波普猷（那霸市歷史博物館藏）

圖3-3　港口歡送航向南美的移民船（那霸市歷史博物館藏）

圖3-4　戰壕遺址（朱德蘭攝影）

圖3-5　姬百合塔與平和祈念資料館（姬百合平和祈念資料館畫像提供）

圖3-6　和平之礎（沖繩縣平和祈念資料館畫像提供）

圖4-1　嘉手納基地（朱德蘭攝影）

圖4-2　復歸前的遊行活動（那霸市歷史博物館藏）

圖4-3A　沖繩本島基地分布圖（朱德蘭製作）

參考資料：沖繩縣文化振興會公文書館管理部史料編集室編，《概説沖繩の
　　　　　歷史と文化》，頁94。

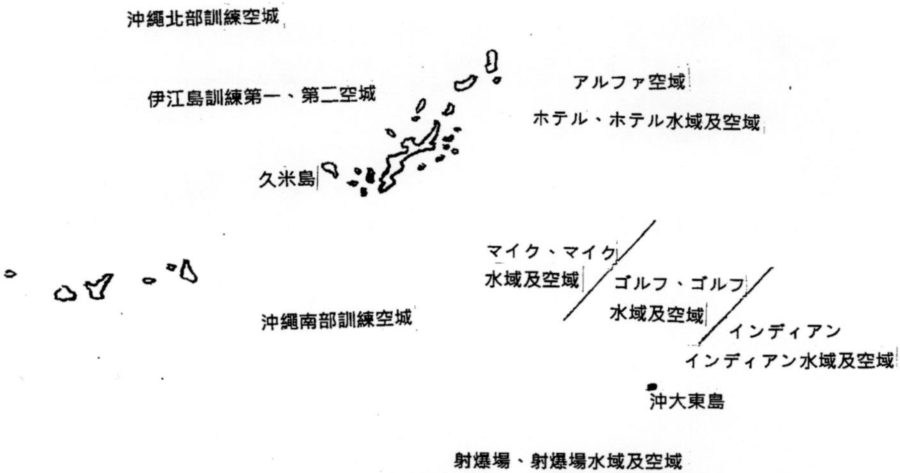

沖繩北部訓練空域

伊江島訓練第一、第二空域

アルファ空域

ホテル、ホテル水域及空域

久米島

マイク、マイク
水域及空域

ゴルフ、ゴルフ
水域及空域

インディアン

沖繩南部訓練空域

インディアン水域及空域

沖大東島

**射爆場、射爆場水域及空域**

圖4-3B　沖繩本島周邊基地分布圖（朱德蘭製作）

參考資料：沖繩縣文化振興會公文書館管理部史料編集室編，《概說沖繩の
　　　　歷史と文化》，頁94。

圖4-4　石油儲存槽（朱德蘭攝影）

圖4-5　連接那霸機場到首里的「Yui-rail」（朱德蘭攝影）

圖4-6 慰靈塔（朱德蘭攝影）

圖4-7 琉球舞蹈「綛掛（Kasekake）」（朱德蘭攝影）

圖4-8　在那霸酒館裡演唱琉球民謠的藝人（朱德蘭攝影）

圖5-1　琉球進貢船（沖繩縣立圖書館藏）

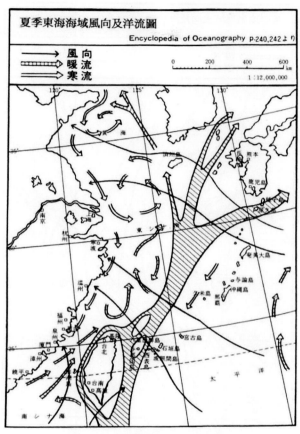

**圖5-2A 東海夏季風向及洋流圖**

資料來源：野口鐵郎，《中國と琉球》附錄圖（東京：開明書院，1977年）。

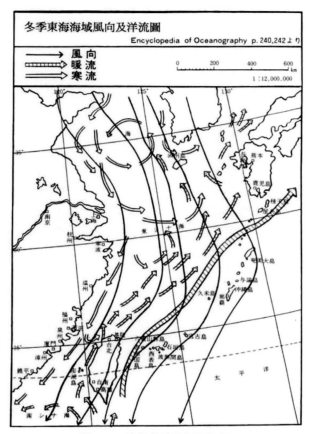

圖5-2B　東海冬季風向及洋流圖

資料來源：野口鐵郎，《中國と琉球》附錄圖（東京：開明書院，1977年）。

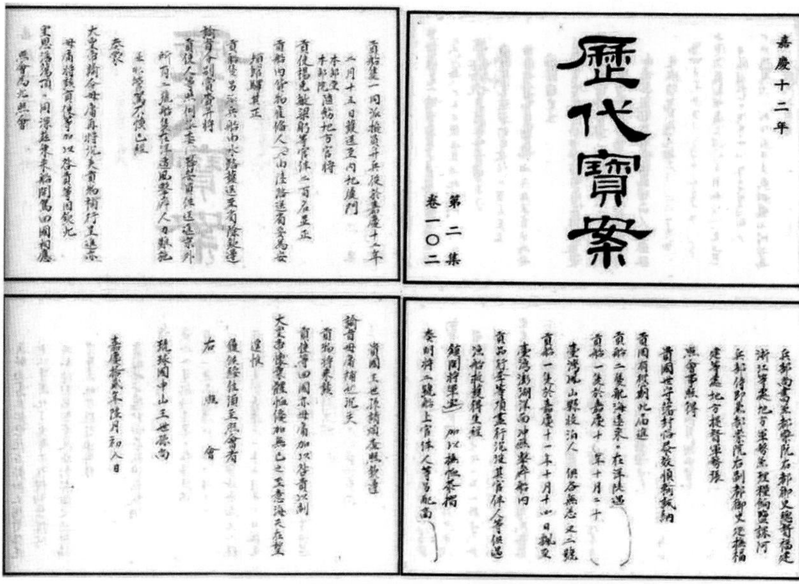

圖5-3　閩浙總督致琉球國王貢船遭風漂臺照會

資料來源：《歷代寶案》（國立臺灣大學影印本）。

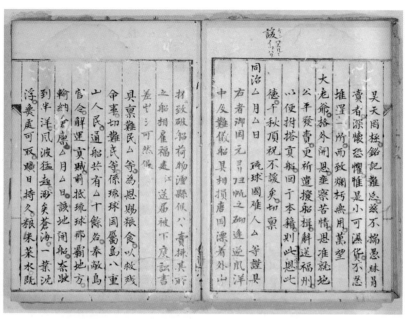

吳天閤拯銘記難忿盛不揣恩眛月
賣者深懷恐懼惟是小可濕貨不恩
堆置一所而致爛朽無用莫望
大老爺格外開恩垂察苦情恩准就地
公平發賣更祈遣撥船送解送福州
以便捎搭貢舡回于本籍則此恩此
德千秋頂視不諼矢切稟
同治△月△日
右者卯國元引门帆之硇逢逆風洋
中及難做船具捎損唐回漂著外山
琉球國難人△等證具

扑致破船荷物湮縣候八賣採其所
之船捎星福建江送居被下慶訟書
差七三可然佩
具稟難民△等為恩賜糧食以救殘
令束切難民等係琉球國屬島八重
山人民通船共有△十餘名奉敕島
官令解運貢賊前抵琉球那霸地方
輸約△△△△月△日諮地開船奈駛
到半洋風波猛起渺矢蒼海一葉沈
浮喪處可取賾日持久糧朱菜水既

圖5-4 《漢文集》範例（琉球大學附屬圖書館藏）

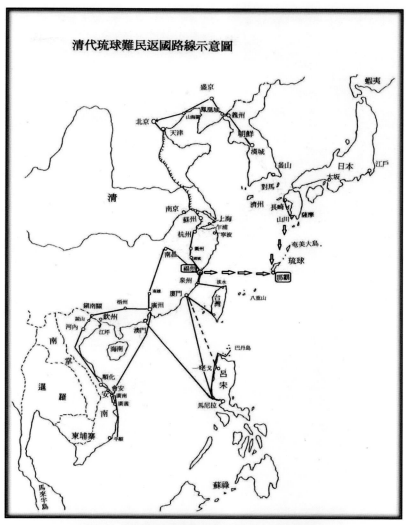

圖5-5　琉球難民返國路線示意圖（劉序楓製作）

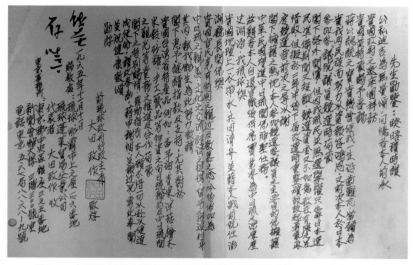

圖9-1　大田政作致中琉文經協會理事長方治信函（中琉文經協會提供）

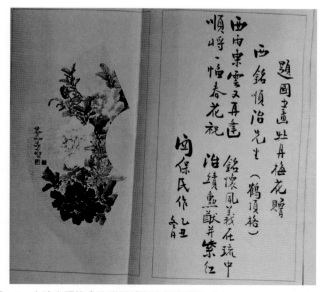

圖9-2　中琉文經協會致贈西銘順治國畫題詩（中琉文經協會提供）

圖9-3　琉球亞洲人民反共聯盟琉球總會印戳暨蔡璋圖章（中琉文經協會提供）

圖9-4　獵戶星啤酒（ORION BEER）宣傳廣告（中琉文經協會提供）

圖10-1　程順則、蔡溫頌德碑（朱德蘭攝影）

圖10-2　天妃宮（朱德蘭攝影）

圖10-3　守禮門（朱德蘭攝影）

圖10-4　石垣島民宅屋頂上的獅子雕像（朱德蘭攝影）

圖10-5　石垣島唐人墓（朱德蘭攝影）

圖10-6　蔣中正題字「石垣市唐人墓」及中日文碑文（朱德蘭攝影）

圖10-7　至聖廟內陳立夫筆書匾額「萬世師表」（朱德蘭攝影）

圖10-8　位於久米區松山公園的至聖廟新址（沈玉慧攝影）

# 琉球沖繩的光和影——
# 海域亞洲的視野

朱德蘭　主編

朱德蘭、赤嶺守、劉序楓、上里賢一、
廖肇亨、金城ひろみ、前田舟子　著

中琉文化經濟協會　策劃

五南圖書出版股份有限公司

# 序言一

　　我和日本沖繩的結緣，始自1985年8月參加徐玉虎教授帶隊的學術交流訪問團。走訪沖繩，首先映入眼簾的是，大大小小的島嶼徜徉在萬頃碧波中，島的周圍被白色的沙灘和珊瑚礁岩所圍繞，透明的海水，棲息著多種海洋生物，燦爛的陽光和碧藍色的大海相互輝映。其次對布滿熱帶性植物的斷崖峭壁、自然洞窟、古城遺跡的美妙風景，民宅屋頂、牆邊設置各種造型的石獅子，丁字路口的「石敢當」等，世間罕見的獨特景觀，留下了很深的印象。

　　1986年中琉文化經濟協會在臺北舉辦「第1屆中琉歷史關係國際學術會議」時，我報名聆聽，並應張希哲理事長之邀，加入中琉文經協會成為會員。1987年方治理事長聘我擔任該會文化委員會委員。同年7月我重訪沖繩，在琉球大學我部政男教授、沖繩縣立圖書館奉仕課長宮城保先生的協助下，調查蒐集了不少文獻。此次訪沖10天間，認識了來自東京慶應義塾大學的向山秀夫教授、沖繩尚學高等學校名譽校長島尻勝太郎先生、琉球大學比嘉政夫教授、沖繩縣工藝指導所名嘉正八郎所長等十多位著名學者。

　　其後，我積極地參加中琉歷史關係國際學術會議，在那霸曾經與西銘順治知事、池田光男教育長合影，和各界賢達人士交換名片，如：琉球大學東江康治校長、沖繩國際大學高宮廣衛校長、沖繩大學佐久川政一校長、沖繩短期大學新崎盛輝校長、沖繩縣議會總務企畫委員會儀間光男委員長、名作家大城立裕先生、沖繩縣立公文書館宮城悅二郎館長、沖繩縣立圖書館內間義人館長、沖繩時報比嘉敬社長、那霸商工會議所米村幸政專務理事、沖繩中琉協會宮城仁四郎會長、國場組宮城宏光社長、壺屋燒物博物館渡名喜明

館長、有村倉庫會社有村喬社長、新垣琉舞研究所新垣典子師傅等。

2000年中琉文經協會第8屆理事長蔡雪泥女士為持續推展學術交流事務，通過李雪峰先生、劉寧顏常務理事推薦，邀我出任該會歷史委員會主任委員。關於學術交流，我認為每隔兩年在台北、那霸、福州、青島等地輪流舉辦中琉歷史關係國際學術會議，是學者相互切磋，分享研究成果，最有意義的活動。

琉球大學赤嶺守教授師從國立臺灣大學名譽教授陳捷先先生。陳捷先教授才學出眾，無論在教學、研究、辦會方面，都有出色的表現。中琉、臺灣沖繩交流史的研究不屬於顯學，早期中琉歷史關係國際學術會議源於張希哲理事長、陳捷先教授的熱心推動，奠定了良好的基礎，接班人赤嶺守教授、謝必震教授、修斌教授和我，都採取他們的模式輪辦，至今為止，該會已經舉行了16屆，並將持續下去。

本書作者和譯者多次參加中琉歷史關係國際學術會議，是一群專業領域有別，研究興趣相投的同志。2015年我到沖繩訪問，和金城ひろみ、平良妙子、前田舟子3位學者，以及交情近30年的上里賢一教授、赤嶺守教授提出合作撰寫此書計畫時，得到大家的允諾，同事劉序楓、廖肇亨兩位教授也樂意促成。於是，在中央研究院人社中心、中琉文化經濟協會、中央研究院「共相與殊相─十八世紀前東亞文化意象的匯聚、流傳與變異計畫」三方經費支援下，先後於2016年12月、2017年6月舉辦了兩次「從琉球到沖繩」工作坊。這兩次工作坊對作者把握撰稿進度和修訂原稿，大有裨益。

本書彙編了十篇文章，力圖由多視域出發，對琉球沖繩史的變動過程進行範圍廣泛、有深度、有厚度的反思。

本書包括兩大單元，第一單元通史篇分為四章，即：古代琉球、近世琉球、近代沖繩、現代沖繩。各篇文章均參考多種文獻，

以敘事體方式，輔以圖表，系統性的說明古琉球的興起，王國鼎盛期的文化，末期受到外力干預，被迫走向滅亡，成為日本的沖繩縣。接著，經歷了日本化階段，太平洋戰爭時美軍攻占沖繩，戰後美軍託管，1972年回歸日本統治，80年代以新沖繩的面貌，振興其文化特質的軌跡。通史篇強調從歷史脈絡中，尋找琉球沖繩的內在發展因素，這個發展因素對沖繩社會帶來什麼影響。唯，在編著過程中，作者之一的平良妙子女士突然患病住院，原本由她擔當的第二章，赤嶺守教授情義相挺，不僅同意執筆，而且還幫忙聯繫一些事務。

第二單元專題研究篇包含：第五章琉球船的漂流事件；第六章琉球勤學人程順則與其師傅陳元輔；第七章中國冊封使的琉球意象；第八章琉球王國的滅亡；第九章戰後沖繩臺灣經貿關係；第十章戰後沖繩臺灣文化交流。這六篇論文皆以通史篇各個時代為背景，以寬廣的視野對過去研究較少觸及的海難事故、琉球留學生程順則的學習生活及其交流網絡、冊封使旅琉印象、琉球士族的復國運動、戰後沖繩與臺灣間之經貿及文化交流實況等議題，進行很有啟發意義的思考和探討。

本書具有幾點突破性的意義。首先是集結臺灣、沖繩跨學科、跨專業領域的學者，首開合力完成琉球沖繩通史之創舉。其次是跳出學界側重於琉球涉外問題之視角，具體地從政治、外交、經濟、社會、文化等面向，深入考察古代琉球到現代沖繩，每一階段歷史變遷中的光和影。第三，在取材方面，全文作者利用豐富的史料和大量的圖表相互參照，連貫一氣的交代了重要人物與歷史事件的來龍去脈。總結的說，這是一本很適合大學生、研究生、教師學習琉球沖繩史的參考書。

本書能夠順利地完成，特別感謝中央研究院人文社會科學研究中心、中琉文化經濟協會對此研究項目的支持，作者、譯者對於我

的繁瑣要求，始終給予熱誠地回應，亞太區域研究專題中心劉序楓教授、林育生助研究員協助訂正了一部分原稿，五南圖書出版公司陳姿穎主編、許馨尹責任編輯在校閱書稿階段，提供了極爲重要的協助。

朱德蘭

謹誌

2018年1月15日

# 序言二

　　沖繩最近成爲外國遊客的觀光勝地，尤其是中國大陸和臺灣的遊客更占所有訪客的大多數。大家除了一訪沖繩以外，並興高采烈地購買日本商品。大多數人會將沖繩之旅視爲一趟日本旅行。在觀光客的腦海裡，即使知道沖繩以前是「琉球王國」，但多不明瞭琉球、沖繩一路走來的歷史。

　　琉球王國1372年對中國進貢成爲中國的屬國，1609年受到薩摩藩（今鹿兒島）的侵略，成爲薩摩的附庸國，此後有兩百餘年處於一國兩屬的情形。1879年琉球王國被日本併吞，設置了沖繩縣。琉球王國滅亡後，雖然有許多士族密航中國展開琉球復國運動，但因1894年中國在甲午戰爭中戰敗，琉球士族的復國運動失去後盾，只得宣告瓦解。之後沖繩開始受到日本政府急速的一元化支配。第二次世界大戰時，沖繩這塊土地被犧牲，變成慘烈的戰場，戰後並被美國占領，在美國統治的27年間，更一味地從事東亞軍事基地建設措施。琉球在美國施政下，不再指望獨立，提出反基地的主張，並展開復歸日本運動。1972年琉球回歸日本終於實現，並再次被設爲沖繩縣。然而，卻未符合沖繩人的願望縮減軍事基地，沖繩全島依然存在著大量的美軍基地。

　　琉球大約有500年的中國屬國時代，270年的薩摩附庸國時代，王國滅亡後，沖繩人又當了110餘年的日本國民，其中還包括被美國統治的27年，沖繩人的過去，可以說是在大國的夾縫中，飽受歷史波瀾擺布，經歷了難以言喻的艱辛路程。不過，身爲琉球人、沖繩人的自我認同，會因其所處的時代不同而有所差異。琉球王國滅亡，特別是在甲午戰爭後，沖繩人猛然覺悟除了成爲日本人

以外，別無其他選擇。

　　據日本NHK輿論調查顯示，支持日本復歸的人超過80%，支持獨立的卻不到1%。琉球在王國滅亡後被迫接受日本同化政策，由於日本政府徹底地實施學校教育，沖繩人的日常會話改爲日本話，所以現今年輕人幾乎都已不懂琉球話了。聯合國教科文組織（UNESCO）認定琉球語爲瀕臨絕滅的語言之一，反映了此一事實。

　　臺灣或中國等外國觀光客看到現在沖繩的樣貌，很自然地把它聯想成日本的一部分。但沖繩人從未忘卻屬於自己的琉球王國時代的歷史。除了被選定爲世界遺產的史蹟及組踊（戲劇）都是琉球王國時代的遺產外，另傳承至今的琉球舞蹈、民謠、紅型（染藝）、陶器和空手道也都是誕生於琉球王國時代，還有琉球料理也是王朝時代的料理。現在的沖繩人仍對自身帶有琉球人的琉球王國時代文化而感到驕傲。即使在政治上受到日本同化，王國時代的精神依舊根深柢固地存在於現代生活中。如從沖繩表面來看，好像和日本本土無異，但當人們對其歷史與文化有了充分的了解後，任誰都會發現其中多有不同之處。

　　1980年以來，隨著沖繩與臺灣、中國大陸學者之間學術交流的進展，在臺灣研究琉球史的學者漸增，對琉球涉外關係史也有了更深入的研究。中國大陸近年來因琉球關係史料的大量出版，研究琉球的年輕學者遽爾輩出。但臺灣和中國大陸的學者多以琉球王國時代的研究爲中心，針對近現代史的專門研究極少，相關書籍的出版也十分有限，因此幾乎對沖繩的近現代史一無所知。

　　近年來，中央研究院人文社會研究中心的朱德蘭教授對沖繩近現代史的研究不遺餘力，其研究成果在史學界受到高度的評價，本書中也收錄了多篇朱教授精湛的作品。

　　本書最大的特點是除了琉球王國時代的歷史以外，也收錄了近

現代史的論著，堪稱為「通史」之作。其中包括第二次世界大戰的激烈作戰中，沖繩縣在每4人之中有1人喪生的犧牲下，縣民渴望和平的呼聲，以及戰後全日本75%的美軍基地都集中在沖繩，直升機失事和美軍的犯罪等基地問題，帶給縣民的困擾等。

　　此外，本書對戰後展開的日本復歸運動亦有詳載，可說是第一本縱貫古代、近世到近現代的琉球沖繩通史。在此，筆者期盼眾多讀者能將本書作為琉球、沖繩史之啟蒙書，在閱讀之後能對異於日本本土的琉球、沖繩史有更深入的認識。

　　本書的編輯工作是由朱德蘭教授一手策劃，沖繩學者是以文部科學省概算要求事業「創造自立型島嶼地域社會〈島嶼地域科學〉之體系化研究」（琉球大學國際沖繩研究所・法文學部）共同計畫小組的名目，為執行計畫而參與撰著的。衷心感謝朱德蘭教授在架構本書內容時，樂意接受琉球大學研究小組的參與及合作。


日本國立琉球大學法文學部教授

赤嶺守

謹誌

2018年1月16日

# 序言三

　　中琉歷史關係淵源久遠，追溯官方交往始於1372（明洪武五）年，終於琉球被日本兼併的1879（清光緒五）年。1945年二次大戰結束，琉球爲美國託管，當地各行業領袖鑑於明清時期中琉兩國有500餘年的交流史，以及臺灣、沖繩比鄰，戰前兩地人民往來頻繁，爲與臺灣延續傳統歷史情誼，故於1957年11月成立一個社會團體「中琉協會」。1958年3月臺灣社會賢達人士爲加強中琉友好關係，也組織了一個相應的人民團體「中琉文化經濟協會」，亦即以共通的歷史情感爲出發點，由首任理事長方治先生領導，發展各式各樣的交流活動。迄今爲止，文教交流、經濟合作、促進貿易與旅遊、市政建設觀摩等，通過協會熱烈的交往互動下，訪問、考察、研習、觀光者，每年多達數萬人。

　　而我和沖繩的結緣，源起於家母蔡雪泥女士自2000年起擔任中琉文化經濟協會第8、第9屆及第11屆理事長。蔡女士爲人誠信，尤其熱心慈善公益事業，因對臺灣、沖繩親善友好關係貢獻顯著，深爲沖繩各方人士所欽仰，因此榮獲沖繩縣政府頒發第一號沖繩縣終身「民間親善大使」。我受到家母的影響，加入中琉文經協會成爲會員，經常陪同家母接待沖繩賓客，久而久之，熟悉了相關事務，故於2015年當選第13屆理事長，2018年連任第14屆理事長，成爲實際推動中琉文經交流的工作者。

　　臺灣離沖繩很近，搭飛機約1小時就可抵達那霸，由於交通便捷，加上沖繩有日本的「夏威夷」美稱，所以只要有三、五天假期，臺灣人多愛攜伴赴沖一遊。大量到沖繩觀光的臺灣旅客之中，大部分不了解今日沖繩，六百年前曾以「琉球王國」的名字蜚聲國

際，1879年被日本併吞，改名「沖繩縣」，1945年美軍登陸沖繩
本島，爆發慘烈的沖繩戰，戰後美國代管，為切割她與日本的關
係，1952年設立了「琉球政府」，1972年歸還日本，日本恢復使
用「沖繩縣」的曲折歷史。琉球、沖繩有豔陽高照，有陰暗風暴的
過去，為《琉球沖繩的光和影──海域亞洲的視野》的撰寫，提供
了豐富多樣的題材。

　　《琉球沖繩的光和影──海域亞洲的視野》主編朱德蘭教授，
很早就加入中琉文經協會，協助推展學術研究交流工作。朱教授長
期從事臺灣、沖繩歷史研究，2015年向我提出組織一批治學嚴謹
的文史專家，合寫一本琉球沖繩史的計畫時，我認為這是一項有助
於社會大眾認識琉球史的重要事業，當下欣然同意，予以大力支
持。

　　朱教授主編此書的方針是，史料力求詳實，文字力求通暢，不
求面面俱到，但求真實生動。令人感佩的是，參加撰寫此書的作者
皆一時之選，他們在百忙中共襄盛舉，積極的配合編寫進度，貢獻
各自多年來研究成果的心血。2018年《琉球沖繩的光和影──海域
亞州的視野》初版發行不久，朱教授以此書為教材，在中央研究院
人文講座秋季班開授「琉球沖繩史」通識課程，獲得選修學生很好
的回響。值此再版之際，我樂意向讀者推薦：這是一本開啟歷史知
識視窗，值得一讀，可供教師和學生參考的書。


中琉文化經濟協會理事長

趙文瑜
謹誌
2019年7月25日

# 目 次

# 圖 次

# 表 次

壹

通史篇

琉球（沖繩）諸島

慶良間諸島

那霸

宮古列島

八重山列島

與那國島

# 第一章　古代琉球

# 一、從史前到三山統一

## （一）史前時代的琉球

　　據2016年沖繩縣立埋藏文化財中心洞穴遺跡調查報告記載，位於沖繩本島南邊的石垣島，因建設新機場發現了「白保竿根田原洞穴遺跡」，並發掘出幾乎完整的全身人骨。在此之前，沖繩發掘出最早的人骨是距今約2萬2,000年前的港川人，這次新發掘出的人骨比港川人骨更早，推測距今約2萬6,000年前，這表示琉球最早的人類文明源起於八重山群島。「白保竿根田原洞穴遺跡」除有人骨外，也出土了土器、石器、貝製品、野豬骨等，這和城寨時代的特色類似，顯示當時已有人類往來與交易活動。（見圖1-1）

　　又，透過近年發掘的白保竿根田原洞人，使原本估計約始於4,000年前八重山群島最早的貝塚文化，可以再往前追溯到距今約2萬6,000年以前，擴大了沖繩群島人類文明的範圍。

　　表1-1為目前在沖繩發掘出的史前時代化石人骨，其中，在那霸發掘出的山下町第一洞人推測是距今約3萬6,000年前的人骨，不過，這是根據出土炭化物進行的年代鑑定，相較於直接用人骨的蛋白質進行檢測的白保竿根田原洞人，年代的可信度較低。

表1-1　沖繩出土的史前時代化石人骨

| 名稱 | 推測年代 | 出土部位 | 發掘年分、地點 |
|---|---|---|---|
| 山下町第一洞人 | 3萬6,000年前 | 幼兒的大腿骨、頸骨等 | 1968年那霸市 |
| Pinza-Abu洞人 | 3萬年前 | 部分頭蓋骨片、牙齒等 | 1979年上野村（今宮古島市） |
| 白保竿根田原洞人 | 2萬6,000年前 | 部分頭蓋骨片等 | 2008年石垣市 |
| Gohezu洞人 | 更新世後期 | 顎骨、部分頭蓋骨片 | 1976年伊江村 |
| 大山洞人 | 更新世後期 | 成人下顎 | 1964年宜野灣市 |
| 港川人 | 2萬2,000年前 | 5-9具幾乎完整全身骨 | 1968年具志頭村（今八重瀨町） |
| 下地原洞人 | 1萬8,000年前 | 幼兒的大腿骨等 | 1982年具志川村（今久米島町） |
| Sakitari洞人 | 1萬6,000年前 | 兒童的犬齒 | 2011年南城市 |

資料來源：據新城俊昭，《教養講座　琉球・沖繩史》（糸滿：東洋企畫，2015年），頁12製成。

## （二）三個史前文化圈

　　分布於琉球列島的史前文化圈分為三大區塊，一是北部圈，由北邊的種子島、屋久島、吐噶喇群島組成，稱為「北琉球地區」，其中也包含日本的九州文化圈。

　　二是中部圈，由奄美群島與沖繩群島（包含本島附近的離島）組成，稱為「中琉球地區」。歷經貝塚時代，從11-12世紀左右開始確立農耕社會，再經城寨時代發展成琉球王國。

　　三是南部圈，由宮古、八重山群島組成，稱為「南琉球地

區」。一般認爲，南部圈主要是受臺灣、菲律賓、印尼等南方文化
的影響發展而成的文化圈。11-12世紀左右開始與中部圈往來，16
世紀被琉球王國所統治。（見圖1-2）

## （三）從貝塚時代到城寨（Gusuku）時代

歷經漫長的貝塚時代後，農作物的栽種方法、燒製高品質陶器
的技術也傳入了琉球列島。這段以農耕爲主的生產經濟時代稱爲城
寨時代（11世紀末至15世紀左右）。本期九州與中國之間的貿易
（日宋貿易）興盛，日本商人與中國商人也將交易範圍擴展到琉球
列島，由九州到琉球群島的物品流通發達，成爲孕育城寨時代的起
源。商人們的貿易船串連起受海洋分隔的沖繩群島與宮古、八重山
群島，促成琉球文化圈的形成。

此時人們設立祭祀村落守護神的聖地「御嶽」，過著以稻米和
小麥、粟爲主的耕作，以及飼養牛隻的複合式農耕生活。農具主要
使用鐵製的鐮刀、鏟子，不過，據近年考古發掘成果發現，當時已
有使用鋤頭、鐵鍬等工具。土器方面，除了沖繩自有的土器外，還
有奄美列島南邊德之島製造的龜燒（Kamui yaki）、中國製的陶磁
器，以及九州長崎製造的石鍋。在農耕社會以定居型態爲前提下，
人們開始儲備自己耕作的糧食，生活逐漸穩定，人口也急速地增
加。

城寨時代與其他地區之間的交易活動逐漸興盛，被稱爲「按
司」的首長們紛紛投入貿易活動。到了13世紀，擁有財富與權勢
的有力按司開始建設作爲要塞用的城寨，以武力支配各地。本期沖
繩群島與宮古、八重山群島也開始往來，各地按司陸續出現。從奄
美群島到宮古、八重山群島的琉球列島各個島嶼，共出現300多座
被稱爲城寨的要塞聚落。

## （四）三山時代

城寨的按司們不斷地競爭，最後形成三大勢力，分別是位於沖繩本島北部的山北（北山）、中部的中山，以及南部的山南（南山）。這三股勢力併存的時代，史稱「三山時代」。

13世紀，在各個聚落相互對立的背景下，有力首長開始統合其他聚落。在此過程中所誕生的支配者，也就是所謂的按司（Aji或Anji）。有力按司先後建築堅固的城塞，並以武力擴張勢力，進而發展成小型國家。

按司們爲使統轄地富饒，企圖取得大量鐵器、龜燒、陶磁器等，因此積極地與其他地區進行交易活動。最後，擁有良港的浦添、讀谷、中城、勝連、佐敷、今歸仁等地的按司勢力一一興起。

進入14世紀，出現統率這些地區被稱爲世之主的有力按司，他們分別在以今歸仁爲中心的山北、以浦添爲中心的中山，以及以大里爲中心的山南建設大型城寨，形成三強分立的三山時代。（圖1-3）

## （五）三山向明朝朝貢

當琉球出現三大勢力圈（三山）之際，中國正逢元朝滅亡，明朝肇建，統治權回到漢民族手中的王朝交替期。

1372年，明朝使者楊載來琉，促請中山王遣使進貢。其實，明朝成立以前，已有中國商人居住琉球，中國商人以琉球爲據點，從事聯繫東南亞與日本、朝鮮間的貿易活動。而明朝使節前往琉球進行招諭，應與中國商人居中扮演重要的角色有關。中山王爲回應明朝使者的要求，即遣其弟泰期入貢，第二代中山王武寧成爲最早獲得明朝冊封的地方頭領。1380年山南（南山）的承察度，1383

年山北（北山）的怕尼芝也相繼向明朝入貢，三山被納入中國的朝
貢冊封體制中。當時三山地名是中國所賜，山具有島、國之意。

　　所謂朝貢，是指朝貢國要向中國皇帝進獻貢物並宣誓服從，冊
封是指皇帝承認各國首長（國王等）之職。朝貢和接受冊封，不僅
能獲准與明朝進行貿易，同時也能獲得許多回禮。其中，最重要的
是中國皇帝不侵犯屬國的領土與主權，也不干涉其內政、宗教及習
慣，三山因而競相進貢以獲取所需文物。此後到中山的最後一任國
王──尚泰時代為止，琉球持續向中國進貢近500年。

　　琉球進貢品主要有馬、硫磺、貝製品等，相對的，可獲得明朝
回賜的絲綢、鐵器、陶磁器等。三山之中的中山，不僅多次進貢，
同時也派遣留學生學習中國的政治、藝能、社會制度。此外，本期
迎來擁有各種技術，被稱為閩人三十六姓的中國移民，中山也因此
超越其他二山，成為統一三山的強大勢力。

# 二、琉球王國的形成與創世神話

## （一）天孫氏王統

　　首里王府的正史中有《中山世鑑》、《中山世譜》、《球陽》
等書記載琉球歷史。史書中如何記載洪荒時期的歷史呢？現將神話
傳說時代到樹立統一政權期間，琉球王統的變遷敘述於後。

　　首里王府最早的史書──《中山世鑑》（1650年編纂），
對歷史之初的記載始於創島神話。即謂受到天帝之命的神祇──
阿摩美久來到人間，創造各個島嶼，且讓天帝之子的男女神祇居
住其中，兩人生下三男二女。長男是國君之始，被稱為天孫，次
男是按司之始，三男是百姓之始，長女是大君之始，次女是祝女
（Noro，女祭司）之始。天孫氏持續了25代、1萬7,802年，由於年

代久遠，沒有流下傳世姓名。

另一部史書《球陽》記載：天孫氏教導人民造屋和農耕，也教導製鹽、釀醋之法以利飲食。又將國中分為中頭、島尻、國頭三區，建立都城於中山，名為首里，劃分行政地區為「間切」，每郡派任按司治理，奉命於首里。這就是天孫氏的王統。

史書為使體裁完整必然有所修飾，從琉球史書的記載與《日本書紀》開闢神話相似，以及包含奄美與宮古、八重山在內的琉球人祖先，是從九州南部南下而來的阿摩美久傳承等內容裡，約可推知琉球編纂正史時期的歷史觀點。

## （二）舜天王統

繼天孫氏之後的王統是舜天王統，雖然舜天王統是史實上王統之始，不過仍未完全脫離神話傳說的範疇。據正史記載，天孫氏到第25代時國力衰微，被大臣利勇滅亡，國內局勢激變，治安大亂，在此時代背景下，出現了有仁德、行善政，且有人望的浦添按司——尊敦。尊敦獲得民眾的支持，起兵討伐利勇，安定國家，成為中山的君主，這就是舜天王統的開始。

此外，正史也記載尊敦是從伊豆大島漂流而來的源為朝，和大里按司之妹兩人所生之子。不過，即便尊敦是實際存在的人物，由於此期全島各地都被稱為按司的有力者統治，在奄美和宮古、八重山也各有權勢者，因此尊敦的勢力範圍應僅限於浦添地區。

以上雖是傳說，但琉球國的成立為何起自浦添呢？原因有三：即1.浦添擁有良港——牧港；2.浦添屬於農業生產富饒之地；3.浦添有利於建築城寨的丘陵地等。浦添事實上也是中山最早的王都。

舜天王統發展到第三代義本王時，國內發生飢荒，傳染病蔓延。在社會不安的情況下，英祖受到民眾愛戴，被委以政權，結果

他順利地解決災厄，人們再度過著安定富足的生活。義本感到自己無德，將王位讓給英祖，退隱邊土。

## （三）英祖王統

英祖是浦添惠祖世主之子，因母親夢見太陽而懷孕產下，所以被稱爲太陽子，神號爲英祖日子。英祖被描述爲一出生就是具有統治天下才德的偉大人物，屬於英雄傳說。史書描述英祖即位後巡視全國，制定耕地界，平均授予農民田畝，因而穀物豐收，貢租無誤，國家興盛，並且在浦添修築陵墓，稱爲極樂山。進入1264年，久米、慶良間、伊平屋等各島均納入英祖統轄下，1266年奄美也納貢歸附。又在泊村設置治理久米等島的公館，以及保管貢物的公倉。

1265-1274（宋咸淳年間）年名叫禪鑑的僧侶來到那霸，英祖下令在浦添城西建造極樂寺供其居住。此爲佛教傳入琉球的最早紀錄。

在對外關係方面，中國《元史》〈瑠求傳〉中記載1291年、1297年曾經兩度出兵尙未臣服的瑠求，均遭擊退，元軍遂俘擄130人而返。琉球史書中也有同樣的記載，這顯示當時琉球擁有強大的軍事力量。不過，無法確定「瑠求」是否就是現在的沖繩。此外，正史中有關英祖的描述，其可信度也值得商榷。

## （四）察度王統

英祖王統的第四代國王玉城縱情酒色不顧朝政，導致國內紛亂，琉球在玉城王時代分裂爲三大勢力圈，此即先前提到的山南、中山、山北的三山分立時期。當然，在三山分立以前的琉球並不是

一個統一政權，所謂統一政權不過是後世史書粉飾的說法。不過，此期琉球確實是中間夾著中山，分為南部、中部、北部三個逐漸整合中的小國。

玉城死後，中山勢力急速衰退，包括奄美在內，各島的入貢就此中斷。世子（繼位者）西威年幼即位，政治實權掌握在母親手中，民心因此逐漸背離。此時出現的正是貧農出身的察度。察度在西威死後，為重振早已腐敗的王國，廢除世子，在人民的推舉下坐上了王位。

1372年察度被記入信史，也就是前面提到的，答應中國（明朝）皇帝使者的要求，派遣王弟泰期進獻貢物，且宣誓服從的首領。琉球因此與中國展開貿易，進而建立起橫越東亞、東南亞的海洋王國，並招攬來自明朝的各種技術者，同時派遣留學生，引進中國豐富的文物與典章制度。

據傳中山的王都在此時從浦添遷到首里，因此可以說，察度是開啟琉球大交易之門的重要人物。

表1-2　琉球王統簡表

| 王統名稱 | 年分 | 內容 |
| --- | --- | --- |
| 天孫氏王統 | 神話王統（-1186年） | 奉天帝之命的阿摩美久創島神話的王統。 |
| 舜天王統 | 三代73年（1187-1259年） | 源為朝之子，琉球第一個國王舜天傳說。 |
| 英祖王統 | 五代90年（1260-1349年） | 太陽之子英祖繼位為國王的傳說。建立官署泊公館，將久米島、慶良間、伊平屋、奄美等島嶼納入其支配下。建造浦添陵墓，又建極樂寺，迎來高僧禪鑑。 |

| 王統名稱 | 年分 | 內容 |
|---|---|---|
| 察度王統 | 二代56年（1350-1405年） | 天女之子察度即位國王之傳說。1372年應明朝要求入貢，爲最早獲得中國皇帝認可的國王，納入冊封朝貢體制。其他二山也相繼向明朝入貢。 |
| 第一尙氏王統 | 七代64年（1406-1469年） | 1429年中山王尙巴志統一三山，成立「琉球王國」。各王任職年度：①尙思紹（1406-1421）②尙巴志（1422-1439）③尙忠（1440-1444）④尙思達（1445-1449）⑤尙金福（1450-1453）⑥尙泰久（1454-1460）⑦尙德（1461-1469）⑧中和（1470，未正式繼位就遭金丸篡位） |
| 第二尙氏王統 | 十九代410年（1470-1879年） | 金丸（尙圓）發動政變奪權。各王任職年度：①尙圓（1470-1476）②尙宣威（1477，6個月）③尙眞（1477-1526）④尙清（1527-1555）⑤尙元（1556-1572）⑥尙永（1573-1588）⑦尙寧（1589-1620）⑧尙豐（1621-1640）⑨尙賢（1641-1647）⑩尙質（1648-1668）⑪尙貞（1669-1709）⑫尙益（1710-1712）⑬尙敬（1713-1751）⑭尙穆（1752-1794）⑮尙溫（1795-1802）⑯尙成（1802-1803）⑰尙灝（1804-1834）⑱尙育（1835-1847）⑲尙泰（1848-1879） |

# 三、統一政權的誕生

## （一）尚巴志的興起與三山統一

　　察度之後，繼承中山的武寧因沉溺酒色而不理朝政，遭到佐敷按司尚巴志起兵咎罪滅亡。不過，區區山南的一介按司為何擁有擊潰察度王統的實力，目前仍有不少疑點。佐敷位處富饒之地，並且受惠於馬天、與那原等良港，推測尚巴志可能是透過交易累積了財富。尚巴志向駛入與那原港的日本商船買鐵，製成農具分給領下的農民，而獲得人望，基於政權交替正當化之目的，同樣的傳說也見於察度。

　　討伐武寧的巴志推舉父親思紹為中山王，自己任世子，為統一琉球而做準備，第一尚氏王統就此誕生。1422年繼任中山王的巴志自稱尚姓，此後尚姓便成為王族之姓。

　　此時，山北的攀安知在今歸仁建築了堅固的要塞統治北部地區，山南則由他魯每在糸滿的大里築城掌控。（見圖1-4）

　　1416年，因不滿攀安知的高壓統治，包括羽地按司在內的各按司陸續投降中山，尚巴志以此為由出兵攻打山北，山北因此滅亡。接著，1429年合併內亂不斷的山南，「琉球王國」成立。「琉球王國」的成立另有山南先亡，1422年再擊敗北山，統一三山的說法。

　　尚巴志統一三山後，開始修建首里城。尚巴志與中國、日本以及東南亞各國頻繁地往來，並讓華人懷機出任重要的王相職務，懷機很重視外交工作，同時也著手發展國內各項事業。如建設首里城外苑的龍潭，及連接首里與那霸之間的海中道路——長虹堤。此外，懷機也被視為是促使尚巴志完成統一事業的功臣之一。

## （二）建造王宮首里城

首里城是琉球王國自14世紀後半以來，大約500年間的政治與文化中心。城內包括正殿、北殿、南殿、御庭，以及位於正殿背後的王家居住區、祭祀區等，整然有序。琉球王國以此爲據點，與中國、朝鮮、日本、東南亞展開活絡的交易活動，形成獨具特色的王朝文化。（見圖1-5）

琉球的首里城，位於王城中心的正殿是一棟三層樓的建築物。一樓爲王府重要的政治及舉行儀式之處，二樓是王族的儀式空間，三樓是改善通風的閣樓。

南殿主要舉行與日本相關的禮儀和在此接待來自薩摩的官員。北殿是王府施政場所，也在此接待來自中國的冊封使節，御庭是用來舉行冊封等重要儀式的空間。

雖然文獻中沒有明確記載王城究竟是何時從浦添遷到首里的，不過，從1427年爲紀念首里城外苑竣工而立的「安國山樹花木之記碑」來看，首里城應該是在第一尚氏王統15世紀初建造完成的。

二次世界大戰以前，安國山東側外苑是一片蒼鬱的森林，北側是圓鑑池，與龍潭相連。龍潭是一具有中國風格的池子，冊封使來琉時，在此舉辦划龍舟表演並設宴款待賓客。

據說外苑是國相懷機參考明朝的名山興建的，樹木與四季花卉、果樹、藥草茂盛，池塘裡魚兒悠游，堪稱琉球國內數一數二的知名景點。

尚巴志時代將首里城整修成中山王宮，首里在往後的450年裡，以琉球王國的國都之姿展現了前所未見的光榮景象。

## （三）尚泰久與護佐丸、阿麻和利之亂

琉球最早統一政權的第一尚氏王統並不安穩，繼任尚巴志之後的國王都短命而終，因此出現了王位繼承之爭。

1453年第五代中山王尚金福逝世，其子志魯準備繼承王位，但是金福之弟布里強調自己是正當的繼位者，致使王府勢力一分為二，掀起武力奪權之爭（志魯、布里之亂）。

戰火燒毀了首里城，志魯、布里一起喪命，就連明朝頒賜的鍍金銀印也燒毀了。由於兩名王位繼承者身亡，臣民因而推舉尚巴志之子越來王子（尚泰久）繼位。尚泰久遣使向明朝奏報國內紛亂，重新獲頒鍍金銀印。

尚泰久繼承前一代中山王金福的職志，重視佛教，建設寺社，鑄造包括「萬國津梁鐘」在內的眾多梵鐘。另致力於海外交易，重用出身於伊是名島的農民內間金丸擔任貿易與財政要職。

據王府正史記載，擁有強大勢力的勝連按司阿麻和利懷有攻占首里城、篡奪王位的野心。察覺此事的尚泰久就讓女兒百度踏揚嫁給阿麻和利，同時讓忠於自己的武將護佐丸由讀谷山座喜味城的按司轉任中城城的按司，藉以牽制阿麻和利。

對此，阿麻和利突出奇招向尚泰久讒言表示，護佐丸訓練兵馬、強固城池，企圖背叛王府，藉此破壞尚泰久與護佐丸之間的信任關係。尚泰久因而懷疑護佐丸的忠誠，就命阿麻和利討伐護佐丸。由於護佐丸完全沒有反叛尚泰久之意，進行武裝是為了牽制阿麻和利，因此，面對國王的討伐完全不作任何抵抗而自殺。

成功消滅政敵的阿麻和利依照原定計畫，想要趁勢攻擊首里城，但被阿麻和利的妻子百度踏揚與其侍從鬼大城（大城賢雄）事先得知，遣人通報。尚泰久王接獲通報後出兵反擊，擊敗了阿麻和利。

　　以上是正史記載護佐丸、阿麻和利之亂的概要。但阿麻和利在勝連卻被視為英雄受到傳頌，是否真是反叛者，還有待商榷。

# 沖繩的世界遺產

　　1972年聯合國教科文組織（UNESCO）在總會上通過「世界文化與自然遺產保護公約」（世界遺產公約），這是一項為保護並繼承源自地球誕生與人類歷史珍寶的公約。根據這項公約，凡是被登錄為世界遺產的遺跡、景觀以及自然環境等，具有人類共同的普世價值，因此被稱為「世界遺產」。

　　日本於1992年簽署世界遺產公約，2000年列入「琉球王國城寨及相關遺產群」的9項沖繩文化遺產被登錄為世界遺產，這是從14世紀國家形成期到18世紀王國文化成熟期期間，與中國、日本，以及東南亞、東亞各國交易往來之下，孕育出象徵「琉球王國」獨特文化的遺產群。這項世界遺產的確立同時也表示琉球城寨獨特的城牆、景觀優雅的庭園，以及傳承琉球精神文化的御嶽、陵墓等，是人類共同的文化遺產。

　　不過，這些遺產群主要集中在沖繩本島，附近的離島、宮古、八重山等地的文化財被排除在外，因此也出現不少批判的聲音。

### 【首里城跡】那霸市首里
　　首里城是14世紀後半以來，約500年間琉球王國的政治與文化中心。城內包括正殿、北殿、南殿、御庭等區，以及位於正殿背後的王家居住區、祭祀區。沖繩戰時首里城全毀，直到1992年才復原了正殿等處。

### 【中城城遺址】中城‧北中城村
　　中城城位在標高160公尺的高地上，東、西兩邊可分別眺望中城灣與東海。中城城在沖繩戰期間受到的損害較少，因此石牆與環繞城牆美麗的石壘曲線，幾乎完整地保留著。一般推測，中城城建造於15世紀初，1853年造訪此地的美國培里（Matthew Calbraith Perry, 1794-1858）艦隊，對於中城城高超的築城技術表示讚賞。

## 【勝連城跡】宇流麻市勝連

　　勝連城建於1200年前後，在阿麻和利時期達到全盛期。從城跡發掘出日本本土、奄美、朝鮮、中國、東南亞等地的產物，可以推測阿麻和利致力於海外貿易。當時的勝連城甚至被比喻爲大和的鎌倉。

## 【座喜味城跡】讀谷村

　　座喜味城是1420年代由當時的有力按司護佐丸所建造。這座城寨的功能是爲了監視以今歸仁城爲據點的北山舊勢力。內郭之城門是目前沖繩島現存歷史最久的拱門。

## 【今歸仁城跡】今歸仁村

　　山北王的居城，利用古生代石灰岩建築於險峻的岩山上。長達1,500公尺的城牆延著高低起伏的地形建造，形成優美的曲線。今歸仁城被中山攻下後，到1665年爲止由首里王府派遣北山監守駐守，以後成爲祝禱、祭祀的場所。

## 【齋場御嶽】南城市知念

　　據說是由琉球開闢之神——阿摩美久（Amamikyo）建造的七御嶽群之一，是琉球王國中地位最爲崇高的聖地。穿過由兩片巨大的岩石頂起的空間後，可遙拜神之島——久高島。齋場御嶽自古以來就禁止男子進入，是舉行王國神女組織最高位階者——聞得大君就任儀式的地方，具有從信仰與精神層面支撐中央王權的重要機能。

## 【玉陵】那霸市首里

　　玉陵是第三代王尚眞建造的第二尚氏王統之陵墓。墓庭分爲內庭與外庭，周圍有珊瑚石灰岩的石垣環繞。墓室分爲三個部分，中室是安置洗骨以前的遺骨，東室存放洗骨後國王與王妃的遺骨，西室是存放洗骨後王族的遺骨。

**【園比屋武御嶽石門】那霸市首里**

　　園比屋武御嶽石門由第二尚氏王統，第三代王尚眞於1519年創建。使用琉球石灰岩建造而成的石門相當於神社的拜殿，屋頂的裝飾等結合了日本與中國樣式，形成沖繩獨特的建築。政要人物每逢國家祭典時，會在門後的御嶽舉行祈願祝禱儀式，此外國王出城時，也會在此祈求一路平安順利。

**【識名園】那霸市眞地**

　　識名園建於1799年的王家別邸，當時也用來款待中國冊封使。識名園在首里城的南方，也稱爲南苑。園內以池子爲中心，周邊有紅瓦的御殿建築、人造山、果園、樹林環繞。位於識名園南邊的歡耕臺是一處能把南部地區盡收眼底的高地，此地無法眺望海洋，據說琉球國王在此款待冊封使，是想展示琉球的國土遼闊。識名園也被指定爲日本國家級的特別名勝。


# 四、第二尚氏王統時代


## （一）金丸的政變

　　平定護佐丸、阿麻和利之亂的尚泰久過世後，第三王子世高王繼位，爲第七代中山王尚德。尚德除了向中國進貢以外，也頻頻派遣使節前往朝鮮、日本室町幕府、麻六甲等地，如透過送還朝鮮漂流民，獲得來自朝鮮國王回贈的大藏經等，積極地參與海外交易活動。

　　據史書記載，年紀輕輕就繼承王位的尚德，毫無君主之德，暴虐無道，人民苦不堪言，喜界島因而率先抗命，數年未遣使朝貢。

王府幾度派兵討伐，但未成功，致使憤怒的尚德親自領軍出征，並在1466年設置泊地頭管理奄美群島。其後，尚德越發驕縱，任意殺害無辜者，國政日益敗壞。

尚德王29歲過世，國相想讓年幼的世子即位，但群臣不從，殺害世子，改推金丸為王。1470年金丸登基，為尚圓王。後人為與先前王統區別，稱之為第二尚氏王統。


## （二）尚真的中央集權政策

開啟第二尚氏王統的尚圓去世後，其弟尚宣威繼位，但在半年後退位，將王位讓給尚圓之子真加戶樽金，登基後改稱尚真。尚真在位50年間，確立了第二尚氏王統治理琉球王國的基礎。（見圖1-6）

尚真為整頓中央集權下的政治體制，把割據各地的有力按司遷移到首里，改派按司掟代管按司的領地，亦即將各按司的版圖直接納入王府的支配下。中央官廳設置輔佐尚真的三司官，三司官位高權重，擁有「大屋子」的稱號，以及來自間切（行政區劃）的特別權益。

1500年尚真出兵征討八重山的遠彌計赤蜂之亂，琉球王國的勢力範圍擴張到北起奄美群島、南到八重山群島。

尚真除了中央以外，同時也整頓地方的行政區域，設置相當於現在市町村的間切，同時給予按司位階，及決定符合身分地位的帕（冠帽）。此外，由國王的姊妹擔任最高神女聞得大君，並將其底下的神女組織化，各地祝女（女祭司）全歸其統制。如此一來，確立了以國王為首的身分制基礎，強化了中央集權制。

## （三）佛教傳入

據傳佛教是在英祖時期，大約13世紀中葉禪鑑赴琉，在浦添開設極樂寺後才傳入琉球的。史書記載，察度時期（1350-1395年）賴重法印前往琉球，在波之上建立護國寺傳入眞言宗。此時，琉球開始與朝鮮貿易，向朝鮮請求大藏經與佛教典籍。

尙泰久時期（1454-1460年）芥隱承琥來琉傳入臨濟宗。尙泰久因此建造許多寺院並鑄造梵鐘，使其朝夕撞鐘祝禱。寺院具體創建年代不明，但祭祀歷代先王的宗廟崇元寺是在此時建造的。尙眞受教於芥隱，建立了第二尙氏的菩提寺圓覺寺，琉球王國就在此時奠立了王府佛教信仰的基礎。

此外，還有留下「萬國津梁鐘」銘文的溪隱安潛等知名僧侶，他們不僅帶來佛教，也扮演傳播文字、藝術等日本文化的中介者角色。王府重用禪僧，使其擔任外交要職，琉球與日本本土之間的交流因而繁盛。在地方上，雖有日秀在金武成立觀音寺，但佛教並未因此普及於庶民的日常生活中。

# 五、古琉球時代的對外交流

## （一）明朝的優渥待遇

明代初期，琉球在各個朝貢國中受到特別優渥的待遇。包括明朝派遣的航海人員，即閩人三十六姓住居琉球，後來成爲協助朝貢相關禮儀與撰寫文書者，並且免費賜予朝貢貿易不可或缺的大型海船。1385年開始免費提供船舶，統計永樂年間（1404-1424年）一共授與30艘船，琉球船隻破損或老舊，也提供免費修理。此外，

對其他朝貢國原則上規定朝貢次數和進貢港，但琉球沒有貢期限制，除了國王以外，也同意王子、王族等從事進貢貿易。又，最初規定琉球的進貢港爲福建泉州，但從其他港口進入也不會受到苛責，且不需持有「勘合」符（渡航證明書）。

若問這個位處東海上的小國，爲何能夠獲得如此優厚的待遇？

答案是，明朝爲了建立穩定的國家體制，採取海禁政策，禁止私人出海貿易，導致貿易商和在東亞各地設有據點的華僑失去了活動的舞台。爲防止非法商業活動橫行及倭寇跳梁，明朝的因應對策之一是，使琉球成爲忠誠的朝貢國，把琉球納入合法的進貢貿易體制中，藉以維持海外貿易秩序。

首里王府重用明朝皇帝賜予的歸化人爲相，擔任外交官職，開啓大交易時代。最初的王相是侍奉察度和武寧的亞蘭匏，其餘代表性的王相有王茂、懷機等人。久米村裡居住著俗稱「閩人三十六姓」的華人，他們製作外交文書、指導航海技術、負責貿易工作，透過華僑網絡支撐著琉球的朝貢貿易。（見圖1-7）

## （二）冊封與冊封使

中國皇帝承認琉球國王職位的儀式稱爲「冊封」。爲了進行冊封儀式，從中國派遣琉球的使節稱爲冊封使，冊封使節團的團長、副團長分別稱爲正使、副使，一行人總計約400人。冊封使節搭乘的船稱爲封舟，一般派遣頭號船（正、副使與隨從搭乘）與二號船（護送武官等人搭乘）兩艘。船員爲公開招募，提供伙食，沒有薪俸，但允許船員可在琉球從事貿易活動。冊封使一行人在琉球（那霸）展開的貿易活動稱爲「評價貿易」（亦稱冠船貿易）。

冊封使節團在琉球約停留半年，住宿那霸的天使館。琉球爲款待冊封使節團，會定期舉行宴會。此外，由於使節團成員各自攜帶

貿易品來琉，王府須用使節團滿意的價格收購，因此也成為王府的沉重負擔。

冊封使抵達琉球後的第一項儀式，是在崇元寺舉行祭慰先王之靈的諭祭儀式，儀式在新任國王即位前舉行，這意味著中國皇帝承認王朝存續的正當性。

諭祭結束後，擇日在首里城正殿前設置臨時的御庭，舉行盛大的新任國王即位儀式（冊封）。在冊封儀式中，琉球國王接過寫著中國皇帝正式「封爾○○為琉球國中山王」的詔書，以及象徵王權的皮弁冠、皮弁服、大統曆等，確認琉球成為朝貢冊封體制下東亞社會的一員。值得一提的是，如果把中國皇帝與朝貢國之間的關係比喻為皇族系譜的話，琉球相當於郡王，也就是皇帝的孫子。從1404年武寧開始，到1866年尚泰為止，462年間總共舉行了23次琉球國王冊封儀式。

## （三）進貢貿易

與中國（明朝）締結宗屬關係的琉球於1372（洪武五）年獲准帶著貢物前往明朝進行朝貢貿易，由於是向皇帝進獻貢物，所以稱為進貢貿易。

明初除了進貢貿易外，中國也派員到琉球進行商品買賣，如1376（洪武九）年三山時代，明太祖派遣刑部侍郎李浩赴琉採購馬匹和硫黃。據《明實錄》記載，琉球並不想要李浩帶來的絲織品，反倒要求購買瓷器和鐵鍋等物。

進貢貿易始於三山時代，但卻呈現北山、中山、南山競相向明朝進貢的情況。三山之中最早進貢的是中山（1372年），接著是南山（1380年），最後才是北山（1383年）。

中國方面，在紀錄明朝與琉球朝貢制度的史料《大明會典》

中規定，琉球的進貢品爲馬、刀、金銀酒海、金銀粉匣、瑪瑙、象牙、螺殼、海巴（貝類）、擢子扇、泥金扇、生紅銅、錫、生熟夏布、牛皮、降香、木香、速香、丁香、檀香、黃熟香、蘇木、烏木、胡椒、硫磺、磨刀石等25項。

　　原本規定各國進貢品應是該國的土特產，但琉球只產馬、硫磺、螺殼、夏布（芭蕉布）等。刀、扇子等產於日本，香藥產於東南亞，這說明琉球爲了向明朝朝貢，另外與日本、東南亞貿易，取得琉球國產外的商品，以爲進貢品進呈給明朝皇帝。

## （四）與日本（大和）之間的交流

　　琉球向明朝的進貢品中有不少來自日本。琉球對日本出售藉由進貢貿易取自中國的生絲、絲織品，以及東南亞的象牙、香料、藥材等，從日本交換日本刀、漆、扇、漆器、屛風、銅等物。

　　琉球遣船去日本稱爲「大和之旅」，大和之旅包括遣使室町幕府，以及與堺、博多等地的民間商人交易兩種型態。

　　此外，當時琉球致日本室町幕府的文書，不同於東亞地區外交文書使用的漢文，是寫日本的假名。琉球文與日文同屬一個系統，王府頒發的辭令書（指任命官職或保證其身分的公文）等文件，也都使用以平假名爲主的日本文字。

　　足利將軍致琉球國王的文書是以「りうきう國のよのぬしへ（致琉球國之世主）」稱呼，有別於日本國內的大名，主要是認同其君主身分。但文書的格式，與發給幕府家臣的書信相同，由此可知，足利將軍並未把琉球國王視爲與自己地位對等的君主。

　　明朝其實也知悉琉日之間緊密的互動關係，因此曾經透過尙巴志恢復在足利義持時中斷的明日國交關係。另外，扮演琉日之間貿易中介者角色的主要是日本的僧侶（禪僧），這些僧侶長久居住琉

球，不只扮演傳入佛教、文字的文化使節，同時也受到王府重用，對琉球的對日外交工作有極大的貢獻。最早將臨濟宗傳入琉球的京都南禪寺芥隱就是其中著名的代表。

## （五）與朝鮮之間的交流

琉球與朝鮮之間的交流始於1389年中山察度派遣使節前往高麗。當時察度送還遭倭寇俘擄的朝鮮人，同時獻上東南亞出產的蘇木、胡椒等物。對此，高麗也派遣回禮使節，兩國因此展開貿易活動。

琉球希望獲得朝鮮綿織品、高麗人參，以及包括大藏經在內的佛教典籍。據14-15世紀文獻資料推算，琉球與朝鮮之間的往來次數，112年間約有37次，平均每3年1次。

朝鮮王朝的正史《朝鮮王朝實錄》中也可看到關於琉球的有趣描述。

例如，1467年琉球國王尚德進獻鸚鵡、孔雀等東南亞珍稀動物給朝鮮國王，朝鮮國王以大藏經爲回禮。1502年第二尚氏王統的尚眞特別在圓覺寺前建造圓鑑池，在池上設置經堂，存放朝鮮國王贈送的大藏經。這些大藏經在1609年島津氏出兵琉球時逸失，遭到戰亂破壞的經堂於1621年重建，因改安置弁財天女像，所以也稱爲弁財天堂。

## （六）與東南亞之間的交流

琉球古語稱東南亞爲眞南蠻。琉球與東南亞之間的貿易活動立基於14-15世紀東亞海域世界廣泛的交通網絡。當時東南亞有許多以貿易港爲核心，發展成被稱爲港市的港灣都市。琉球船往來於東

南亞各地不同的港市進行貿易活動，之所以能順利展開東南亞貿易的原因，源於琉球掌握相關的華僑商業網絡，而善加利用此商業網絡的正是住在琉球的福建裔久米村人。久米村人擔任通事等對外交涉職務，協助琉球推展與東南亞間的貿易活動。（見圖1-8）

表1-3為本期從琉球派遣到東南亞的船隻數，據琉球外交文書《歷代寶案》記載，派遣次數最多的國家是暹羅（Siam）58艘，其次是麻六甲（Malacca）、北大年（Patani）。

表1-3　從琉球派遣到東南亞的船隻數

| 派遣目的國 | 貿易期間 | 年數 | 派遣船數 |
|---|---|---|---|
| 暹羅 | 1425-1570 | 146 | 58 |
| 三佛齊 | 1428-1440 | 13 | 4 |
| 爪哇 | 1430-1442 | 13 | 6 |
| 滿剌加（麻六甲） | 1463-1511 | 49 | 20 |
| 蘇門答剌 | 1463-1468 | 6 | 3 |
| 北大年 | 1490-1543 | 54 | 10 |
| 安南 | 1509-1509 | 1 | 1 |
| 巡達 | 1513-1518 | 6 | 2 |
| 總計 | 1425-1570 | 146 | 104 |

資料來源：據高良倉吉、田名眞之編，《圖說　琉球王國》（東京：河出書房新社，1993年)，頁27修改製成。

琉球因從事跨海中繼貿易而繁榮，當時以Lequio、Goresu稱呼琉球人廣為歐洲人所知。此期為琉球的「大交易時代」。

琉球擴展交易圈的主要背景是明朝實施海禁，亦即採取禁止民間商人出海貿易的政策。海禁政策下，在本國遭受嚴格限制的商人移居海外，企圖在東南亞等地建立新據點。在諸國無法自由往來下，擁有絕佳中繼貿易據點優勢的琉球，將來自中國的大量瓷器與

銅錢帶到東南亞，活化了當地的港市經濟，並且從各地帶回珍稀商品在那霸市場交易。

16世紀後半，中國解除海禁令，以中繼貿易而繁盛的琉球大交易時代逐漸籠罩在衰退的陰影中。由於中國船可以直接前往海外貿易，琉球失去中繼貿易的有利地位，加以葡萄牙勢力擴展到東亞海域，國際情勢的轉變迫使琉球不得不退出東南亞貿易活動。

# 第二章　近世琉球

## 一、異域的古琉球

　　中世期的琉球王國和日本（室町幕府）關係不對等，也未有稱
「臣」的臣屬意識。1453年博多的僧道安以琉球國使的身分送返
朝鮮漂流民二人的紀錄，收錄於朝鮮正史《李朝實錄》中，其中記
載1450年有4名漂流民漂流到吐噶喇列島的臥蛇島，由於該島分屬
於薩摩和琉球，故將兩名交給琉球，另兩名歸薩摩藩處置。1471
（成化七）年朝鮮成宗命領議政申叔舟編纂《海東諸國紀》的「日
本國西海道九州之圖」中，記載臥蛇島分屬於日本和琉球，據此，
臥蛇島成為薩琉間的分界點。中世期的室町幕府邊境僅止於臥蛇島
一帶，而琉球是自有的領地，不受其統治。串連此一王國的形成、
成立，以至於發展時代，在琉球史上稱為「古琉球」，如由日本角
度來看，此期琉球無異為「化外」、「異域」之地，相較於日本國
內和其他地區，有如「異國」（外國）。

　　室町幕府設置了琉球奉行，負責管理由兵庫入港的琉球船貨。
琉球船的航行路線是，先北上博多，經赤間關入內海，最後抵達兵
庫，在兵庫購買對明朝進貢及轉口貿易所需之倭扇、屏風外，還有
裝飾高雅的刀劍類。而由琉球帶入的商品，是依靠近畿商人中最具
有實力的堺商人引進近畿地方。商品之中，香藥類是透過當時和琉
球來往頻繁的九州探題澀川道鎮、儀俊父子、薩摩的島津氏、肥後
的相良氏、種子島的種子島氏等西南諸國諸大名（諸侯），再輸往
朝鮮。

　　1467-1477年，為了足利將軍家以及管領畠山、斯波兩家的繼
承問題，波及了東軍細川勝元和西軍山名宗全，甚至連諸大名都捲
入爭鬥，於是，以京都為中心爆發了應仁之亂，琉球王國和室町幕
府間的交往因而產生了變化。隨著應仁之亂的加劇，海賊船頻頻出
沒瀨戶內海，海上治安堪慮，琉球船的來航也斷絕了。琉球船的斷

絕，使一直以來仰賴此貿易獲得重利的堺商人，很難得到琉球船帶
來的藥種香料及染料等南海產的貨物。幕府爲了掌控貿易，對正式
申請渡航琉球的船隻發給印判（蓋印的通行許可證），然而堺商人
未取得印判，仍任意渡航琉球。爲此，幕府對島津氏下令，從堺航
海到琉球的船隻甚多，今後嚴加禁止未持印判者渡航，另對船內裝
載中國銅錢者，將予以沒收運往京都。由於渡航船多停泊於島津氏
統治的坊津，島津氏受幕府之命，必須取締不帶印判的渡航船。

此期琉球王國未編入日本國內，在領域上和日本本土劃分明
確，是擁有獨自統治領域的「異國」，琉球王國對未持幕府印判的
取締並無遵行義務，對於渡航來琉的商船，有令其入那霸港的權
力，並將此統轄權交給那霸奉行負責。

## 二、島津氏的政治野心

琉球王府爲慶賀島津氏即位，派遣船身繪有青雀黃龍、懸掛四
方形深藍色並帶有尙氏家紋船旗之「紋船」做爲慶賀船。「紋船」
是琉球爲與薩摩維持善鄰友邦關係而派遣的使節船，據《島津國
史》記載，派遣船從1481年開始。以琉球國王的名義所進呈的各
項物品，都不具進貢品的特質，只算是對鄰邦表示友好的進呈物。
在國王與薩摩之間的往來文書中，也聲明雙方「善鄰外交」，彼此
關係完全對等。

正當島津氏對任意赴琉貿易的海商開始取締時，堺、博多的商
人避開了薩摩近海，暗中展開交易。但商船不帶印判頻繁渡海，成
爲島津氏最大的憂慮。

進入永正期（1504-1520年），幕府授權島津氏，負責發出所
謂「琉球渡海勘合」、「琉球御勘合」的琉球渡海朱印證明書。島
津氏在國內擁有這樣對琉貿易的優勢，對其他各藩的勢力帶來了牽

制作用。1508年，島津忠治對琉球國王發出書信，要求對渡航來琉船隻進行檢查，倘若發現有未持島津氏印證的商人，則將其貨物沒收。此舉意味著要琉球承認島津氏對琉球貿易有獨占權益。然而琉球王府認為，若以薩摩發行的印證對琉球貿易加以管制的話，自由貿易將受到限制，其影響不僅使商人失去競爭力，削減了市場利益，就連附搭貨物可能都難以得手，而此絕非可以接受的事，就對薩摩藩的要求置之不理。

1578年島津義久以戰國大名的身分，為實現其領國支配的夢想，將薩摩、大隅、日向三州統一，接著計劃北進，1581年攻破肥後（熊本）水俁城的相良氏，1584年又在肥前（長崎）島原合戰中打敗了龍造寺氏，1587年在與豐後（大分）之大友氏的戰役中眼見就要得勝，自統一三州後，僅僅十年勢力便如燎原之火，稱霸九州亦近在咫尺之間。然而，此時大友氏將島津家蠻橫侵略之事對豐臣秀吉提出了申訴。豐臣秀吉致力於全國統一大業，不能容忍島津氏之行為，1585年就任關白後，便對各藩主發出通告，禁止為擴張勢力而發生私鬥，因此，島津氏的九州稱霸終成幻想不得實現。對於島津氏拒絕九州領土劃定的仲裁，豐臣秀吉決定出兵討伐，1587年3月由大坂派出大軍。島津義久在得知豐臣秀吉出兵的消息，隨即在5月裡接受了安國寺惠瓊的勸降，九州戰亂在不耗一兵一卒之力下平息了下來。

## 三、豐臣秀吉的朝鮮侵略與王國外交

島津氏的九州稱霸因豐臣秀吉的介入而重挫，但對支配琉球的野心並未放棄。島津義久對尚永發出書信恐嚇：「豐臣秀吉統一天下，琉球應派遣慶賀使。若有怠慢，關白會派軍攻占汝國」。的確，與豐臣秀吉長期對峙的影響，已造成王府與日本貿易活動的停

滯，而且對琉球來說，反抗豐臣秀吉，無異走向亡國之路。1588年尚永過世，1589年尚寧登上第二尚氏王統第七代王位。同年9月，在島津義久的安排下，琉球國王尚寧派遣使僧天龍寺桃庵於京都的聚樂第拜謁了豐臣秀吉。豐臣秀吉對天龍寺的派遣，單方面地認定琉球從屬於日本。

1590年豐臣秀吉統一全國，並籌劃對朝鮮發動侵略戰爭。島津氏藉機將豐臣秀吉出兵對薩摩所責求的軍力推諉琉球，通知尚寧，薩摩與琉球合計需提供15,000人軍力，為免除琉球提供軍力，令其負擔7,000人10個月分的兵糧米，以及提供金、銀、穀物，以資建設名護屋城（佐賀）。此舉乃島津氏意圖表現其實質上的「琉球支配」以示豐臣秀吉。島津氏的心機果然奏效，順利地實現了琉球的「與力」化。所謂「與力」，是指戰國時代一個軍力編成的方法，琉球的「與力」化，意味著將琉球編入島津的軍事指揮權下。琉球的「與力」化，也使豐臣政權下的島津氏對琉球的軍事支配得到了正當的依據。

於是，島津氏正式憑藉豐臣秀吉的命令，對琉球發出軍事通告，要求提出7,000人份的兵糧以取代軍力的提供，並警告不准對中國洩漏日本計劃侵中之事。但翌年琉球趁進貢機會，即時向中國（明朝）報告了此事。中國就令琉球掌握豐臣秀吉的動向隨時對明報告，並派密使潛入日本蒐集情報。此時，豐臣秀吉出兵侵略朝鮮，1592年動用了15萬8,000人的兵力，進攻釜山浦。正值國力不振的琉球王國，不敢忤逆豐臣秀吉的要求，對薩摩藩所提出的條件暫且折半負擔，暗忖後半支付與否再視戰況取決。

1593年1月在朝鮮國王宣祖的請求下，遼東總兵李如松統率4萬餘明軍支援，戰況因而陷入膠著，4月達成停戰協議，日軍撤退到南部，日明兩國開始談判。同年6月28日豐臣秀吉對明提出7項和平條件，其中日本最重視的兩項，一是勘合貿易，另一是割讓慶

尚、全羅、忠清、京畿之朝鮮南四道。

此後王府開始對豐臣政權保持距離，並偏向支持以明國為中心的進貢冊封體制。王府政策轉變的最大理由是，豐臣秀吉侵略朝鮮時，宗主國中國的軍事介入。尚寧在1594年6月10日對薩摩發出書信表示，因國力衰微無法負擔二度的軍事支援。朝鮮之役的和平交涉終告決裂，1597年2月，日軍再動員14萬兵力侵入朝鮮（慶長之役、丁酉倭亂）。但1598年8月因豐臣秀吉病故，12月日軍在朝鮮被擊退，長達七年的朝鮮侵略終於宣告結束。

## 四、德川家康對貿易再開的企圖

豐臣政權下五大老之一的德川家康，1599年透過對馬宗氏試探與朝鮮恢復國交的可能性。1600年德川統一全國後，對與中國的直接貿易又再燃起希望，於是，期待琉球為媒介，達成和中國恢復通商的希望。當時正值1602年冬天，琉球船漂流至陸奧（日本東北）的伊達政宗領地。琉球人被送往江戶（東京）後，再送到大坂，然後由德川家康的家臣本多正純交給島津氏。德川家康嚴令在遣返時即使有一個琉球人不幸死亡，也將追究責任，誅殺負責護送的島津氏家臣5人，藉以表示遣返琉球人的熱誠。德川家康之所以謹慎護送琉球漂流民的用意是，表現善意取悅琉球，期待琉球國王尚寧能積極地居間斡旋恢復中日國交。1604年2月島津義久催促尚寧，今夏或秋中，對德川家康派遣謝禮使，藉以答謝遣返漂流民之恩。島津義久表示，德川家康命島津氏送還琉球人的理由是，琉球為薩摩的「附庸國」。而所謂「附庸國」的由來，源於1441（嘉吉元）年島津忠國討伐了逃往南九州之政敵大覺寺義昭，室町將軍足利義教賜琉球為從屬國，此即當時所流傳的「嘉吉附庸說」。但這只是薩摩單方面的認定，王府一無所知。1592年豐臣秀吉將琉

球歸爲島津氏的「與力」後，島津義久便據此對琉球施壓，然而謝
禮使的派遣，是要琉球承認自己爲「附庸國」的地位，無論如何王
府都難以接受，德川家康的期待自然不能如願。

## 五、島津氏的琉球出兵

　　1605年7月，琉球船從中國返國時遭遇海難漂流到平戶。對此
幕府透過長崎奉行小笠原一庵，任命長崎代官將琉球人一行遣返。
其後平戶領主松浦鎮信向琉球國王提出該漂流案加上前幾年的陸奧
漂著案，一併對幕府表達謝意的要求。同年8月15日，松浦鎮信將
有關此事上呈幕府的書信內容知會了島津家家老。島津氏眼見松浦
氏對琉球也有所圖，開始擔憂一直以來對琉關係的獨占地位可能會
失去。

　　1606年4月，島津氏領地有部分耕地呈現荒廢狀態，年貢的
徵收發生困難，全薩摩藩領地的年收總額減少了20%，達到11萬
8,000石的數字。當時繼義久之後掌理藩政的島津忠恆，爲解開財
政難題，計劃出兵占領王府支配下的奄美大島，6月17日即以不派
遣謝禮使爲由，向德川政權請示出兵，得到了許可。同日，忠恆受
德川家康賜諱，改名爲「家久」。出兵預定在當年秋天，不料6月
間，做爲王國存續之後盾的中國，爲冊封尚寧，派遣冊封使夏子陽
來琉球，加上幕府在對馬宗氏的媒介下正處於斡旋日朝恢復國交的
最緊要關頭，致使島津氏對大島的出兵計劃終究無法實現。

　　1607年5月，等到朝鮮派遣正使呂祐吉來日，日朝國交才恢
復，德川家康就命薩摩催促琉球謝恩，並指示琉球若不服，8月要
先做好出兵琉球的準備，再做最後謝恩的交涉。於是，9月島津氏
定了琉球渡海軍令，另派市來家政、村尾笑栖、大慈寺龍雲赴琉，
進行最後的交涉。此時薩摩脅迫琉球繳完對明出兵軍事支援費或割

讓大島，儘速做二擇一的回應。又，想起日軍進攻朝鮮時，義弘、忠恆（家久）也曾渡海參戰，因得不到足夠的兵糧，忍受著疾苦和飢渴，在泗川、南海等地指揮戰事。家久對琉球軍費部分未納，心懷怨恨。但薩摩所提出的條件也絕非琉球願意接受。

島津氏爲清算多年來薩、琉關係的不睦，並試圖解決內部財政矛盾，1609年2月制定「軍眾法度」，令樺山久高爲大將，率領百餘艘軍船及3,000餘兵力，3月4日由薩摩南端的山川出港。一路攻下了奄美大島、德之島，25日到達沖繩島，27日攻占了琉球北部的今歸仁城，接著4月1日攻擊了首里、那霸。在軍制嚴苛的時代，島津軍團曾在攻打朝鮮時以武勇馳名，對琉球出兵當然也抱著一決勝負的決心，結果王府守備全軍覆沒，尚寧被迫投降。5月15日，島津氏帶著降服的國王和王府高官百餘名從那霸出航，5月底凱旋抵達鹿兒島。1610年5月16日，島津家久帶著尚寧自鹿兒島啓程，往駿府、江戶出發，8月16日尚寧在駿府拜謁了德川家康。接著，28日於江戶城謁見二代將軍秀忠。至此，終於使琉球履行了謝恩禮節。

1609年7月7日，德川家康爲獎賞征服琉球之功，賜給島津家久「琉球領地黑印狀」，命其統治琉球。德川秀忠在江戶城宴請島津家久、尚寧時，表示琉球並非完全被薩摩藩併吞，幕府是以琉球國的存續爲方針加以統治的。德川秀忠期待對明朝貢的琉球，能居中挑起對明談和之大任。而當初薩摩入侵琉球的前提是，要琉球盡附庸國的義務，繼續從事日明貿易交涉工作。1611年9月20日尚寧從鹿兒島出發，10月20日抵達那霸，結束了長達兩年六個月的軟禁生活。尚寧歸國後，對薩摩提出了「起請文」。所謂「起請文」是指誓詞證文，係爲日本中世紀以來士族之主從間，下級有呈給上級誓約書的習慣。在琉球，則是向神佛起誓對薩摩藩主的忠誠，以後歷代國王乃至王府首腦之攝政、三司官等，都須依例對薩摩提出

起請文。起請文的提出是在國王、攝政、三司官就任，或在薩摩藩主即位時。提出誓約書的地點，國王是在南殿，三司官是在護國寺。

## 六、中國的危機意識與幕府貿易再開的失敗

　　奉命爲日明貿易做媒介的尚寧，1612及1613年連續對中國派遣進貢使節。但中國對日本先侵略朝鮮，緊接著侵犯琉球的一連串舉動，產生了前所未有的警戒心。中國對琉球未依兩年一貢的貢期，使節也超出例年所定的人數，加上貢物中還混有許多日本產品，兵科給事中李瑾提高了警覺，認爲使節一行有「通倭」行爲，亦即「與日本密通」，遂上奏建議嚴加海防戒備，不使日本有機可乘。

　　明朝所採取的策略正好與幕府意圖背道而馳，即將琉球貢期兩年改爲十年，表面上，說是體諒琉球在薩摩入侵後經濟蕭條，可以留待國力恢復後再進貢，但實際上明朝對於琉球派遣使節的背後，以及對馬宗氏對恢復朝鮮貿易的介入等一連串的日本動向，都瞭如指掌，貢期的變更正是對此危機所採取的警戒措施。雖然明朝懷疑琉球與日本密通，但未因此與屬國琉球切割，僅僅以延緩貢期，對日本動向嚴加戒備而已，與琉球的進貢體制和宗屬關係仍維持不變。

　　1614年秋天，幕府又催促琉球遣使進貢，島津氏令琉球帶著南浦文之起草的「與大明福建軍門書」，對明朝繼續進行交涉。其中幕府列出三項提案：1.日本商船直接與明國貿易；2.明國商船來航我小邦琉球進行貿易；3.每年由琉球遣使進行進貢貿易。幕府在未達日明通商的目的前，盤算著將琉球做爲日明貿易的轉運站。不過，《異國日記》1621年6月12日一條有關「與大明福建軍門書」

記載，琉球並未送達對福建軍門發出的書信。另據《明史》記載，福建官府因琉球進貢不符貢期，故奉朝命加以阻貢，並令其歸國。據此可知，琉球未將日方的要求傳達明朝，而幕府利用琉球介入對明交涉的策略也完全失敗。

## 七、天主教的禁止與鎖國政策

西力東進時期，日本國內切支丹問題日益嚴重。所謂「切支丹」，是指天主教或天主教徒。1605年天主教徒已達75萬人，傳教區域擴展於關東及東北地區。幕府對此現象懷著極大的危機感，因爲天主教信仰深植民心，惟恐民眾團結於天主教的信仰下，造成幕藩體制的崩潰，因此1612年對天主教的直屬地區發出天主教禁令，1614年再對全國發出禁教令，將天主教徒視爲侵犯國家主權的危險份子，並將傳教士及主要教徒放逐國外。又爲徹底禁止天主教，1618年8月8日對原來許可在日本各處自由貿易的歐洲船，規定只能由長崎、平戶入港，實施嚴格的貿易管制。在厲行天主教禁令和貿易管制中，1623年英國關閉平戶商館，撤離了日本。1622年在長崎處決了傳教士和55名教徒，之後加強取締天主教，德川秀忠執政時禁止天主教更加徹底，1624年並禁止西班牙人來航。

1635年爲斷絕由九州入港的中國船與天主教接觸，將貿易地設限於長崎，且全面禁止日本船渡航海外，對外貿易完全由幕府掌控。另爲阻止傳教，對歐洲人推行隔離政策，亦即1636年在長崎建設出島，做爲隔離葡萄牙人之地。1639年起禁止葡萄牙人來航，1641年將荷蘭人遷移至出島。幕府實施一連串的禁教政策，把日本推入「鎖國」時代。

日本禁教政策也波及琉球諸島，爲了徹底封鎖傳教士潛入路線，對琉球海防越來越嚴。薩摩藩對琉球擁有對異國警戒的軍事

權，幕府賦予島津氏此項權利的理由是，意識到琉球爲異國窗口的地理位置。近世薩摩藩對琉球，與對馬藩對朝鮮，都賦有此項軍事義務，一遇到異國船來航等緊急狀況時，就派遣軍隊做好防備。「鎖國」形成期，對天主教的禁令是幕藩體制國家中以全國性規模所貫徹的基本法令。禁教令之所以如此迅速地傳播到琉球，最主要原因是由天主教之大本營菲律賓群島北上日本的傳教路線中，「琉球」在地理位置上成爲位居其中的橋梁。如馬尼拉之西班牙系修道會的天主教傳教士曾潛入琉球諸島，並以其爲跳板對日本傳教。幕府洞察此動向，指示薩摩強化琉球的海防監視體制。於是，在琉球施行所謂的「宗門改」，也就是五年一次對每個人進行宗教調查行動，雖如日本國內般的寺請制度（每人都有登記所屬的寺廟，以示非天主教徒）尚未在琉球建立，但在琉球卻嚴格地實施「宗門改」之宗教普查行動，普查後之「札改」中，發給註明佛教禪宗之木札（宗門手札）以示其清白。（見圖2-1）

　　在應對異國船方面，幕府透過薩摩藩對琉球發出「御條書」，內容包括荷蘭船、葡萄牙和西班牙船、中國船的繪圖，西班牙及葡萄牙人的模樣，和辨別各國人船的方法，並對其處理方式和報告制定了取締辦法。幕府在提供異國船情報的同時，命令琉球對中國船和荷蘭船加以保護，如發現葡萄牙和西班牙人則予以逮捕後送往薩摩，並視情況認爲有必要時，得將其殺害。

　　以往異國船於琉球外島停泊，都會派船通知本島。但1644年在本島以及外島設立了名叫「火立毛」的烽火臺，以狼煙傳遞訊息。報訊員一發現異國船就燃起狼煙，快速地傳達情報，之後琉球諸島先後在23處設置了烽火臺。另還有「飛船」，也就是以人力划行的小舟，一遇緊急需要聯絡時派出，如果西班牙、葡萄牙船從附近經過或漂流而來，飛船可以不顧天候和風向，隨時和王府聯絡。鎖國期間幕府對異國船的取締也在琉球實施，這表示琉球王國

被強迫遵守幕藩體制下的幕府法。

# 八、島津氏的琉球統治

島津氏入侵琉球後，以太閤檢地為基準，實施了「琉球國檢地」，藉以確定琉球的穀物收穫量。島津氏把喜界島以南的「道之島五島」（喜界島、奄美大島、德之島、沖永良部島、與論島）劃為島津氏的領土，將沖繩島及其周邊諸島的總產量定為8萬9,086石，其中之5萬石是歸王府直轄地所有。1629年宮古島的穀物總產量誤算，降為8萬3,085餘石，1635年又增為9萬883餘石，到了1727年島津氏對琉球國王發出的穀物結算通知中，增加了3,346餘石，約計9萬4,230石。

王府對島津氏進呈的貢物，依當初規定每年上納芭蕉布3,000反（單位，類似匹）、上布6,000反、下布1萬反、唐苧1,300斤、棉3貫目、棕櫚綱（繩子）100串、黑綱100串、草蓆3,800張、牛皮200張。然因數量甚多難以備齊，於是通融可納銀充當不足，1617年起改以米補足，開始有了所謂「仕上世米」之貢米。

1634年島津家久隨著三代將軍德川家光到了京都，島津家久為了拜謁家光將軍，表達最初的慶賀及即位的謝恩，命琉球王子佐敷朝益上京，並在閏7月9日於二條城拜謁家光將軍。事前薩摩藩對幕府透露琉球，包括奄美五島的穀物總收穫量為12萬3,700餘石，建議依此提高琉球的總收穫量的制定，於是8月家久從三代將軍家光處拜領了紀錄管轄內各穀物收穫量之「領知判物」。

「領知判物」中，將薩摩、大隅、日向等郡縣原65萬5,000石，加上包括奄美五島之琉球國的12萬3,700石，歸為島津氏的管轄領域內，琉球自此正式地與日本其他藩地一同被編入領地體系中。不過，對琉球並無課求軍事義務。所謂無軍事義務，是指緊急

事態發生時，不被賦予如同日本本土各藩般的要王府派遣軍力的軍事義務。

　　幕府於1605（慶長十）年、1644（正保元）年、1696（元祿九）年、1835（天保六）年，一共對各藩發出四次製作「國繪圖」的命令。「琉球國繪圖」分別於正保、元祿、天保期製作了三次。薩摩在侵略琉球後製作「琉球國繪圖」的最主要目的是，證明已將琉球以異國型態編入幕藩體制國家的版圖。琉球每次都是以2萬1,600分之一的縮尺做成極大的「國繪圖」，其中將琉球分割為奄美諸島、沖繩諸島和先島諸島（宮古島、八重山諸島）三部分，琉球國在正保、元祿、天保三次國繪圖之中，總穀物收穫量都維持12萬3,711餘石不變。奄美諸島雖已受薩摩藩支配，成為島津氏的直轄地，王國版圖變小，琉球國王對奄美諸島根本失去了權限，但薩摩仍使其以「異國」名義歸入琉球王國的領域，直到幕末琉球穀物總收穫量都以包含奄美諸島的12萬3,700餘石向幕府報告，幕府也一代接一代地對琉球發出包括奄美大島的琉球國「領知判物」，一直把奄美諸島定位於「琉球國之內」。

## 九、「中山王」稱號的停用與「江戶立」（上江戶參拜）

　　1634年琉球被編入幕藩體制正式成為島津氏的領地後，國王尚氏的「中山王」稱號因而停用，改稱「琉球國司」。

　　江戶幕府對明朝交涉失敗後，在「鎖國政策」下，德川將軍對外以「日本國大君」的稱號，總攬日本的統治權和外交權，並與朝鮮和琉球之間構築出以將軍為首的國際秩序。日本對朝鮮首度要求使用「日本國大君」，是1636年朝鮮派遣通信使赴日時。琉球

則是在1644年爲德川家綱慶壽及琉球王尙賢繼位，同時派遣慶賀使和謝恩使時，使用了「日本國大君」的稱號。琉球每逢幕府將軍易換時便派慶賀使祝賀，在琉球國王嗣位時派遣謝恩使以示即位之禮。又自1634年島津家久實現了對德川家光將軍最初的慶賀及即位之謝恩以來，形成了「江戶立」（或稱「江戶上り」）的慣例。在薩摩藩的主導下，琉球每逢島津氏交替任職於江戶時都派員隨行，依照朝鮮通信使的外交儀禮爲準則，前往江戶謁見幕府將軍。（見圖2-2）

　　幕府體制下的外交關係，是在1630年代的鎖國政策下確立的，亦即認定朝鮮、琉球爲「通信國」，荷蘭、中國爲「通商國」，和模仿中國視周邊各國爲夷族（蠻族），建構了日本型的華夷秩序。琉球與朝鮮雖然同爲「通信國」，但待遇完全不同，日本和朝鮮之間有德川將軍與朝鮮國王間的國書往來，和琉球之間是臣下「老中」與「中山王」間的聯繫。受到薩摩藩的壓制，琉球國王對薩摩僅能以「琉球國司」自稱，對幕府卻仍可使用「中山王」的王號。島津吉貴因招攬琉球使節赴江戶謝恩有功，1710年官位晉升到從四位上少將，1714年上江戶時，高升到正四位下中將。似此，形成島津氏每逢琉球使節上江戶便得升官之慣例。而琉球使節上江戶拜謁將軍，自1644年派遣慶賀使、謝恩使起，至1850年尙泰王即位派遣最後一次謝恩使爲止，兩百餘年間共計17次。

## 十、「琉球口」貿易的展開

　　被擄往薩摩的尙寧王及三司官等，歷經兩年餘軟禁歲月獲准返國後，卻被迫遵守十五條規定。這些規定稱爲「掟十五條」，列出了日後薩摩對琉球支配的基本方針。其中有關貿易統制條例有：禁止琉球在薩摩命令以外對中國進貢商品、不准琉球對薩摩以外的領

域派遣貿易船、禁止與未持薩摩藩發行的許可證「御判形」之商人進行交易等。其後連年發出貿易統制令，嚴加禁止琉球國對外自由往來。島津氏以獨占琉球貿易的行徑，將琉球的進貢貿易編入薩摩支配體制中。

1849年幕府編纂的《德川實紀》中，將鎖國稱為「海禁」，仿照中國對自國人民實施禁止渡航海外及對外貿易之「海禁」，但與中國不同的是，成立了集權性的軍事組織「役」，專門負責對外關係。日本在國內設有「四口」，各對異國承擔軍事責任，四口得到的報酬是，獲得幕府准許進行有限定的貿易。其中與海外接觸最多的是「長崎口」，「松前口」是和北海道往來的窗口，「對馬口」通往朝鮮，「琉球口」與中國互通。幕府認同島津氏依其領主權對「琉球口」享有特殊貿易權利，對「琉球口」設有貿易統制與海防體制兩項機制。當時中國輸入日本市場的生絲大減，為補足市場需求，幕府指示藉由琉中貿易，增加進口中國生絲、藥材和絲織品。而由這項政策中，可以窺知幕府實施鎖國制度，是將琉球視為補足幕府對外貿易的重要窗口。琉球和長崎並列為幕府公認對中國貿易的兩大管道。

1630年薩摩領主受困於財政危機，藩債高達7,000貫目，家臣川上又左衛門（忠通）建議藉由琉球取得進貢貿易之利重整財政。1631年川上被派往琉球，擔任「琉球在番奉行」之職（駐守那霸監管琉球的官員），島津氏便把琉球的進貢貿易直接與領主財政相連，試圖擺脫財政危機。「在番奉行」公館也稱為「御假屋」，位於那霸四町西村的港邊。御假屋原來是江戶時代在薩摩藩領內廣被使用的行政用語，意指薩摩藩的駐外機關，其中由鹿兒島派遣的在番奉行任期三年，一般稱為「在番奉行所」。相形之下，在鹿兒島設有琉球假屋，每年王府需派駐使者與薩摩進行交涉和交易。1784年薩摩改稱琉球假屋為「琉球館」。

　　中國因日本鎖國，降低了對日本的危機意識，如1612年規定琉球貢期爲十年一貢，1622年改爲五年一貢，1633年冊封尙豐時恢復兩年一貢，使琉明關係重新步入正常化，1678年又准予增加一隻迎接進貢使的接貢船（左右聞船），每年持續實質貿易的結果，使薩摩對於利益的追求變本加厲。然而，受限於幕府對中貿易的壟斷政策，亦即指薩摩來自琉球的中國物品只能在藩內消費，禁止與長崎貿易比價競爭。薩摩因爲很難提升貿易利潤，只能以扶助琉球國的名義，將貨送到京都的「定問屋」取得公認後，再以國內販賣許可之琉球國物品的名義販售。對於貿易額等多項限制，薩摩也一一瞞著幕府另找販售途徑。17世紀中國主要出口浙江省湖州產的「湖絲（生絲）」與蘇州、杭州產的絲織品。「湖絲」在當時可說是全中國生絲中的精品。薩摩藩爲確保藩的財源，對琉球貿易的掌控鉅細靡遺，牢固操控中國高級生絲及絲織品的獨占販賣體系。

　　琉中貿易在島津氏控制下，需要準備大量的資金銀。但琉球不產銀，只得向出入島津家或鹿兒島琉球館的特權商人「用聞」或「立入」借銀。薩摩藩無力在藩內籌出，大多是向大坂、京都等地商人借取。1652年王府開始實施砂糖專賣制度，並以砂糖做爲債務擔保，在借銀證書上有藩印做保證，薩摩藩成爲琉球借銀的後盾。

　　除了資本銀以外，王府進貢物中的紅銅、白鋼錫及多種附搭貨物都需依靠薩摩，物品的販售也仰賴薩摩所媒介的日本市場，薩摩的介入對琉球進貢貿易而言十分重要。

　　航行於薩摩、琉球之間的船有琉球的楷船和薩摩領內的大和船，大和船中又有秋用船、春用船和平秋下船等，負責運送貢米及專賣品之砂糖和鬱金等，日本本土市場所需的主要經濟作物。在進貢方面，進貢銀是用薩摩的「御銀船」裝載銀兩送到那霸，從中

國買來的生絲和布料是用那霸的「御絲船」送往薩摩。進貢過程就在王國與薩摩的相輔相成下，把王國經濟編入了日本的經濟圈。

1695（元祿八）年幕府開始鑄造元祿銀，如比較慶長銀幣的純銀率80%，元祿銀幣的純銀率只占64%，1706（寶永三）年的寶字銀純銀率占50%，1710（寶永七）年的永字銀純銀率占40%，三寶銀的純銀率占32%，1711（正德元）年的四寶銀純銀率占20%，銀的成色越來越低，反映銀幣大大貶值的現象。爲恐對進貢貿易帶來負面影響，王國透過薩摩向幕府請求將銀幣恢復爲元祿銀的成色。對此，幕府於翌年7月應允其請，開始對琉球提供依慶長銀成色改鑄的銀幣。銀的改鑄起初是在京都的銀幣鑄造所，1800年以後改在江戶的銀幣鑄造所鑄造。

琉球對清朝的進貢船、接貢船，都裝載銀幣出航。而爲防止金銀大量外流，德川幕府特別針對長崎貿易做了結算，1685年規定與中國及荷蘭船的年貿易額不得超出9,000貫目。1687年限定進貢銀爲804貫目，接貢銀爲402貫目。1715年進貢銀減爲604貫，接貢銀爲302貫。上述銀幣稱爲「渡唐銀」。關於渡唐銀，薩摩和琉球各有其份額，但薩摩對幕府聲稱是將薩摩的分配額借給了琉球，隱瞞了進貢的內幕。薩摩的這項銀幣稱爲「拜借銀」，在琉球稱爲「一番銀」，相對地，琉球王府的銀稱爲「二番銀」。一番銀是用來購買生絲、布料、藥材等中國物品，二番銀之一部分也用來買中國物品，其他則充作滯留於福州或北京的費用、船隻的修理費及王府的物品費。位居王府高官要職及進貢官員一行的銀幣稱爲「三番銀」。自1687年起進貢銀及接貢銀各受限於804貫目和402貫目後，附搭貨物中「俵物」和「諸色」的輸出量暴增。所謂「俵物」是用稻草包裝起來的商品，一般是指乾海參、乾鮑魚、魚翅三樣。「諸色」是指以上三種以外的海產品及其他物品，主要有昆布、魷魚、雞冠草、洋粉草、柴魚、乾蝦等，都是中華料理中不可或缺的

海產品，在中國市場有很大的需求量。幕府爲了抑制金銀銅外流，17世紀末把長崎口輸出品的重點轉移到這些海產品，漸進式地實施物產集聚體制，並於1785年開始執行俵物歸長崎會所管理的規定。幕府在形式上雖然掌握了海產物的獨占權，但實際上薩摩藉由其他管道，依舊能對琉球提供這些產品，由琉球輸出中國，不受幕府控制。

就琉球口的貿易來看，進入19世紀，薩摩想利用琉球擴展其販售中國物產的方針，與幕府抑制琉球口貿易，保護長崎港貿易的立場背道而馳。1810年9月幕府針對國內高需求量的琉球貨物，限定緞子、羊毛等紡織品、唐紙、猩燕脂、花紺青之染料及鉛等八種，准許在長崎有三年販賣權。這類物品名叫「琉球產物」、「琉球國產品」，但實際上都是從琉球口進口的中國物品。其後，又把「琉球產物」的藥材、染料、中國布料和西洋布料等，以延長期限的方式經由長崎會所在國內販賣。1840-1850年代鴉片戰爭和太平天國之亂後，中國船來航逐次減少，隨著長崎貿易熱潮的減退，琉球產品在長崎更受歡迎，可以說，薩摩藩在幕藩制的全國流通構造中扮演了很重要的角色。

# 十一、王府組織之重整

王府被島津氏征服後，在幕藩體制下受到極大的約束，1624年8月20日所發布的「定」，允許琉球國王對官員有俸祿發給權、裁判權和祭祀權，承認了琉球國的內政自決。以裁判權而言，在薩摩犯罪的琉球人，是歸首里王府行使裁判權，而非島津氏。由於王府在島津氏的支配範疇內恢復了某種程度的自治權，附庸國琉球被定位爲幕藩體制下的異國，因此王府爲因應近世社會的變貌，開始著手於內部組織的改革。

　　古琉球時代在琉球沒有士農身分區別之設定，各地皆以自由
居住為原則，就職於王府的人被稱為「奉行人」。島津入侵後，日
本本土所實施的士農身分區別制被帶到了琉球。（見圖2-3、2-4）
1689年王府設置了「系圖座」，負責系圖的編纂事業，亦即為士
族分別做兩部系圖，一部收藏於系圖座，另一部蓋上朱印由各家自
行保存。在琉球，系圖也稱為「家譜」，只有士族才有家譜，所以
稱士族為「系持」，相對地，沒有家譜的農民為「無系」。王府根
據家譜的有無區別身分，確立了士農的階級劃分。然而在第一次編
修時，有許多申請者拖延，造成遺漏，於是1712年在重新修訂之
際，頒授了新家譜。

　　王府下賜家譜雖是對「士」的身分加以保障，但在「士」的門
第上又有「譜代」和「新參」之分，譜代是自古以來的士族系統，
新參是功勳或獻金等因素，後來成為士族的系統。譜代在階級上居
於上位，依其祖先事蹟有身分高的「里之子家」和身分低的「筑
登之家」區別，新參皆屬「筑登之家」。士族各按階級和門第來決
定職位等級的晉升，不過遲速各異。1720年決定施行五年一次的
「仕次」，亦即追加編纂家譜。

　　近世王府行政機構中的官階有：三司官、三司官座敷、紫冠
（親方）、申口、申口座、吟味役、座敷、當座敷、勢頭、勢頭座
敷、里之子親雲上、筑登之親雲上、里之子、若里之子、筑登之、
筑登之座敷，共二十個等級，品級高低由正從一品到正從九品，共
分十八級。各職等冠帽的顏色及髮簪的材質等，可讓人一眼就辨識
出其身分。

　　王府順應幕藩體制，在執行體制的整備及任務執掌的明確化
上，實施統治主體的構造改革，藉以強化首里王府的政治及行政機
能。「評定所」是王府中樞的最高裁定機關，和幕府的最高評定機
關同名，是由攝政、三司官、申口方、物奉行所組成，其中又有由

攝政、三司官負責處理政務方面的上御座，及其下機關之下御座。
下御座由物奉行所及申口方的長官和次官之十五名上級官員所組
成，負責共同審議重要案件。物奉行所由所帶方、給地方、用意方
三局組成，所帶方掌理王府的財政、對薩摩的納貢；給地方為管理
俸地、俸祿；用意方負責臨時特別會計；申口方處理外交、內政、
戶籍、警察、裁判事務。位居王國行政系統頂點的是三司官，其上
統率者是國王。（見圖2-5）與幕藩體制相關的重要案件，則受薩
摩及其背後強大幕府軍權的統制。總言之，近世琉球的行政機構受
到薩摩藩和江戶幕府政治的影響與約束，是毋庸置疑的。

## 十二、王府的兩屬意識與王國的中國化

薩摩侵略琉球後，把琉球推向從屬於日本之路。當時中國正逢
明清王朝交替時期，1681年平定三藩之亂，1683年鎮壓在臺鄭氏
一族的復明運動，而穩固了大清帝國的基礎。清朝以亞洲最強大的
專制國家稱霸中國之初，王府便計劃以其為後盾來保障自身獨立的
王國體制，亦即在進貢冊封體制下之中國華夷秩序，與幕藩體制下
之日本型華夷秩序間，居於其中的小國琉球，致力於取得兩屬意識
的平衡點，以維持王國的獨立體制，王國支配層的國家意識也於此
紮了根。琉球在兩屬關係中，一方面被編入幕藩體制下的異國，成
為「日本中的琉球」，另一方面又以屬國的身分，在進貢冊封體制
下成為「中國中的琉球」。

倘若中國干涉王府的內政，則勢必與幕府之間發生摩擦，幸而
只須履行屬國進貢冊封的禮儀，維繫與中國的宗屬關係，中國對朝
貢國之進貢背景並不加以干涉。正因中國實施這種宗藩政策，不會
給幕府任何刺激，而使王府得以安心。

琉球被編入幕藩體制後，1709年照理說應參加「上江戶」之

參拜禮，但幕府卻不以爲然。薩摩爲喚起幕府重視琉球使節的「上江戶」之禮，重新定義了琉球的必要性，強調琉球對中國的重要性是僅次於朝鮮的朝貢國，藉由拜謁禮，琉球派慶賀使到江戶的舉動，既可一顯日本的威光，又可在東亞世界提升日本的威信，而請求幕府依例令琉球派遣慶賀使，讓琉球執行參拜禮。幕府應允薩摩藩的請求，可是琉球使節團在履行「上江戶」時，卻受薩摩藩之命，刻意裝扮成中國風，使其符合對中國朝貢之異國使節的身分。

薩摩藩以附庸國上江戶獻禮爲由，強行要求使節一行穿著唐裝，列隊在各街道演奏路次樂（行進音樂），宴會及儀典時還得演奏中國的曲樂。上江戶的琉球使節團旅程約300日，到達主要街道和城市時，都要換上唐裝，演奏路次樂通過。

就在薩摩對琉球加強實施異國化政策下，1712年6月廢止了「琉球國司」的稱號，准許琉球國王恢復「中山王」的稱號。王府則將「上江戶」之禮與對中國派遣慶賀使、進貢使的兩項行動，詮釋爲利於琉球主張自立之國家意識的外交現況。「上江戶」的背後有薩摩強大的政治干預，但幕藩體制下以「異國」型態而存在的琉球，在其爲中國屬國的華夷秩序中，「上江戶」反而成爲彰顯「王權」的一大外交儀禮。要言之，在薩摩改採琉球的異國化政策時，對琉球而言，無異是承認其繼續對中國進貢和接受冊封的證明，王府也以此抬高了自身的國家意識。王國仰賴亞洲最強大之中國爲後盾，相當期待清朝對薩摩和幕府權力產生牽制的作用。

據《琉球國由來記》卷一記載，每年正月依例舉行的「朝拜御規式」，是於正午擊鼓三響開始的，此時以唐裝打扮的國王在正殿前庭設置遙拜所，朝著當年所謂「歲德」之吉祥方位燒香，行三跪九叩禮。但歲德神的朝拜方位每年有異，1719年起改原本「天神地祇」的歲德方位爲朝北方位，意即面向北京皇城朝拜。誠如正月的儀禮是爲「中華的拜禮」之說，琉球國王的遙拜已變成中國色彩

濃厚的儀禮。

　　琉球國王在正月儀禮上穿上中國皇帝下賜的中國風大禮服，全場引用了「中華之禮法」。（見圖2-6）「中華之禮法」也採用於祭拜先王的王廟祭祀儀禮中。向來安置於崇元寺的歷代國王牌位的祭拜法，是在中央以舜天王、英祖王、察度王爲軸心，依序排放其他國王的牌位。中國自周以來，關於祖先的祭祀主要採用昭穆法。所謂昭穆，簡單地說，就是祖先牌位的順序，以第一世爲中心，偶數之二、四、六世排列左邊，奇數之三、五、七世排列右邊，其左爲昭，其右爲穆。琉球在1719年舜天王的牌位被安置於中央，在其左右各依昭穆秩序變更爲中國風的儒教樣式。

# 十三、中華世界的出現

　　首里城正殿是王國統治最典型的象徵。正殿內有三層樓，中央看似神社處之正上方鼓起如弓形，兩端往上翹起的造形，謂之「唐破風」，乍看之下，猶如和式建築風。但仔細看來，正殿的設計是，西側有處理政務的空間，東側有王家和女傭等的生活空間，正與中國紫禁城有辦理公務的「外朝」和有皇居的「內廷」構造相似。前庭中央的「浮道」，左右以磚塊鋪成帶狀，當眾官參加國王的遙拜儀式時，此帶狀磚塊是依其位階而列序的記號。在北京紫禁城的儀式中，也依眾官的等級放置物品作爲列序的記號，此處琉球的做法與北京酷似。

　　正殿屋頂的兩端和唐破風有象徵中國統治者的龍頭造形瓦飾，唐破風正面兩側還繪有與紫禁城同樣的「取珠雙龍紋」。關於王的座位，名稱爲大庫理的二樓，也有「取珠雙龍紋」的額木。王座前方有一對祥龍上升造型的金龍柱。正殿的基壇外圍設有中國宮殿式的石欄，有如小龍柱般，欄上隨處刻有龍的造形，正面前庭矗立著

一對雄霸威武的龍柱，如此被群龍包圍的正殿，強烈地予人一見就
有龍之王位的中國印象。

　　當士族身分被確定爲官僚支配階級時，王府積極地把儒教思想
編入國家思想體系。王府爲有效掌握國家機構和各階層官吏，對官
吏賦予遵從儒教之倫理道德的義務，同時要求負有政治責任的士族
支配階級，以儒教來實踐其政治思想，並尊重在儒教思想規範下的
各項儀禮。

　　儒教思想的引進和實施是以久米村爲中心，18世紀後半開始
推廣儒學的教育機關，亦即在首里的國學，以及將首里全境劃分爲
眞和志平等、南風平等、西平等三區，在「首里三平等」中各設平
等學校所。到了19世紀，首里十四個村落各設一個村學校所。那
霸方面，以泉崎爲首，在那霸四町各設一校，泊村也設有村學校
所。儒學的初等教育始於村學校所，中等教育交給平等學校所，高
等教育則在國學教授。村學校所的教育是從《三字經》、《二十四
孝》、《小學》的朗讀開始，年歲較長後，則指導小學集注或四書
的朗讀，三平等學校所及國學的儒學教育都以講讀四書五經爲主。
在本島或離島的農村，爲栽培地方官員，也設立筆算稽古所（寫作
算術訓練所），宮古、八重山各設有會所，實施書法、寫作算術及
儒教教育。從儒教教育也實施於地方的筆算稽古所及會所裡，可知
儒教教育是以國家教育的方式普及於琉球社會。

　　1650年尙象賢（羽地朝秀）編纂的日文王家系譜《中山世
鑑》，1701年由久米村的蔡鐸附上中國年號，修訂爲漢譯本，
1725年蔡鐸兒子蔡溫再將其編修而成《中山世譜》，其他如《球
陽》等琉球史的漢文編纂，在在表現了琉球的中國化。另，只有士
族才准持有的家譜，也受到中國的影響。1690年編輯家譜時，在
久米村及其以外的首里、那霸、泊等地，出現了由舊士族層的父系
血緣關係所集成的同族集團「門中」，原本互不相同的姓氏，以王

府下賜的形式，給予楊、蔡、毛等中國姓氏。舉一個士族「向德成
幸地親方朝經」爲例，向德成是中國名（向是姓，德成是諱），幸
地是家名，親方是位階，朝經是名字，士族一般都有中國名和琉球
名。但琉球士族層的家名和日本家名不同，不是永久不變的，此因
琉球是以領地的地名爲家名，所以家名會隨著領地的變化有異，士
族裡甚至有人一生中更改家名三、四次。冠上日本式家名的家譜如
「幸地家門中」，不包括眾親族在內，必須以冠上中國姓氏的「向
氏門中」、「向氏家譜」等來表示士族的門中或家譜名。於是，如
欲問同族親屬與否，就須從其是否爲中國姓氏來做判斷了。

　　琉球士族家譜起初是以和文作成的，在推動中國化下，改依中
國式世系圖中的漢字紀錄。在中國，有所謂宗法制的習俗，分爲大
宗（本家）和小宗（分家），大宗爲主，小宗附隨大宗。大宗永久
不變，小宗常有分歧支流，至第五代爲同族，之後便分屬其他了。
宗法制在儒教社會中結合同族共同爲祭祀祖先而緊密地團結，在琉
球家譜中也可見到宗法制對琉球的影響。

　　幕府爲確保海難船隻送還體制，透過島津氏命令琉球遇有中國
船漂流，須對江戶、長崎報告，將漂流者經由薩摩送到長崎，再從
長崎遣送歸國。清朝成功鎮壓臺灣鄭氏的反清復明活動後，1684
（康熙二十三）年解除了海禁，對沿海商人發出准許自由貿易的展
海令，同時也對琉球王府要求對漂流民予以救助和保護。王府明知
直接將中國漂流民送返福州，是觸犯幕府法的行爲，但順應中國的
展海令，不僅於1696年將中國漂流民直接送返福州，之後連朝鮮
人也移送福州。此一舉措透露了王府對琉球在進貢冊封體制下自我
定位的考慮。對擅自承諾清朝請求的琉球，幕府雖表不滿，但最後
還是應允琉球對清朝的應對。從琉球送還漂流民體制中，同樣見到
琉球的海域世界也受到中國的影響。

　　「間切」是近世琉球王國的行政區劃，其中設有「村」。「間

切」和「村」中有所謂「地船」的公用船，提供租稅物品的運送。
18世紀初起王府將原「地船」的船型改為中國帆船形的「馬艦船」。馬艦船的船體結構是由多數支架做成的肋骨狀，再加上防水甲板，即使大浪來襲也不會有馬上浸水成為「水船」的危險，而且能不受逆風之阻，比較耐得起大風大浪。因為造船費及維修費都比原來的「地船」便宜，所以「馬艦船」迅速地普及。綜上環境變遷裡，可以了解王府在王國陸海兩大領域中，創造了帶有中國色彩的中華世界。

# 十四、王府的隱蔽政策

　　王府的中國化政策，是對中國實施「隱蔽政策」，在隱瞞其受薩摩支配的事實下所進行的。隱蔽政策的背景是，王國受薩摩侵略後，奄美諸島的割讓及納貢制度的實施，為薩摩帶來很大的經濟效益。島津氏為了避免清朝干涉政治，在幕藩體制幕府管制貿易下，實施隱蔽政策以確保薩摩利用王國之進貢獲得豐厚的經濟利益。1689年接貢船的派遣制度化後，薩摩藩因恐其支配琉球一經敗露，將導致琉球與清朝關係破裂，故利用南西諸島北方的吐噶喇列島，把它稱為「寶島」，虛構出琉球與「寶島」間進行著邊界貿易，藉以隱蔽在王國背後薩摩和幕府的存在。
　　日琉關係的隱蔽，事實上也是為避免中琉關係惡化所採取的措施。這項隱蔽措施不是出於薩琉間的協議，而是出於島津氏為統治琉球而制定的策略。但，這對當時琉球王國當政者而言，處於戰敗國的立場，為了朝貢關係的維繫和王國的存續，島津氏的策略也不失為一個補救辦法，更何況王府受薩摩支配的事實一旦暴露，極可能會為進貢體制帶來阻礙。正因雙方意氣投合，所以隱蔽政策成為薩琉的共通課題，近世一直以緊密周詳的策劃貫徹實行著。

　　王府在18世紀後半，對可能與中國人有所接觸的民眾發布
「旅行心得之條々」、「冠船渡來ニ付取締方書渡候覺」、「唐漂
著船心得」、「御領國之船唐漂著之儀ニ付取締方」等規章和須
知，指示民眾一概否定與薩摩的關係。唯，實施隱蔽政策讓王府擔
憂的是，琉球船如果漂流中國，船內不僅裝載有和書，還有薩琉間
的往來文書及日本商品等。

　　「旅行心得之條々」、「唐漂著船心得」中指示，船隻漂流
到中國時，在官府檢查前必須把不該讓中國看到的書籍、信件及帳
簿等，立即燒毀。而船隻在航行時有攜帶記載著「船主」、「船
夫」、「水梢」、「裝載貨物種類、數量」、「出航目的」等所謂
「船手形」（渡航證明書）的義務。在中國的日本漂流民案例中，
「船手形」是出示其國籍、身分的重要證明，也是上陸求救時最主
要的依據。通常日本漂流民在受保護後，先送往浙江省的寧波或乍
浦，再搭航往長崎的中國船歸國。漂流到中國沿岸的琉球人同樣帶
有渡航證明書，但經指示後，為恐渡航證明書上的年號及內容暴露
了琉球與日本的關係，漂流民皆自行燒毀，絕不對中國提出此類證
明。即便如此，一旦獲知漂流民是琉球人，中國官府就加以保護，
並護送到琉球館的所在地福州，由福州琉球館送返歸國。

　　曾有薩摩船漂流到中國，當時對中國的隱蔽也十分嚴密。據
《薩州船清國漂流談》記載，1741年7月薩摩迴船在琉球徵收貢租
的路途中，於久米島海面遇難，20名漂流民換乘「端船」，漂流
到浙江省舟山列島的漁山。因為薩摩迴船的船長在琉球病死，水梢
二人也患了病，所以在琉球僱用了金城和吳屋兩名琉球人水梢，當
船漂流到中國後，為隱瞞身分，立即用茶刀將琉球水梢的頭髮剃成
日本式髮型，名字也改為日本名，金城成為金右衛門，吳屋改為五
右衛門。另還聲稱此船並非由琉球港口出發，而是由薩摩出航的，
一味地隱蔽與琉球的關係。結果兩名琉球水梢被當做日本漂流民處

理，於翌年5月由浙江省乍浦送抵長崎港。

在琉球就薩琉關係極力對中國實施隱蔽政策之際，還得應付冊封使節的到來。冊封使停留琉球期間，對有關日本事情一律不提，首里、那霸一帶不准懸掛日文的通告牌，禁止使用日語、日本年號、日本名及日本歌，禁用寬永通寶之錢幣，另對日本書籍、器物、寺廟的匾額等全都加以隱藏，以上各項都是那霸、泊港的官員以及離島的地方官所周知而且徹底執行的事項。

那霸若狹町出口、泊高橋、安里橋三處設有關番所，為提防民眾與中國人有所接觸，派駐6名關番輪流負責監視。薩摩在番及其他薩摩官員則移往浦添間切城間村，在那霸的薩摩官員墓地甚至以土掩藏，不讓冊封使發現。除了嚴加戒備不讓中國人走出關所以外，還對會與中國人接觸的人，發給問答須知手冊，其中假想中國人在各方面可能會有的提問，並提供模範答案。奄美雖已被薩摩直接統治，但對中國而言奄美仍屬琉球國，於是就中國冊封船漂流到奄美群島的注意事項也都事先做好了準備。

# 十五、華夷秩序與琉球王國

中國對這些隱蔽事情未必不知情。1683年被派任冊封使的汪楫、林麟焻曾對康熙皇帝上奏，請示若發現琉球與日本互通友好及朝貢，是該接受其繼續朝貢還是予以阻貢，對此康熙皇帝指示，此一狀況如經察覺，當對禮部報告並待協議後處理。實際上，薩摩侵略琉球是冊封使早已窺知的事實，另對琉球與日本之間的貿易，許多中國古籍於日本國內印刷發行，首里及那霸市場中偶然可見寬永通寶的流通等，多少有所察覺。然而琉球國禁森嚴，民眾對於國情皆避不開口，冊封使不由得起疑，雖知必有隱瞞，但也佯裝不知。冊封使既不深入追究，對首里王府之欺瞞行為也未對中國宮廷報

告。唯一報告的是順利完成冊封，及琉球國王對皇帝的宣誓效忠。

中國基於「德治」、「禮治」理念的進貢冊封體制，要求君臣關係且講究儀禮，只要不對中國造成威脅，並不排除琉球與中國以外的國家建立關係，即使發現琉球兩屬，但若與日本相安無事，琉球仍能一如以往地對北京派遣朝貢使節，而不插手干涉。依此推斷，雙重朝貢對中國而言，並非嚴重的外交問題。進貢冊封體制是爲連結中國版圖周邊區域，使鄰近民族之間能有自律性的交流網，亦即互相在對區域性多樣化的認同下，居於中央的中國皇帝秉其權威，達到對整個體系的管理和統合作用。

琉球既不違背儀禮，中國對其國家內政不做干涉，自然也不想與日本敵對，製造不必要的緊張關係。事實上，琉球也可以說是清朝維持其與日本關係穩定的重要緩衝地。

琉球爲存續於兩屬之間，在推行中國化的同時，對隱蔽政策的實施毫不鬆懈。琉球的中國化政策，不外乎是以擁有全亞洲最強大的政治力及軍事力之中國爲後盾，而與中國關係維持之軸心在於「進貢」與「冊封」，琉球視其爲關係王國存亡之保障，期盼藉此加強與中國的關係。（見圖2-7）

「冊封」分爲「頒封」和「領封」兩種，中國派遣使者進行冊封者，叫做「頒封」；相反地，被冊封國派遣使者到中國受頒封王的詔敕者，叫做「領封」。中國對於較受重視的屬國進行「頒封」，如琉球一向是受中國派遣使者的「頒封」。冊封是中國皇帝承認王權的重大政治儀禮，對琉球而言，以一個「國家」而受到認同，其中富含著重大的意義。中國對中山王的冊封，在明代有15次，在清代有8次，共計23次。一個小小的王國在250年間，靠著與中國維持宗屬關係，很巧妙地在日中兩大政治勢力之間，同時兩屬而沒有陷入亡國危機。值得關注的是，德川幕府面對「日本中的琉球」及「中國中的琉球」之實情，也盼其維持現狀。然而，在幕

末國政一片混亂中，發生了日本不再通融琉球兩屬的大變革。日本封建制度瓦解，緊接著帶領日本走向近代國家的是明治政府。琉球王國在明治維新期間很快地走進了歷史。

# 第三章　近代沖縄

# 一、沖繩縣政的啓動

## （一）舊慣保留政策與沖繩縣政

1879年4月日本政府正式發布公告，強制執行「琉球處分」，廢止琉球藩，改置沖繩縣；同時任命鍋島直彬爲首任縣令，這就是所謂從「琉球王國」到「日本統治」的時代。

日本政府在沖繩實施縣政，最初採用「舊慣溫存政策」，其主要精神是：「沖繩雖在日本國內，卻是與本土遠隔之地，其民族歷史、風俗習慣、一年之中固定的活動和儀典，都與本土不同，因此，需將自古以來的制度，原原本本地留存下來，避免激烈的改革」。具體的說，是要保留琉球王國既往的土地制度、租稅制度、地方制度，此一政策直到20世紀初才改弦更張。有關當局施行背景可以舉出若干理由，但其中最重要的理由是：在琉球王國滅亡、士族階層的反日情緒越來越高漲之際，部分士族（脫清人）甚至密航到中國從事救國復國運動，爲了安撫這些舊士族，有必要將其舊有習慣予以保留，以此做爲統治沖繩方針。由此看來，所謂「舊慣溫存政策」可以說是應付不平士族的一個對策。然而，這個政策的本身卻成爲延遲沖繩近代化的重要原因。（見圖3-1）

1881年東北舊米澤藩出身的上杉茂憲被任命爲第2任縣令，上杉是以嘗試初步改革沖繩舊慣的政治家而聞名。他的《上杉縣令沖繩縣巡迴日誌》記錄了他在沖繩本島各地，乃至宮古、石垣兩島視察時，親眼目睹苦於困窮的庶民的身影。上杉的執政著重教育和鼓勵產業。教育方面，致力於人才培育，派遣首批縣費留學生謝花昇、太田朝敷等人前往東京學習。產業方面，則是改良甘蔗製糖技術、獎勵糖業發展。上杉屢次對「舊慣溫存政策」提出改革意見，

但其主張不爲日本政府接受，因而在改革未竟中，半途解職。

中日甲午戰爭後，一直反對「琉球處分」的舊士族們，結合了創辦「琉球新報」（沖繩最早的報紙）的太田朝敷、高嶺朝教等人爲中心的知識份子，成立了「公同會」，以「謀求沖繩縣民的團結一致，研究如何振興公利公益的手段、方法」爲目的，展開了向日本政府要求讓沖繩成立自治體制的請願運動，史稱「公同會運動」。其請願內容主要是：日清戰爭以後，在政府所推動的「同化」、「皇民化」政治潮流中，爲促進沖繩縣民的「同化」、「皇民化」，更進一步地發揚國民精神；同時，考量到舊王家尚氏一族爲王國時代民衆的精神支柱，請求日本政府在沖繩設置特別制度，以尚氏（特別是尚泰王次男尚寅）爲沖繩縣的世襲知事。「公同會運動」以政治團體「公同會」爲母體，希望恢復王家（尚氏一族）在舊王國時代的特權地位。但日本政府拒絕了這個請願，威脅他們：如果請願運動繼續下去，將以「政治犯」論處。此外，中央發行的報紙和在東京的沖繩縣籍留學生都批判這是「時代錯亂的復藩論」，因此，這個運動不久就煙消雲散了。

## （二）學校教育與產業振興

首任縣令鍋島直彬認爲「將語言、風俗習慣與日本本土同化，是沖繩縣政的急務，改變現況除了教育以外，別無他法」，於是，1880年在那霸設立以養成教員爲目的的師範學校。與此同時，將王國時代首里的國學改爲中學；將平等學校所、村學校所改爲小學，開啓新的教育制度。

小學修業年限是3年，從7、8歲到超過20歲，娶妻者都可註冊入學，教育方針爲標準語的學習、對天皇忠誠心的育成。起初就學人數少，免收學費，漸漸地隨著就學者的增加，開始收學費。學校

對學童也強制實施「斷髮」（剪斷髮辮）。

　　1885年設立醫學講習所，以為醫師的養成機關。進入20世紀，中等教育、高等女學校、實業學校一一設立。學校教育將「同化」列為重點，沖繩縣學務課編纂並發行《沖繩對話》一書，將共通語（日語）與首里方言對譯、併記，當做會話科的教科書。由於日本在甲午戰爭中打了勝仗，縣民意識起了很大的變化，同化教育以及表現對天皇忠誠的皇民化教育受到學校重視。1886年4月制定海軍條例，將全國海岸及海面分為5個海軍區，並在各軍港設置鎮守府，沖繩隸屬佐世保海軍鎮守府管轄。日本政府的擴軍方針使沖繩做為軍事、戰略基地的重要性日益提高，這也反映在學校教育中。例如，導入軍隊式的體操、運動會時，進行軍事色彩強烈的競技活動，學校教育漸漸地染上軍事色彩。

　　產業方面，主要獎勵、振興砂糖產業。1888年為防止砂糖價格崩跌，撤銷了甘蔗種植的限制，因此，沖繩各地到處都有甘蔗的栽培，砂糖產量大幅地增加。1906年政府設置試驗場，進行機械化的砂糖生產，後來將試驗成果、技術移轉給民間，讓砂糖產業得到飛躍性的成長，沖繩經濟得以急速地改觀。此外，第152國立銀行、第147國立銀行沖繩分行的設立，健全了金融體系。三菱公司、沖繩海運公司、共同運輸公司、日本郵船公司的設立，加上以尚家和舊士族層為中心而設立的「廣運社」，使沖繩與日本本土之間，境內各島之間的交通網、通信網紮紮實實地被建設起來。還有，縣內商品流通網的形成，與其他府縣之間的商品交易的進展，使沖繩地方經濟與全國經濟連結，經濟圈的一體化形成了對日本依存型的經濟結構。

　　1914年在沖繩本島敷設「縣營鐵道」，那霸到與那原線首先開通，接著，嘉手納線、糸滿線陸續開通。透過鐵道使島內大量運輸變成可能，做為沖繩基礎產業的砂糖業也因此更加發達了。郵政

方面，1874年因在那霸設置郵局及各地郵局不斷地增設而獲得發展。此外，1896年開通了電報，1911年開通了電話。

## （三）沖繩的民權運動

琉球王國時代，地方行政單位設有所謂的「間切」，「間切」之內各有爲數不同的「村」。「間切」的官廳稱爲「番所」；「村」的官廳稱爲「村屋」，這些官廳充斥著許多地方官。依據「舊慣溫存政策」，王國時代的地方制度、土地制度、租稅制度都沒改變繼續施行。農地租稅的徵收也因襲舊例，由這些地方官負責執行；對農民的統治也由他們擔任。這些地方官依免稅規定不必納稅，由他們所徵收的稅金中，還有許多是他們可以合法納入私囊的付加稅。除此之外，地方官還有其他特權，例如，可以強制農民服勞役，濫用特權取得不當利益的地方官爲數不少。改行縣政後，農民對於這類地方官的不滿終於爆發，各地都有農民集體抗議行動。對於地方官不當行爲的抗議行動，後來演變成包圍官員住宅的暴動行爲，這種例子不在少數。這類抗議行動其實是農民對日本政府實施舊慣溫存政策的不滿表現。

宮古島、八重山諸島農民原本被徵收名稱爲「人頭稅」的重稅，此時也展開了抗議行動，提出幾項改革要求，即：「減少地方官員人數」、「廢止人頭稅，改徵地租」、「停止以實物納稅，改以現金納稅」。由於在地抗議效果不佳，農民們乾脆上京，直接向內務大臣提出要求廢止人頭稅的建議書，此一行動在日本國內得到輿論的廣大迴響。終於，第8回帝國議會通過了宮古島農民所提的「沖繩縣政改革請願書」，正式成爲帝國議會對政府執行沖繩縣政改革的建議。宮古島農民抗議運動的成功意義重大，對舊慣溫存政策的改革有很大的影響，是沖繩近代民眾史之中，頗值得大書特書

的功績。

　　受命成爲第8任沖繩縣知事的奈良原繁（1892-1908年在任）不僅完成了土地整理事業和改革稅制及地方制度，更致力於振興教育，使沖繩縣的就學率達到93％，獲得了重大施政成果。然因重用鹿兒島人，沖繩政界和教育界多被鹿兒島派閥占據，實施了專制政治，所以被人稱爲「琉球王」。對奈良原繁專制施政提出反對，率先推進沖繩自由民權運動的人物是謝花昇。謝花昇是農民出身，曾以第一批縣費留學生的身分在東京學習農學，返鄉後就任農業技師而成爲沖繩縣的高官，但後來辭官上京，和同道結成名爲「沖繩俱樂部」的政治團體，反對奈良原繁推行將杣山（國有山林）轉賣給特權階級的政策，他們反對派系門閥，要求參政權。謝花昇在與奈良原繁的縣政對抗中，受到嚴酷的政治鎮壓，結果失意而發瘋，民權運動也因而半途受挫。雖然如此，爲了沖繩民眾，爲了改革殖民地般的沖繩縣政，勇於對抗絕對權力，在舊慣溫存政策持續之下的沖繩社會，展開以民眾爲主體，訴求縣政改革，謝花昇所主導的自由民權運動具有重大意義，博得很高的評價。

## （四）舊慣改革與特別制度的廢止

　　沖繩的土地整理事業相當於日本本土的「地租改正」（1873-1881年），始於中日甲午戰爭終了後的1899年，完成於1902年。土地整理要點是：1.依據王國時代的「地割制度」[1]所分配的耕地，直接歸給正在使用該耕地的各個農民，承認該地爲其私有地；

[1] 譯按：琉球獨特的土地共有制度。基於一定標準來進行分配的一種耕地分配制度，在一定期間內，受分配者有土地使用權，期滿重新分配。分配標準、期間依各村而異。

2.以土地所有者爲納稅者；3.廢止物品納（實物納稅）、人頭稅，改以地價的2.5%徵收地租。在此之前，苦於受土地束縛、受村官搾取的農民們，終於得到解放，成爲土地所有者，並依土地價格繳納稅金。可是，相反地，卻有許多農民爲借錢納稅所苦，貧農將土地轉手他人，充當借款的抵押，或用以償還債務。這種情形，代表農村呈現兩個極端現象：一是失去土地，一是土地集中。都市或農村的富裕階層，因繳納高額稅金而獲得選舉權；但僅僅得到一點點土地，並因而成爲租稅負擔者的貧民，卻未被授予選舉權。在近代資本主義支配下，爲新的地租負擔所苦的農民，其生活困境並未得到大幅的改善。

　　1896年公布了郡、區劃分的命令，沖繩全境分爲5郡（島尻、中頭、國頭、宮古島、八重山島）、2區（那霸、首里）。島尻、中頭、國頭設置郡長，宮古、八重山設置島司，那霸、首里設置區長。與此同時，那霸、首里也設置了區會，作爲議決機關。1897年間切、島的官署「番所」改稱「役場」，官員人數大幅削減。1908年施行特別町村制，將以前的間切、島改稱町、村，村改稱字（相當於區）。1909年由於實施特別縣制，設置了沖繩縣議會，但如上所述，選舉權、被選舉權都有源於納稅額的限制，因此，知事的權限相當大。

　　以富國強兵爲目標的日本政府，學習歐美近代軍事制度，於1873年公布了徵兵令。徵兵令在沖繩是於1885年列入計畫，並在中日甲午戰爭後，伴隨著沖繩縣民意識往日本化（同化）傾斜之時開始具體化。1886年內務大臣山縣有朋（實行徵兵制的大臣）爲了翌年總理大臣伊藤博文要做軍事視察，而先期準備來訪沖繩。此後1896年對師範學校畢業的小學教員實施6週的兵役徵集。1898年與小笠原諸島同時，向一般人實施徵兵令。站在指導立場的縣廳職員、教育工作者、新聞從業人員等，主張徵兵令實施後，服兵役盡

了國民義務的沖繩人可以正式成為日本國民（皇國臣民）的圈內人，而積極地普及徵兵令。豈料，真正關鍵的一般民眾在各地都有躲避徵兵的運動，有的在徵兵檢查前逃亡，有的故意弄傷自己的身體，有的移民海外等，以各式各樣的方法來拒絕兵役。

## 二、伊波普猷的「沖繩學」與同化意識的形成

中日甲午戰爭後，沖繩急速地向日本同化，沖繩獨特的東西漸漸消失。特別是知識分子，在語言、服裝、生活習慣等各方面都積極地主張日本化。在此時代氛圍中，伊波普猷挺身而出，將沖繩這個獨特的地域做為研究重點，發掘沖繩豐富的文化遺產，喚醒身為沖繩人的自覺與自豪，找出以沖繩為主體而生存下去的意義。（見圖3-2）

伊波在東京大學主修語言學時，接觸了《おもろさうし》（古典歌謠）等沖繩歷史資料，由於認知沖繩強烈的獨特性，故堅定投入從事沖繩研究的決心。面向沖繩自古至今多種多樣的發展變化，希望闡明沖繩的全貌。1911年，《古琉球》這本以語言為中心，闡明沖繩的歷史、民俗、文學等各方面的著作出版了，這是伊波研究成果的集大成之作。後來，伊波被人稱為「沖繩學之父」。

「沖繩民族和文化根源，基本上是與日本相同的」這個「日琉同祖論」是伊波思想的基礎。他主張的「日琉同祖論」是運用語言學、文學、歷史學、民俗學、人類學等近代科學的成果，證明「琉球民族」是「日本民族」的一個分支。以「日琉同祖論」為核心的伊波「沖繩學」經由真境名安興、東恩納寬惇等人推動，以及1921年來到沖繩的柳田國男（日本民俗學的創始者）重視，使沖繩學有了飛躍性的進展。伊波的主張在喚醒沖繩人的自覺與自豪這方面取得了一定的成果，然而，在另一方面卻成為促進沖繩日本化

（同化）、皇民化政策的幫手。伊波的思想過度在意日本，因將沖繩學置於日本範疇內，所以直到現在仍受到許多批判。不過，在當時，「日琉同祖論」提供了一個選項，讓沖繩人在日本社會中，可以成為一個日本人，這不只是學問上的理論，更與沖繩民眾的身分認同有重大關聯，其最後結果是，促使日本政府在沖繩順利地推行「同化政策」。

## 三、蘇鐵地獄的沖繩與海外移民

　　第一次世界大戰為日本帶來前所未有的好景氣，日本取代了受戰爭影響而暫時退出亞洲的西洋列強，獨占了亞洲市場，並且與美國一起向同盟國輸出軍需品、礦產物等，工業製品的生產因而得到大幅度的增產。日本的好景氣也影響沖繩代表性產業的糖業。由於第一次世界大戰對參戰國糖業生產造成很大的衝擊，砂糖價格一路攀升，沖繩農家生產意願提高，經濟呈現盛況，致使大規模種植甘蔗的農家、砂糖商人以及砂糖買賣掮客都獲得很大的利益，當時有「砂糖成金」的說法。

　　但，好景氣並未持續太久，隨著第一次世界大戰結束，歐洲經濟復甦，歐洲製品重返亞洲市場，日本製品輸出遽減，陷入因生產過剩所造成的戰後經濟危機，沖繩也受到波及。

　　1923年關東大地震帶來空前未有的大災害，使日本經濟氣勢轉趨衰弱。1929年世界經濟恐慌襲擊了已然疲弊的日本經濟，造成長期、慢性的經濟蕭條，使日本陷入史稱「昭和恐慌」的嚴重不景氣時代。在沖繩，從大正末期開始，到昭和初期左右，極度疲弊的農村，別說是米，甚至連甘薯、芋頭也不可得，農民雖知烹調方法不當，吃了可能致命，但仍不得不吃蘇鐵的果實或莖幹應付飢餓，其悲慘困境被比喻為「蘇鐵地獄」。

　　1931（昭和六）年，爲了改善被稱作「蘇鐵地獄」的沖繩社會，在第22任知事井野次郎的帶領下，制定了「沖繩縣振興事業計畫案」。該案是以土地改良及港灣、道路、橋梁等基礎建設爲架構，以糖業振興、各方面生產力的增強爲目的。而首度由政府推行的沖繩振興對策，實際上只實施了20%的程度，1937（昭和十二）年日中戰爭爆發後，此一振興對策就變得有名無實了。

　　資源貧乏的沖繩，生產力低下，無法支持縣民的基本生活，窮人不得不移民海外，尋求活路。1899（明治三十二）年，在當山久三等人的努力下，將26位移民送往夏威夷後，有許多人移民到巴西、祕魯、阿根廷等南美國家，或菲律賓、新加坡等東南亞及南洋群島。這些海外移民匯給沖繩家人的匯款，支撐了窮困縣民的生活。但海外移民的生活也同樣極爲困難，很多人因無法改善貧困，而不得不在其移居地一直工作。（見圖3-3）

　　與此同時，由沖繩前往日本本土打工的人也持續地增加。沖繩縣民受到差別待遇，在不當勞動條件下工作，有人站出來從事勞工運動，追求沖繩勞工地位的提升。但另一方面，選擇面對現實，不講琉球語，捨棄沖繩風俗習慣，改掉沖繩的姓，做一個「勤勉的日本人」，也成爲一股風潮。

## 四、大東諸島納入版圖

　　明治以後，大東諸島被編入沖繩縣。大東諸島包括南大東島、北大東島、沖大東島，自古以來就以遙遠的東方之島爲人所知。1885年明治政府對大東諸島進行調查，在島上立柱，以爲日本領土的標誌。1900年玉置半右衛門開始在南大東島開墾，經營以甘蔗栽培爲中心的農場，擴大了南、北大東島嶼的製糖業。此後，大東諸島全部成爲大日本製糖株式會社所經營的私有地。1945年沖

繩戰役結束，美軍沒收了島內全部資產，製糖會社的經營體制因而崩壞。1946（昭和二十一）年實施村政，編成南大東村與北大東村（也將沖大東島編入），開始實施居民自治。因爲島內未設高等學校，中學畢業後到沖繩本島升學的學生很多。島上甘蔗栽培業發展順利，有許多栽培規模頗大，經濟富裕的農家。

## 五、西表島煤礦開發歷史與沖繩的社會運動

　　一般而言，沖繩缺乏地下資源，但西表島卻蘊藏煤炭，明治時期以後，開啓西表島這個煤礦島的煤炭開採後，煤礦事業欣欣向榮。西表島礦坑和日本各地的礦坑差不多，強制礦工進行殘酷的勞動。西表島的礦工大多來自日本本土，也有許多人來自臺灣。大部分礦工的旅費和職業介紹費是向他人借的，爲了償還欠債而工作，甚至成了無法離開西表島的狀態。資方爲對礦工進行徹底的管理，強制工作，採用名稱爲「納屋制」的勞務管理機制。除此之外，西表島爲限制礦工行動，還實施「炭坑切符制」，亦即發放只限礦區內使用的票券，代替現金來支付薪水，藉此防止礦工逃亡，並確保借出的錢可以回收，臺灣出身的礦工也是這個制度下的犧牲者。西表島的煤礦維持了70年，才在歷史上落幕。

　　1910年代日本資本主義的發展給沖繩帶來很大的影響，由佃農、勞工發起的農運、工運等社會運動，在「蘇鐵地獄」的嚴苛社會環境下頻頻地發生。1926年日本本土社會主義積極分子與沖繩本地的知識分子結成了「沖繩青年同盟」，在此組織指導下，勞工階級的自覺漸漸抬頭，伴隨而來的要求提高工資、縮短工時等改善勞動條件的工潮也不斷地增多。1928年日本首次實施由年滿25歲以上的男子所進行的「普通選舉」，此一新政助長了沖繩勞工運動的氣勢。1930年讀谷山村牧原的佃農發起了要求改善待遇的農運

（牧原爭議），民眾抵抗運動越發激烈起來。然而，另一方面，原本是爲了將共產主義、無政府主義運動視同犯罪，嚴加取締而訂立的「治安維持法」，卻對沖繩社會運動的鎮壓也越來越強烈。就在衝突頻仍的時期，日本正一步一步地向戰爭之路前進。

# 六、15年戰爭與沖繩

## （一）滿洲事變與滿洲開墾移民

1928年張學良與國民黨政府聯手，表明其將收回日本在滿洲（中國東北部）權益的意向。關東軍參謀石原莞爾等人對此態勢深具危機感，遂於1931年9月在奉天（今瀋陽）郊外柳條湖附近，爆破了南滿鐵路的軌道（柳條湖事件），並稱這是中國國民黨軍所爲，藉故展開軍事行動，因而爆發了震驚世人的滿洲事變（918事變）。

翌年1932年，日軍令清朝最後一位皇帝愛新覺羅溥儀執政，建立「滿洲國」。「滿洲國」建國後，日本政府發表了對滿洲移民計畫，計劃以農業開墾、重工業建設爲目的，將32萬人以上的「開墾移民」送往滿洲，這其中，約有2,350人的一般開墾移民，外加約600人的「滿蒙開墾青少年義勇軍」來自沖繩。這些沖繩人響應國家政策，前往日本政府所宣傳的，與沖繩環境不同的「王道樂土」，有不少人從此處於惡劣的環境下，甚至戰後仍無法回到日本，成爲殘留中國的日本人，過著嚴酷困窘的生活。

## （二）軍國主義高漲與日中戰爭

　　受到主流媒體的心理誘導，日本國民認為確保滿洲是理所當然之事，因此全力支持日軍。就在此時，日本國內對政黨政治感到不滿，希望實現軍事政權的日軍基層軍官、右翼團體的活動漸漸熱烈起來。1932年接續血盟團事件[2]之後，發生了「515事件」，海軍基層軍官暗殺了不情願承認「滿洲國」的犬養毅首相。此後1936年又爆發了「226事件」，首相岡田啓介的官邸、國會議事堂都被占領。以此為契機，廣田弘毅內閣恢復了「軍部大臣現役武官制」，並進行大規模的軍備擴張計畫。

　　1936年以西安事變為轉折點，國共兩黨停止內戰，結成「抗日民族統一戰線」，實現了第二次國共合作。

　　1937年7月7日北京郊外盧溝橋附近，發生了日中兩軍武力衝突事件（盧溝橋事件）。日本因結成民族統一戰線的中國，強力抵抗日軍，加以各地反日、抗日運動不斷，因此，爆發了全面侵略中國的戰爭。日本政府向中國投入大量的軍隊，占領首都南京，並對20萬以上的中國人施暴，「南京大屠殺」事件受到世界各國的責難，但一般日本國民對此事件毫無所悉。

## 七、戰時體制下的沖繩縣民

　　1939年德國入侵波蘭，英、法兩國向德國宣戰，爆發了第二次世界大戰。由於中日戰爭長期化，石油、橡膠、鋁土礦等戰略物

---

[2] 譯按：血盟團為日蓮宗僧侶井上日召所創立的右翼團體，於1931年進行激烈的國家改造計畫，最後採取的方法為組織暗殺團，暗殺當時政界與企業界大老。1931年2月和3月分別進行恐怖攻擊，暗殺了前財務大臣井上準之助、三井財閥理事長團琢磨，史稱「血盟團事件」。

資日漸不足，日本為了獲得戰略物資瓜分天下，便在1940年與德國、義大利結成三國軍事同盟。

為完成戰時體制，日本政府於1938年制定「國家總動員法」，翌年發布「國民徵用令」，據此，可以動員一般國民從事軍事產業。「產業報國會」也於此時結成；1940年成立了以支持國策為宗旨的「大政翼贊會」。1941年日本政府將小學改稱國民學校，並在沖繩積極地推動「勵行標準語」教育，用以證明沖繩人是皇國臣民。

戰前學校校園中，有「奉安殿」收藏「御真影（天皇和皇后的照片）」和天皇訓示的教育敕語，學生、教師通過這裡須行最敬禮，遵行以天皇訓示為絕對真理的教育理念。透過這樣的教育，深化了人民對天皇、國家竭盡忠誠的「忠君愛國」思想。在沖繩，最早設置「御真影」的是1887年的沖繩縣尋常師範學校。1941年小學改稱國民學校後，小孩被稱作「少國民」（年少的國民），其目的是培植沖繩人涵養日本皇民精神。

## 八、第二次世界大戰爆發

1941年日本和蘇聯簽訂「日蘇中立條約」，雙方約定互不侵犯。同時為了修復和美國的關係，開始進行「日美交涉」。然而，由於美、英、荷等國要求日本自中國及法屬印度支那（越南南部）全面撤軍，雙方對立深化，交涉陷入僵局，後來演變成美、英、中、荷四國對日本的經濟封鎖，亦即所謂的「ABCD包圍陣」。

1941年12月8日，日本陸軍自英屬馬來半島北部登陸奇襲，海軍對夏威夷的珍珠港發動攻擊後，即對美國、英國宣戰，開啟了太平洋戰爭。日軍在短期間攻占馬來半島、爪哇、蘇門答臘、菲律賓、緬甸、新幾內亞島等地，日本對其侵略行為的說法是，為將全

亞洲人民自歐美列強殖民統治中解放出來，以亞洲民族的獨立與共存共榮爲目標，建設「大東亞共榮圈」。

原本日本占有優勢的戰局，隨著1942年中途島海戰中被美軍擊潰而開始逆轉，日軍節節敗退，美軍以其壓倒性的大量物資在各地將日軍逼至毀滅的境地。1944年以美軍攻陷馬里亞納群島爲開端，美軍「B29轟炸機」開始空襲日本本土，東京等主要都市受到破壞。1945年日本敗戰已成定局之際，美軍攻陷硫黃島，並於3月26日在沖繩的慶良間諸島登陸。歐洲方面，從1943年開始，戰局也有了變化，義大利向盟軍投降，德國則陷入苦戰。

## 九、戰火下的沖繩

沖繩是個幾乎不設防的島嶼，因而有「沖繩軍備是一匹聯隊司令官的軍馬」的說法。1942年日軍自中途島海戰節節敗退後，開始重視在沖繩和臺灣建設航空基地。1943年日軍在沖繩本島、伊江、大東、宮古、石垣等島開始建設軍用機場。1944年爲強化西南列島的防衛，在福岡創設了「第32軍」，不斷地派遣實戰部隊進駐。

接近世界大戰的尾聲，有許多沖繩移民的塞班島被美軍攻陷，給縣民帶來強烈的衝擊。擔心美軍攻擊目標「塞班之後就是沖繩」，因此當局開始推出居民疏散計畫。

1944年10月10日，美國戰鬥機針對那霸市中心從早上到午後4時，連續5波猛烈空襲。在1400架次空襲下，約有600人死亡、900人受傷。此外，家屋和航空基地、船舶基地都蒙受重大損害，那霸市區約有90%燒毀，琉球王國時代貴重的文化遺產也被炸毀了。

10‧10空襲以後，沖繩成爲激烈戰鬥地帶，還來不及疏散到縣外的居民，有數十萬人被封鎖在中南部的戰火中。牛島滿中將所

率領的第32軍,將其司令部設於首里城的地下戰壕內,部隊分別配置在中部和南部。對此,美軍展開代號爲「冰山作戰」的行動,將1,500艘戰艦,總共兵員54萬人的西太平洋戰力調派到沖繩。1945年美軍空襲更加激烈,3月在慶良間諸島登陸。在奪取並確保艦隊停泊地的同時,也對沖繩本島展開了地面戰。美軍攻擊行動持續不停,造成大量傷亡。8月初旬日軍投降以前,不斷地發生日本兵殘殺居民,虐待朝鮮人軍伕的悲慘事件。戰火之下,傷亡的不只是美軍、日軍,還包括平民、朝鮮人軍伕,沖繩島的地面戰造成他處不曾看見的慘狀。

4月美軍開始在沖繩本島登陸,從沖繩中部西海岸(今讀谷村、嘉手納町、北谷町)踏上沖繩本島。美軍意圖占領沖繩,從而切斷日軍與南方、中國方面的聯絡網,並將沖繩做爲出擊日本本土的基地。在沖繩北部戰鬥最激烈的地方是擁有「東洋第一」飛機場的伊江島。在這次戰鬥中,日方死者大約3,500人,其中1,500人是島上居民,死亡島民之中有一些是被日軍強迫而自殺的,也就是所謂「強制自盡」的人。美軍所占領的伊江島成爲攻擊日本本土的基地,島上居民全被強制遷移到慶良間諸島。

沖繩中南部的攻防戰中,當美軍靠近現在的浦添市和宜野灣之間的強固日軍陣地時,受到日軍猛烈的反擊。另外,在Sugar Loaf(那霸市安里的丘陵地)之戰,日軍使用奮不顧身的戰術,死傷慘重。

日軍不敵美軍的猛攻,司令部所在地的首里一帶因被美軍三面包圍,因此第32軍決定放棄司令部的戰壕,往南部撤退。(見圖3-4)稍後美軍占據了首里城的司令部戰壕。日軍往南部移動時,盡可能地避開美軍襲擊,但半途遭遇攻擊,加上在陸軍醫院或野戰醫院等地自盡而死的人,估計不下1,000人。

受到美軍猛攻,被趕進南部喜屋武岬的居民隱身於天然洞穴或

海岸的岩石後，但仍不免成為「鐵的暴風（大量砲彈如暴風一般，不分對象，無差別攻擊）」之下的犧牲者。被日軍強迫不可成為美軍俘虜，而集體自盡的人在不少數。沖繩戰役中，日軍奮戰的目的不是守護沖繩居民，是守護日本天皇制這個國家。

1945年6月18日美軍總司令官巴克納中將戰死，日軍受到美軍猛烈的報復攻擊。19日走投無路的牛島滿司令官下達最後軍令：「各部隊由軍階最高者指揮，應英勇奮鬥至最後，為悠久的大義而生。」接著，23日與長勇參謀長一同自盡。牛島司令官臨死前下達戰鬥到最後的命令，不只使戰爭延後終結，且徒然增加沖繩居民的犧牲，日本宣布投降的8月15日之後，在沖繩還有持續戰鬥的日軍部隊，沖繩仍是戰場，造成更多居民的犧牲。

戰火下的沖繩外島是什麼情況呢？戰爭期間對宮古、八重山島進行攻擊的是英國太平洋艦隊，英軍雖未登陸，但使用艦砲射擊，加上美軍空襲，也造成很大的損害，不過，讓居民最受折磨的是食物缺乏和戰爭感染瘧疾。戰後，這些戰爭感染瘧疾犧牲者的補償成為長年無法解決的問題。此外，久米島也發生日軍虐殺居民事件。石垣島發生由日軍軍官下令的殘殺俘虜事件（石垣島事件）。伊是名島、瀨底島、津堅島、渡名喜島等各地都因戰爭受到很大的損害。9月7日沖繩日軍終於正式簽署了投降文書。

1943年11月開羅宣言第一次提出日本必須無條件投降；1945年2月雅爾達會議達成蘇聯對日參戰的祕密協定。同年7月，美、英、中三國聯名發表波茨坦宣言，再次提出日本無條件投降，但日本置之不理。面對日本無視於波茨坦宣言的要求，並且為了將戰後的講和條約導向對本國有利，美國趕在蘇聯參戰之前，於8月6日對廣島、9日對長崎投下了原子彈。8月15日，日本國民從收音機中聽到天皇的玉音（玉音放送），知道日本戰敗之事。9月2日於東京灣的美國戰艦密蘇里號上正式簽署日本投降書，為長達15年

的悲慘戰爭畫下了休止符。

# 十、從沖繩戰役反思沖繩戰役讓人學到什麼？

在沖繩戰役中參加戰鬥的人，除了有正規軍人外，還有剛滿17歲到45歲男子編成的「防衛隊」、初中以上男女學生編成的「學徒隊」，都被動員到戰場。而所謂「防衛隊」，實際上17歲以下、45歲以上的人會被徵召，病人或身障者也有被召集的例子。防衛隊的主要工作是機場建設、陣地構築、食糧和彈藥搬運，但戰鬥變得激烈時，也被要求帶著武器參加戰鬥。學徒隊方面，初中以上的男學生及師範學校的男學生被編入「鐵血勤皇隊」，女學生被編入「從軍看護隊」。在過於悲慘的環境下，沖繩縣內學生約有1,903人死亡。學徒隊之中，以沖繩師範學校女子部和沖繩縣立第一高等女學校學生所組成的「姬百合學徒隊」最為有名，她們接受第32軍司令部的要求，以隨軍看護身分被配屬於陸軍醫院，結果捲入了南部的激戰中，職員和學生合計210人殞命。戰後，在眾多學生喪亡的地方（糸滿市伊原）建立了全體210人合祀的慰靈塔，名為「姬百合平和祈念資料館」，其鄰接之處另建立一個「姬百合記念館」，館中展示這些亡故學生們的照片和相關資料。（見圖3-5）

沖繩戰役中，既有遵從軍規而戰死的士兵，也有在戰時混亂中不保護居民，搶奪食物，甚至將避難中的居民從戰壕中驅趕出去，施以殘虐行為的士兵。還有，從平時就被教導「美軍像鬼（會吃人的妖怪）一般殘暴」的居民，在被美軍追逼時，不願成為俘虜，在戰壕內集體自盡的人也不在少數。另外，也有被懷疑幫助美軍，有間諜嫌疑，而被日軍殺害的沖繩居民。戰後，許多證人作證指出：戰鬥之時，日軍不僅不守護居民，反而逼死居民。所謂「自盡」，

原本是指依照自己的意願而告別人世之意，但沖繩戰役中有些事例是，居民的「自盡」是因爲知道軍事機密（日軍的編制、動向或陣地等），所以被軍人強制或誘導而自盡。近年來，有的研究者不以「集體自盡」，改用「強制集體死」一詞來記述此事。沖繩人在這次大戰中，親自體驗了「軍隊不守護民眾」的現實。

還須提起一件悲慘的事，載送學童前往九州疏散的運輸船「對馬丸」在航行途中，於奄美大島附近，受到美軍潛水艦的攻擊而沉沒，造成760人以上的學童死亡。像這樣，連女孩或學童都無法倖免，成爲戰火下的犧牲者。據學者推算，約有4分之1的沖繩居民死於沖繩戰役中。

沖繩縣援護課資料記載，沖繩戰役的戰歿者爲：縣外出身的日本兵65,908人、沖繩縣出身的軍人和眷屬28,228人、一般居民90,400人、美軍12,520人，共計200,656人。

如上所述，沖繩縣民因戰爭而犧牲的，合計122,228人。近年來，依據各地資料統計，若將終戰前後因戰爭感染瘧疾和飢餓而死的人包含進來，可以推定沖繩縣民因戰爭而犧牲的約有15萬人。果眞如此的話，以戰前沖繩人口491,912人來看，大約每3人之中，就有1人成爲戰爭的犧牲者。

1995年沖繩縣政府在激戰地糸滿市摩文仁建立了「和平之礎」紀念碑，包括全體戰爭犧牲者，不論他是戰爭責任者或被害者、敵人或盟友，也不論其國籍或身分，所有人的姓名都被銘刻在石碑上，置於同一場所供人追悼。經歷悲慘戰爭的沖繩縣民希望藉此向亞洲以至世界各國，傳送他們期盼追求世界永久和平的熱切心聲。現今已有超過23萬人的姓名被刻在石碑上。沖繩縣政府在每年6月23日，這個日軍有組織的戰鬥終結日，於「和平之礎」所在地，舉行爲戰歿者慰靈的追悼式，很多戰歿者的遺族或關係者每年都從日本本土前來參加。（見圖3-6）

　　戰爭不只造成人命損失而已，王國時代的王都首里城、那霸市都因戰爭而蒙受毀滅性的災難，特別是首里，因為日軍將其司令部設在首里城地下戰壕內，所以受到美軍的總攻擊，成為灰燼狀態，首里城周邊的王國時代的文化遺產被毀滅燒失，書籍、文獻資料也都在戰火中被焚燒殆盡。沖繩戰役造成大量的人命喪亡，也造成很多文化遺產的毀滅。

　　戰爭，在沖繩人心中刻下深深的傷痕，直到現在仍然殘留著。

# 十一、沖繩文化意識的萌芽

　　1893年沖繩最早的報紙《琉球新報》由尚順、太田朝敷等人創刊。此後，《沖繩新聞》、《沖繩每日新聞》接著刊行，由於地域性、階級利害關係，三個報社之間不斷地對立和抗爭。但是，從政治論爭開始，新思想的啓蒙和文化、學術、藝術方面的傳播，報紙都扮演了教育民眾的重要角色（今沖繩主要報紙是《琉球新報》和《沖繩時報》）。

　　有關近代文學領域，山城正忠師事與謝野鐵幹、與謝野晶子夫婦，以和歌詩人的身分，發表了許多有名的作品。山之口貘在東京過著貧困生活，仍不斷地寫詩，建構出既平易又充滿幽默與哀愁的獨特詩風。小說方面，宮城積寶、久志芙沙子等人都在其各自的作品中，描繪出當時沖繩本身的問題。

　　近代沖繩的藝術家，首先可以舉出的是王府的畫師安仁屋政伊等人。稍後出名的比嘉景常則是接受西洋畫風的教育，以教師身分致力於培養年輕畫家。音樂領域方面，沖繩師範學校教師宮良長包將琉球民謠、音樂重新編曲、改作，以西洋音樂的五線譜標注，不論是抒情歌或勞動歌，都廣受人們歡迎。近代演劇方面，原本從事宮廷藝能表演的士族藝能家，為了生活，開始商業演劇的演出，這

是以琉球語爲台詞和歌詞的演劇。進入大正時期，在受日本本土演劇的影響下，確立了「沖繩芝居（演劇）」的型式，成爲庶民喜好的大眾娛樂。

經過琉球王國時代，有著與日本本土不同的歷史體驗中培養出來的文化、精神遺產，被連綿不絕地繼承下來，迄今爲止仍生氣勃勃。與此同時，越來越多的沖繩人意識到，沖繩雖處於日本社會之中，但卻有充滿沖繩本身獨特的文化，這樣的文化必須加以珍視，並且傳承下去。

## （一）琉球語

琉球語一般稱爲「琉球方言」，在沖繩本地稱爲「沖繩口」，大學授課科目則表記爲「琉球語」。依據語言學者的說法，日語分爲「本土方言」與「琉球方言」兩種，據說「琉球方言」的源頭可上溯至日本古語。琉球語的母音由「a」、「i」、「u」三者構成，欠缺日語中的「e」和「o」的音。日語的「e」，在琉球語中變化爲「i」；「o」變化爲「u」。例如：日語「雨（ame）」，琉球語發音「ami」；「心（kokoro）」，琉球語發音「kukuru」。雖然「本土方言」和「琉球方言」祖語相同，但語言發展過程不同。從語言學的觀點來看，琉球語大致分爲兩種，一是沖繩本島和奄美諸島所使用的「北琉球語」，一是宮古、八重山諸島所使用的「南琉球語」。

二次大戰以前，在同化政策持續之際，當局爲了普及標準語（日語），禁止在學校中使用方言，所謂「方言取締令」，是針對說方言的人加以處罰的法令。學校中還有一個勵行標準語的強制手段，用來處罰說方言的人，那就是「方言札」。「方言札」是一種上頭寫著「方言札」三個大字的木板，穿洞之後，用繩子綁著，說

方言的學生會被處罰，要將「方言札」掛在脖子上，直到他發現另一個說方言的學生，才可以將「方言札」取下，轉掛在對方脖子上。這種推行標準語的強制手段影響深遠，至今能講琉球方言的人都已普遍高齡，小孩們已經完全不會講了。據聯合國教科文組織（UNESCO）估計，世界語言中，約有2,500種「瀕臨危機的語言」，琉球語名列其中。

琉球語正處消滅的現狀，讓人越來越感到憂慮，因此，沖繩縣於2006年將9月18日定為「島言葉之日（琉球語之日）」，並制定以「沖繩縣各地的島言葉（琉球語）向新世代傳承」為宗旨的獎勵條例，獎勵使用琉球語。此一獎勵方言條例開了日本的先例，現在，各地都常舉行普及琉球語活動，學校也鼓勵學生在日常生活中使用琉球語。

## （二）沖繩音樂

所謂「沖繩音樂」，是指在沖繩被確立的音樂的總稱，有以琉球古典音樂、近代民謠為基礎的音樂，還有「御座樂」（琉球王朝時代的宮廷音樂，為上江戶慶賀或款待冊封使而演奏的音樂），以及和戲劇相關的音樂，可以說，包含各式各樣的音樂。不僅如此，「沖繩音樂」也包含沖繩現代民謠和流行音樂。

沖繩音樂的特徵之一是音階（也稱琉球音階），它與西洋音階「Do、Re、Mi、Fa、Sol、La、Si、Do」不同，「琉球音階」是「Do、Mi、Fa、Sol、Si、Do」的五音音階。這種音階在印度尼西亞、中國雲南省、不丹等地都有。

沖繩音樂之中的古典音樂，全部以琉球語來歌唱。「三線」這種弦樂器傳自中國，它和琉歌（共四句，每句音節數為八八八六）的誕生，是沖繩古典音樂得以被創作出來的兩個重要因素。後來，

引進了中國的「工工四譜」，更發展出許多不同的流派，在「舞踊」（舞蹈）或「組踊」（琉球王國時代的歌舞劇）中被演奏的曲子也有很多被保存下來。還有，許多使用各地方言創作的民謠，也都受到庶民喜愛。擁有豐富音樂文化的沖繩，在人們因喜慶之事而舉行歡樂舞蹈時，有稱作「kachāsī」的即興式的亂舞曲可以把氣氛炒得非常熱烈。

　　沖繩音樂所不能欠缺的樂器有：「三線（三弦）」、「琉球箏」、「胡弓」、「笛」、「三板」、「四竹」等。特別是三線，最受歡迎，日本本土年輕人學習三線的人不斷地增多。除此之外，還有進行「eisā」的民族舞蹈時所用的大鼓、小鼓，還有直接用手指按壓嘴巴發出笛聲一般的「指笛」。

## （三）琉球舞蹈

　　琉球舞蹈大致可以分為「古典舞踊」、「雜踊」、「創作舞踊」等幾種，各有許多流派。「古典舞踊」是指琉球王國時代演出的宮廷舞蹈。1879年琉球王國消滅，改設沖繩縣，原本屬於士族的舞蹈家們，失去收入，為了生活，便在那霸市街建了演劇的小屋，以民眾為對象，從事戲劇表演。其中，以庶民的民謠或生活為題材的舞蹈大受歡迎，新類型的舞蹈因此誕生，這就是所謂的「雜踊」。接著，在戰後混亂期，美國統治下，鄉土藝能成為民眾心理的支撐，受到注目，特別是透過沖繩時報社所主辦的「藝能選賞傳統藝能部門」，以及琉球新報社所主辦的「琉球古典藝能大賽」等活動，使很多人願意從事琉球舞蹈，在琉舞界各個流派的創作活動中，誕生了名稱為「創作舞踊」的新類型舞蹈。

　　「古典舞踊」的表演分為男舞和女舞兩部分，王國時代都是由男性士族而不是女性來擔任。男舞是穿著黑色服裝、拿著扇子的

舞蹈；女舞是男性穿著「紅型」織物，裝扮成女性的舞蹈。以前「古典舞踊」的練習和表演是一種士族的技藝和教養。近年來，隨著「國立沖繩劇場」的設立，許多「古典舞踊」流派都舉辦公演，這樣的活動，現在仍然日漸擴展。2009年9月做為傳統藝能的「古典舞踊」被指定為國家重要無形文化資產。「古典舞踊」本來是男性才能表演的舞蹈，但明治以後，特別是戰後，女性舞蹈家陸續增多，時至今日，女性舞蹈家取得了壓倒性的多數。由於對男性舞蹈家不斷減少的情形感到擔憂，所以近年來沖繩縣立藝術大學和國立沖繩劇場，刊登培育年輕的、現場表演者的廣告，致力於男性舞蹈家的培養。

## （四）組踊（世界無形文化遺產）

王朝時代的琉球每當新國王即位，會請求中國皇帝派遣冊封使前來冊封新王，而為接待冊封使，會安排藝能表演節目。1719年第二尚氏王統的第13代國王尚敬王冊封時，玉城朝薰受命擔任「踊奉行」一職，負責安排歌舞劇表演相關事情，在重陽宴中演出了「鶴龜二兒復父仇事」及「鐘魔事」兩齣「組踊」，這是最早的「組踊」作品。所謂「組踊」，據說是受到能樂、狂言、歌舞伎、京劇、崑劇、閩劇等的影響而創出。多以中國、日本、琉球民間故事中的忠臣、孝子以及復仇故事為題材，是在琉球舞蹈、琉球古典音樂的基礎上發展出來的歌舞劇。1972年被指定為國家重要無形文化資產，2010年更被聯合國教科文組織登錄於「世界無形文化遺產」目錄中。

組踊是以韻文寫成的台詞為基本，展開歌唱、動作。形式與能樂、歌舞伎相近，但其特徵是，台詞使用古時沖繩詞彙，音樂使用琉球音樂，舞蹈使用琉球舞蹈。

　　通常，「組踊」是指傳統的歌舞劇，以「現代版組踊」爲名的演劇，從2000年以後，在沖繩縣內、縣外誕生和上演，但與傳統的「組踊」本質完全不同。「現代版組踊」雖然以沖繩、鄉土爲題材，但舞臺服裝可以自由地表現個性，樂器和音樂也不只用三線，打擊樂器和吉他這類現代樂器也被引入。「現代版組踊」中，最有名的是以Uruma市（宇流麻市）勝連地方高中生爲主要成員所演出的「品格高尚的阿麻和利」，其內容是描寫勝連城第10代城主「阿麻和利」半生的故事，評價很高，曾在國內和世界各地演出，現在仍繼續上演中。

## （五）沖繩的飲食文化

　　琉球王朝時代，以招待冊封使而發展出來的宮廷料理爲首，沖繩有各式各樣的料理。「琉球料理」分爲琉球王朝時代在首里城內食用的「宮廷料理」，與一般人食用的「庶民料理」兩種。當時琉球和日本、中國、東南亞、朝鮮等國往來密切，飲食文化也受到影響，特別是受中國的影響最大。

　　沖繩飲食文化以「豬」爲中心發展起來，這是因爲佛教並未眞正在沖繩生根，由江戶幕府下達的肉食禁令也沒發生影響，從很早以前開始的飲食文化就不反對「飼養家畜然後食用」這種事。

　　相對於「琉球料理」，現在一般稱爲「沖繩料理」的內容，主要是指家庭料理，最具代表性的是「chanpurū（雜炒）」，即蔬菜和豆腐炒在一起的料理，食材若加入gōyā（苦瓜），就稱作「苦瓜雜炒」；加入papaya（木瓜），就稱作「木瓜雜炒」等，極富變化。此外，還有「asitibichi（豬腳）」、「mimigā（豬耳朵）」等，與日本其他地域相比，以豬肉爲中心的料理極多。中華料理中的「東坡肉」，在沖繩稱作「rafuti」；還有，現在幾乎難得看

到，將凝固的「豬血」和蔬菜炒在一起，稱作「chiirichi」的料理也很受歡迎。筍絲在沖繩稱作「sunsi」，也是常用的食材。

還有不能忘掉的「沖繩soba（沖繩蕎麥麵）」，雖說叫做「soba」（蕎麥麵），原料卻不是蕎麥粉，而是小麥粉。麵的作法和臺灣「油麵」相同，湯頭基底是用豬肉和柴魚混合熬煮而成，味道帶點鹹味，清淡爽口是主要特徵。沖繩本島、八重山諸島、宮古島等地，都發展出味道稍有不同卻各具特色的soba。

此外，沖繩傳統糕點也豐富多樣。琉球王朝時代所吃的「kunpen（薰餅）」是用小麥粉和砂糖為外皮，中間包入芝麻或花生粉當餡料，再燒烤而成，現在成為祭典用的糕點。同樣地，以前「千壽糕」、「桔餅」等為數眾多的糕點，現在因為會製作的師父越來越少，已經變成高級食品，不大容易看到。其他從中國傳來廣受庶民喜歡的糕點也很多，如：「tannafakuru」是臺灣也有賣的「發酵餅」，以小麥粉和黑糖製成，但和臺灣的相比，尺寸較小。「sataandagi」是用很多砂糖做成球狀的，油炸甜甜圈這類的糕點，起源於中國的「開口笑」，但與「tannafakuru」相反，和中國或臺灣的「開口笑」相比，尺寸較大，如棒球一般，甚至大如壘球。「chinsuko（金楚糕）」是用小麥粉、砂糖、豬油為主要原料的燒烤糕點，源自中國的「核桃酥」。王國時代，「金楚糕」是王族的御用糕點。戰前的「金楚糕」與臺灣的「核桃酥」同樣，做成大大的圓形，但戰後，受到美國餅乾的影響，尺寸變小了，如男性大拇指一般大小，形狀也變成了長方形。

談到沖繩飲料，不能不介紹「泡盛」。所謂「泡盛」，是指用泰國米和在沖繩生生不息的黑麴菌、水為原料的蒸餾酒。據說「泡盛」必須經過熟成，酒質才能提升，貯藏3年以上的可以標示為「古酒」，品嘗起來香氣更盛、更富含風味。關於泡盛貯藏與熟成的方法，傳統的做法是，每間隔一定時間各貯藏一甕泡盛，然後

將這些泡盛酒甕依照貯藏時間的先後，分別叫做「親酒」、「二番手」、「三番手」。經過若干年後，將最老的「親酒」酒甕打開，供給歡慶喜事之時飲用。「親酒」被喝減少的分量由「二番手」補足，「二番手」減少的分量由「三番手」補足，「三番手」減少的分量由更新的酒補足。像這樣，依照貯藏時間的先後次序，以新酒補充老酒的方法稱作「sitsugi」。一般而言，酒變老之後，酒精度會減低，也可能因此而有腐敗的情形，所以進行「sitsugi」對品質的保持非常重要，這種方法被稱爲世界最珍奇的貯藏法。最近，15年古酒、20年古酒紛紛上市，不過琉球王國時代，曾有百年古酒的傳說。

　　泡盛與臺灣的「米酒頭」相似，泡盛的品牌之一「瑞穗」是在臺灣的工廠製作的。又，在沖繩，香片（茉莉花茶）是民眾常喝的飲料，稱作「sanpin茶」。沖繩在地生產的啤酒有Orion beer，最近也向海外輸出，在臺灣超市裡也隨處可見。


## （六）工藝品

### 1. 染織物

　　紅型（bingata）是沖繩代表性的傳統染色技法之一。王國時代，以紅型技法將布料染色，用來製作王族、士族階級的女性及未成年男子的衣裝。王府在首里城周邊設置染坊並加以庇護。紅型衣裝隨著主人身分、年齡不同，衣裝上的圖案種類、尺寸、顏色都有所不同。在款待冊封使的宴會上演出的「組踊」，其中扮演女性人物的演員所穿的是紅型衣裝。另，也有獻給中國皇帝的進貢品，現在北京故宮博物院中珍藏了其中的一部分。紅型衣裝大多以中國的吉祥紋樣爲圖案，意謂穿上印染著這種紋樣衣裝的人，可以得到護

佑。

明治時代王國滅亡，失去王府庇護的染坊，迫不得已而歇業，許多工匠離開首里遷移他處，原本爲宮廷而生的「紅型」文化日漸衰微。

從王朝時代開始，城間家、知念家以紅型宗匠的身分，從事著印染業，這兩家的傳人城間榮喜、知念績弘，在戰後致力於紅型文化的復興。最近，紅型衣裝受到琉球舞蹈的舞者們喜愛；大學畢業典禮中，也常見女子畢業生穿著紅型衣裝的身影。

沖繩織物是用芭蕉纖維織成的芭蕉布最爲有名。布料具有很好的通風性，即使在潮溼悶熱的天氣，肌膚也不會感到黏糊，很適合沖繩的天氣，因此，從王國時代開始，就被廣泛使用。王國時代，許多住戶會在院子前面種植芭蕉樹，由女性負責織布的工作。戰後由於芭蕉樹需求量變少，和容易滋生蚊蚋，所以大多被砍除，芭蕉布的生產也因此突然中斷了。

所幸經由人們的努力，大宜味村喜如嘉的芭蕉布生產又興盛起來。1972年沖繩回歸日本時，芭蕉布被指定爲沖繩縣無形文化資產，兩年後，列爲國家指定重要無形文化資產。大宜味村喜如嘉開始以「芭蕉布之里」聞名，吸引很多觀光客參訪。

寬36公分，長約10公尺的芭蕉布稱爲「1反」，可織成一件成人穿的衣服，但爲織出1反的芭蕉布，卻需要芭蕉樹200棵。如將葉鞘割開，捨去外皮，將纖維質和原皮分開，選用較內側的柔軟纖維，則可織出芭蕉布的高級品。沖繩織物除此之外，還有首里織、久米島絣、與那國織、讀谷山花織、宮古上布、八重山上布等，各有特色。

## 2. 漆器

琉球漆器受到中國很大的影響，然後實現了自己獨特的發展。

王國時代的「貝摺奉行所」是監督漆器工匠完成漆器製作的機構，這些漆器是用來呈獻王府，或用作外交場合上的贈品。

漆器製作有許多高難度技術，如，利用漆的黏性，將銀粉或金粉依照想要的圖樣、花紋、文字，固定於漆器上的技法稱作「蒔繪」。將顏料加入漆中，充分混合後，用金屬槌敲打成麻糬狀，延長弄薄之後，稱作「堆錦餅」，將「堆錦餅」剪裁成花樣，一層層地貼於漆器的器物表面，稱作「堆錦」。將貝殼內側，帶有光澤的珍珠層部分割取下來，鑲嵌在漆器的表面，稱作「螺鈿」。

在「貝摺奉行所」生產的漆器，也用來贈送中國皇帝、德川將軍。明治時代「貝摺奉行所」被廢止，改由民間承擔漆器的製造工作，以那霸市若狹町為中心，有許多漆器工匠仍以傳統技法製漆器，製作盆、膳（方盤）、椀（碗）、硯箱（硯臺盒）等。現在仍以傳統工藝品之名頗受觀光客喜愛。

## 3. 壺屋燒

琉球方言將陶器稱作「yachimun」。1682年王府將美里村（今沖繩市）的知花窯、首里的寶口窯、那霸的湧田窯等地方陶窯遷往牧志村南邊（今那霸市壺屋町）加以統合，此後就稱在這裡燒製而成的陶器為「壺屋燒」，已有300年以上的歷史。近年來，由於那霸市壺屋附近高度都市化，加上空氣汙染等公害問題，多數壺屋燒的窯場已遷移讀谷村郊外，形成所謂的「yachimun no sato（陶器之鄉）」。據說壺屋燒受到中國、朝鮮、東南亞陶器的影響，可分為「荒燒（南蠻燒）」和「上燒」兩種。「荒燒」不加釉彩，也就是所謂的「燒締陶」，大多做成味噌壺、酒壺、水罐等大型陶器；「上燒」是先將紅色陶土塗上白色黏土，再加釉彩，然後入窯燒製，多製成碗、皿、花瓶等日用品或茶器、酒器、裝飾品。現在仍有許多陶工珍惜琉球王朝時代以來的傳統技法，並創出自己

的獨特性，完成了許多優秀作品。近年那霸市壺屋建立了「壺屋燒物博物館」，館中收藏有介紹陶器的基礎知識、歷史、壺屋燒的製法和技法等資料，以及有展示當地陶工們的作品。附近的陶器街有很多陶器專賣店，有的販賣窯場的傳統陶器，有的販賣加入現代設計的新型陶器。在陶器街周邊，一邊悠閒地散步，一邊欣賞各種陶器作品，可以全面性地感受沖繩陶器的傳統、文化和歷史。

### 4. 琉球玻璃

琉球玻璃並非沖繩傳統工藝，歷史尚淺。雖說明治時代就已開始製作，但真正受到注目的時候是在太平洋戰爭以後。由於資源缺乏，是將沖繩美軍基地丟棄的可樂、啤酒空瓶加以熔化，再利用所製成的工藝品。琉球玻璃的作法是，以細長鐵管的尖端探取呈現熔化狀態的玻璃軟塊，從鐵管的一端吹氣，使玻璃軟塊膨脹起來作成，業者稱為「口吹玻璃」。琉球玻璃製成的玻璃杯，充滿手工的質感，清涼感十足，與裝著泡盛或果汁的玻璃瓶極為搭配，很受觀光客青睞。

琉球玻璃約有7種顏色，工匠們引進各種手法，製作出多彩多姿的藝術作品，不侷限於玻璃杯、花瓶或裝飾品，還有各種禮品。業主從玻璃工匠中選出「現代名工」的活動，讓琉球玻璃工藝和沖繩地域品牌的認同度日漸提高。或因「沖繩熱」的關係，琉球玻璃的製造商、工房越來越多，相互競爭激烈。近幾年來，將一般玻璃，不只是廢瓶加以熔解再重新製作的技法也漸漸普遍。許多玻璃工房還提供觀光客實際體驗製作琉球玻璃，可以在充滿40度熱氣的工房內參觀學習。

### 5. 獅子

獅子，琉球語叫「sīsā」，源起於梵文的Simha（獅子之意）。sīsā是做成傳說中的神獸模樣，是由中國傳來的，裝置在建

築物的大門、屋頂、村落的高臺等處。基本材質是石、陶器或灰泥，但近年也有用水泥或青銅製成的。sīsā的作用是除魔避邪，趕走那些爲家或人帶來災禍的惡靈。設在屋頂上的sīsā從屋頂上瞭望，擔任守護人們的工作。但把除魔獅子設在屋頂上的文化，據說只見於沖繩，不見於世界其他各地。明治時代以後，允許庶民在屋頂上鋪設瓦片，將sīsā置於屋頂的這種習慣才在民間普及。還有，可能是受佛教的影響，大部分的sīsā是「阿（開口）」、「吽（閉口）」成對，雄雌有別，各司其職，據說，開口的是雄性，設在正面望去的右側，用以招福；閉口的是雌性，設在正面望去的左側，用以避邪。很多sīsā被做成恐怖的面貌、殺氣騰騰，但觀光客們卻偏好那些可愛的、嘻笑的、獨特的小sīsā，sīsā成爲極受歡迎的伴手禮。

## 6. 石敢當

刻著「石敢當」文字的除魔石碑，碑上的文字通常是「石敢當」或「泰山石敢當」，但在沖繩，也有刻著「石散當」、「石嚴當」的除魔石碑。據說在770年時，福建省莆田縣的知縣爲了縣內除災和祈求平安繁榮，造立了中國最早的石敢當。在沖繩，多將石敢當立在丁字路口、道路盡頭。但將石敢當鑲嵌在民家圍牆上的情況也頗常見。人們相信在市街中徘徊的邪氣有著「只會直直前進」的性質，當邪氣在丁字路口、道路盡頭等處，碰撞到牆壁時，便可以侵入牆壁後的人家。因此，就在丁字路口、道路盡頭的牆壁前造立石敢當，以此防止邪氣侵入。據說邪氣若撞上石敢當，會粉碎散落。另外，還有在sīsā的胸部刻上石敢當設於屋頂上，以及在水泥造的牆壁上，直接用油漆寫上「石敢當」的情形。在沖繩街道上，到處可以看到石敢當，近年來，它和sīsā一樣，多被商家製作來當旅客的伴手禮。

## （七）沖繩的傳統節日活動

### 1. sīmī（清明）

　　所謂「sīmī」就是清明節，是從中國傳來的「二十四節氣」之一，這天要上墳掃墓，是對祖先進行祭拜、供養的日子。據琉球王國史書《球陽》記載，1768年時，王府規定每年要舉行清明祭。此後，清明節的文化漸漸被推廣。現在從新曆4月5日起，在爲期兩週的祖先供養活動中，家族、親戚一起到祖先長眠之地去打掃墳墓的前庭，擺設供品，祭拜祖先。祭祀完後，在墳前鋪上草蓆，家族、親戚全員一起享用供品。享用供品，琉球語稱作「usandē」，做了「usandē」這件事，可以得到祖先的保佑。沖繩清明節也和中國、臺灣一樣，有在墓前焚燒紙錢的習慣。

### 2. hārī（爬龍）

　　所謂「hārī」，中文寫成「爬龍（划龍舟）」，是每年舊曆5月4日，在沖繩各地漁港舉行的龍船競渡活動，透過龍船競渡比賽，祈求航海安全和漁產豐收。那霸市在新曆5月5日前後的黃金週之中，於那霸新港埠頭，舉行hārī。那霸由市內中學生組隊，進行校際對抗賽，或者由不同職場的人組隊，進行不同職場間的對抗賽。除了龍船競渡外，還有滑稽搞笑的表演、現場演唱會、相撲大會、施放煙火等多彩多姿的活動，一起構成hārī的慶典活動。

　　此外，很珍惜傳統hārī活動的糸滿市於每年舊曆5月4日，在糸滿漁港舉行值得誇耀的盛大慶典。超過3萬人的參觀者之中，有很多外國人，是國際色彩豐富的活動。有句話說：「如果可以聽到糸滿hārī鳴鉦的響聲，沖繩的梅雨就要結束了。」所以，hārī不只是傳統慶典活動而已，也成爲讓人感覺季節變換的表徵。

## 3. 舊盆（舊曆盂蘭盆節）

在沖繩，每年舊曆7月13到15日，要用心地接待祖靈，這是舊曆盂蘭盆節的活動。盂蘭盆節的活動在日本其他地域也有，但只有沖繩是依照舊曆來進行。沖繩人從迎接祖靈（琉球語unke）到恭送祖靈（琉球語稱作ūkui）的三、四天之間，要在家中佛壇供奉水果或糕點，一日三餐要在用餐前給祖先供奉傳統的豬肉料理。期間，親戚們互相上門訪問，感謝對方招待祖靈。

沖繩盂蘭盆節期間所進行的傳統民俗舞蹈，稱作「eisā」，其目的是迎送祖靈往返人間。通常以村落青年會成員為中心，進行表演，eisā一邊敲擊多種大小不等的鼓，一邊夾雜著喊叫聲、口哨聲，在熱鬧地方的道路上跳舞遊行。

## 4. 那霸大綱挽（大拔河）

從琉球王國時代開始，每當國家慶典之際，都在那霸進行東、西兩隊的大拔河比賽，後來演變成在沖繩各地進行感謝和祈求豐收的節慶活動，舉行時間是與稻米收穫季節相合的舊曆6月，不過1935年卻中斷了。1971年為喚醒民眾對1944年10月10日那霸空襲的記憶、祈求和平，開始恢復舉辦，仍然保留東、西兩隊的傳統，但改在每年10月10日前後進行。從拔河大賽的前一天到隔天為止，會同時舉辦各種地方團體表演、民族藝能遊行、演唱會等活動，實為那霸最大型的慶典活動。在大拔河比賽中使用的大繩，1997年12月3日被金氏世界紀錄認定為是世界第一的稻草大繩（直徑1.58公尺、全長186公尺、總重40.22公噸），為沖繩增添一筆光榮紀錄。

## 5. mūchī（鬼餅）

「鬼餅」是沖繩節慶料理之一，其由來是沖繩本島的民間故事。故事內容大意是：從前，有一個從首里遷居到大里的男人，每

天晚上都會變成鬼（會吃人的妖怪）攻擊人畜。這個男人的妹妹很憂心，決定大義滅親，就將已放進鐵釘（一說：鐵塊）的mūchī給哥哥吃，趁著哥哥肚子痛時，將他踢落海中淹死。因爲是用mūchī擊退鬼怪，所以就把mūchī稱爲「鬼餅」。「鬼餅」的作法是將適量的水加入糯米粉中，揉捏成扁平的長方形，用月桃葉包住，再用稻草繩打結固定，放入鍋中，大火蒸20分鐘就可完成。也可以視個人口味，加入白糖或黑糖。

在沖繩，帶有月桃葉獨特香氣的「鬼餅」是具有吉祥意味的食物，每年舊曆12月8日「鬼餅之日」，家家戶戶都把鬼餅供奉在佛壇上，祈求去除厄運、健康長壽。還有專門爲小男孩製作的特大鬼餅，稱作「力餅」。吃鬼餅的日子是舊曆12月8日，相當於新曆1月下旬至2月上旬間，正是沖繩最冷的時候，因此，琉球方言就把這個時期稱作「mūchī bīsa（鬼餅寒）」。

# 第四章　現代沖縄

# 一、美國軍政府統治時代

沖繩土語Wu Qi Na是沖繩島的自稱，琉球是中國對琉球王國的用語。1879年日本併吞琉球，設置沖繩縣後，沖繩成為近代社會的用語。戰後美國占領沖繩，企圖排除日本的影響，推崇使用琉球的用法。1972年美國把琉球歸還日本，沖繩雖成為大眾用語，但仍有琉球大學、沖繩大學、琉球銀行、沖繩銀行、琉球新報、沖繩時報、琉球舞蹈、沖繩音樂等，反映不同時代的歷史名詞痕跡。

## （一）太平洋上的基石——沖繩

1945年4月登陸沖繩島的美軍發布「美海軍軍政府公告第一號」，宣布停止日本政府的施政權，設立軍政府，此後約有三個月時間，展開了悽慘的地面戰，6月23日日軍司令官牛島滿自殺，8月14日日本接受「波茨坦公告」（Potsdam Declaration），向盟軍投降，軍政府並未拆除。

1946年1月29日盟軍總司令部（General Headquarters，簡稱GHQ）為確保太平洋區域安全，提出把西南列島從日本本土分離出去，對沖繩做排他性軍事統治的備忘錄。1947年6月27日，美國占領日本的盟軍總司令官暨遠東總司令官麥克阿瑟（Douglas MacArthur）與美國記者團會面時表示：「沖繩人不是日本人，而且日本已經放棄了戰爭，在沖繩部署美國的空軍，對日本有重大意義，相當明顯地會成為日本安全的保障」。

1945年8月15日，美軍從各個收容所召集戰前的縣議會議員及中學校校長，通過選舉產生了由15名委員組成的美國軍政府顧問機構「沖繩諮詢會」。9月在各個收容區進行市長選舉。市長的工作主要是根據美軍需要調配勞工。從1945到1946年3月為止，美軍

停止流通通貨，免費配給民眾糧食，但代價是必須義務性地提供勞動力。1946年4月沖繩諮詢會變成民政府，與此同時，以填補戰前縣議會議員的名義，設立了縣議會。民政府的知事和議會的議員都由美國軍政府任命，縣議會議長是由民政府副知事擔任，議會僅爲民政府的諮詢機關。

　　奄美群島、宮古群島、八重山群島方面，美軍也以舊沖繩縣的支廳爲基礎，各自設立了分支機構，但分支機構與沖繩本島的民政府並無直接關係。此後到1952年美日締結和平條約爲止，美軍是以群島爲單位，個別實施軍事統治。

　　1946年3月，沖繩本島恢復了通貨經濟，規定法定通貨是稱爲「B圓」的軍票和新日本圓。此時宮古、八重山群島仍舊使用舊日本圓，經過幾次交換，1948年7月全島通貨統一爲軍票B圓。

　　沖繩恢復貨幣經濟後，開始實施工資制度，同時配給物資也變成有價核算。惟，軍事作業員的工資極低，平均時薪約79錢（100錢相當1日圓），一個月的工錢只能買1條菸（1條菸10包，1包20支），這樣微薄的工資是以配給物資的法定價格爲基準規定的，由於配給物資的比率只占基準量的35%，剩下65%必須依靠自由交易（黑市），因此與軍作業關聯的單位經常發生竊取物資，人們稱爲「獲得戰果」的情形。此外，爲彌補物資不足，經由臺灣、香港、鹿兒島路線的海上走私活動相當盛行。1950年4月，美軍公布以120B圓兌換1美元的匯率，永久性基地建設開始正式啓動，沖繩經濟依賴基地體制變得越來越強。

　　1949年10月1日中華人民共和國成立，同一天，西茨（Josef Robert Sheetz）少將就任琉球美軍政府長官，西茨在美軍工程中僱用25,000名島民，同年11月鹿島建設、清水建設等日本本土9家大型企業的建築設計師、測量工程師造訪沖繩，爲土木建築估算進行了測量。1950年GHQ的涉外局宣布，爲建設沖繩基地，從日本購

進2,500萬美元的基本建材。1950年6月韓戰爆發，美國利用日本全
面介入韓戰，刺激軍需景氣，一方面促進日本經濟振興，另一方
面，沖繩永久性軍事基地建設對沖繩復興也別具意義。1948年美
國援助沖繩1,400萬美元（占領地救濟基金），1950年遽增為5,000
萬美元。美援期間，沖繩官方開始進行道路、水電、港灣、碼頭、
石油儲存庫、軍人住宅、倉庫、娛樂設施等建設，民間方面也陸續
成立了運輸、糧食、石油販賣等企業。1950年以降，美援額度大
減，取而代之的是，基地相關收入的增加，包括：美軍僱用者所得
收入、軍人與軍屬的消費支出、軍用地地租收入等，形成所謂的
「基地經濟」。

　　日本再軍備始於1950年8月警察預備隊令的公布，兩年後警察
預備隊改為保安隊，再過兩年成為自衛隊，沿用至今。日本全土基
地化是基於日美安保條約的保障。美國則依據1952年4月28日生效
的對日和平條約第三條確立了對沖繩的軍事支配。美國統治下的沖
繩，把沖繩定位為「太平洋上的基石（Key Stone）」，除了單純
地顯示沖繩的地理位置外，也反映在遍布於太平洋地區個別相互防
衛條約裡。簡要地說，作為澳大利亞、紐西蘭、美國三國安全保障
條約的太平洋安全保障條約（ANZUS），沖繩位置表現在美菲、
美韓、美臺相互防衛條約（太平洋戰略網）的連結點上。

## （二）從美軍收容所到回歸日本運動

　　沖繩戰役末期，在戰場四處逃竄、躲藏在自然洞窟的人們陸續
被送進美軍收容所。所謂收容所，是指用鐵絲網圍出一個區域，裡
面有民眾雜居的民宅，有住在美軍帳篷或臨時搭建的小屋。此外，
另設置日本兵和朝鮮籍軍伕的收容所。收容所的衛生環境十分惡
劣，瘧疾流行，到處都可看到病死者。難民糧食由美軍供應，但常

感到不足，衣著是穿作業用的軍服，或用降落傘製成的衣服。收容所之間不許通行，夜間禁止外出。爲探詢親人安危外出遭到射殺，到鐵絲網外的田園尋找糧食的女性，被美軍強暴的案例層出不窮。

1945年10月到1946年中期爲止，美軍對不需要充當軍用地的地區，允許收容所民眾返回其住居地。1947後半年，市町村也有人返鄉。不過，美軍繼續保留廣大的軍用地中，並不允許居民回家。

## （三）沖繩獨立論

從戰前日本統治到戰後美軍支配的政權轉變下，奄美、宮古、八重山群島約於1946年，沖繩本島約從1947年起，各自展開了組織政黨活動。初期參加政黨的大多是戰前社會主義運動者，比較傾向解放美軍的沖繩獨立論。相形之下，由前首里市長仲吉良光（1887-1974年）爲代表的知識分子和教職員階層，反倒有很深的回歸日本想法。

民眾的看法如何？一般民眾眼看不應該戰敗的大日本帝國走向投降之路，不免對日本和日本人產生了距離感，也有人認爲美軍占領自始至終抱著戰勝者傲慢的心理，和沖繩獨立論把美軍定位爲解放軍的感覺差距甚遠。就在民眾失去依靠，呈現無政府意識狀態，以及獨立論位居統治地位的階段中，回歸日本運動邁出了第一步，點燃黑夜燭光的是仲吉良光。仲吉良光，出生於首里，曾經在東京、洛杉磯當過記者，1942年返回沖繩，在首里市長任內被捲入沖繩地面戰，成爲美軍的俘虜。仲吉良光在俘虜營度日如年之際，回想起近世琉球著名政治家羽地朝秀（向象賢）的「日琉同祖論」，他反覆思考羽地朝秀的話，從中認知去留未定的沖繩除了回歸日本以外，別無其他選擇。1946年仲吉良光到東京動員沖繩出

身有影響力的人，成立了「沖繩諸島回歸日本期成會」，開始向外務省和GHQ提出回歸日本的要求。青年大眾和教育工作者大多認同他的想法，1951年3月沖繩群島議會經過長時間討論，以17:3通過了要求回歸日本的決議。回歸運動的口號強調：「回歸到擁有和平憲法的民主國家日本」。

沖繩回歸日本運動，首先是從奄美大島開始的。戰前奄美大島的人口約有185,000人，1945年行政上被從日本分離後，因戰後復原和遣返的因素，人口迅猛增長到218,000人，大量的人口在沒有基地相關工作的經濟封鎖中，生活顯得十分艱困。1950年3月名瀨市（今奄美）青年團召開復歸問題聽證會，發生美軍政府以從事政治活動為由，把青年團幹部拘留五十天的事件。5月奄美聯合青年團向該島所有青年團發送有關回應回歸日本之要求的呼籲，結果被當成違反軍政，團長大山光二被判刑一年。1951年2月催生了「奄美大島復歸日本協議會」，復歸協議會調查有效居民的意見，共有139,000人簽名同意復歸。8月復歸協議會議長實施祈願復歸120小時絕食，全島實施24小時絕食鬥爭運動。

與此對照，1951年4月29日沖繩的社會大眾黨（簡稱社大黨）、人民黨、民主團體組成了「琉球復歸日本促進期成會」。此外，沖繩青年聯合會與社大黨青年部也組成了「促進復歸日本青年同志會」。通過復歸期成會、青年同志會組織了地方懇談會，與以20歲以上居民為對象的署名運動，約在三個月裡蒐集到占對象居民72.1%，共199,000人的簽名。另在宮古群島，五天裡獲得對象居民88.5%，共有33,000人簽名贊成回歸。

1951年9月8日，日本在舊金山和有交戰關係的48個國家簽署「對日和平條約」。同一天，也簽訂了「日美安保條約」。「日美安保條約」第三條規定，日本對美國向聯合國提出，將北緯29度以南的琉球群島、大東群島、小笠原群島、西之島、硫磺群島等

島嶼，交給美國託管將予同意，但保留上述島嶼的「潛在主權」（Residual Sovereignty，指保有該地區的領土權及其他權利，又稱殘存主權）。

# 二、美國民政府與琉球政府

1950年美國軍政府（United States Military Government of the Ryukyu Islands），改稱「美國民政府」（United States Civil Administration of the Ryukyu Islands，簡稱USCAR），原先兼任軍政長官的軍司令官變成民政府副長官（Deputy Governor），後改為高級專員（High commissioner），遠東軍司令官成為琉球列島美國民政府長官（Governor）。

1952年4月美軍解散四個群島政府，於美民政府之下設立「琉球政府」。琉球政府管理全琉球居民，雖屬於琉球人的自治組織，採取行政、立法、司法三權分立制度，但權力有限，行政主席是由民政副長官（高級專員）任命。琉球政府立法院在不牴觸美民政府或高級專員下達的命令、布告等範圍內，可以進行立法活動。1952年3月舉行第一屆立法院議員選舉，由8個選區之中選出31位議員，選舉結果各黨所占席次如下：社大黨15席、人民黨1席、無黨派15席。1952年4月28日，「對日和平條約」、「日美安保條約」一同生效。

## （一）沖繩的黑暗時代

美國對日和平條約生效到1956年間，可以說是沖繩人的黑暗時代。1952年比嘉秀平被任命為第一任行政主席，他與共和黨、社大黨右派、奄美出身的議員多數派聯合，成立了親美反共的「琉

球民主黨」。1953年4月舉行沖繩本島中部第四選區補選，社大黨
的天願朝行當選，美民政府不接納他，向選舉管理委員會發出公
函，指示重選。12月25日，美民政府歸還日本做為基地重要度較
低的奄美諸島，並以此為契機解散立法院，開始實施一人一區的
小選舉區制度。1954年3月舉行第二屆立法院議員選舉，選舉結果
是，民主黨12席、社大黨12席、人民黨2席、無黨派3席，社大黨
的平良幸市當選議長，體現了選民對美民政府干涉選舉的反彈。

在奄美諸島，儘管「對日和平條約」已經生效，復歸日本協
議會仍持續推展活動。沖繩島方面，以教職員會和青年聯合會為中
心，1953年1月重組「沖繩群島祖國復歸期成會」，由屋良朝苗擔
任會長，繼續進行回歸日本運動。

1953年12月25日，美軍限制住居沖繩的奄美人有琉球居民的
權利。1954年2月，美民政府長官Charles V. Bromley警告屋良朝苗
要專心兒童教育，5月民政副長官David A. D. Ogden向媒體發表期
成會的「回歸日本運動有利於國際共產主義運動」的見解。屋良朝
苗一再遭到當局施壓，被迫辭去會長職務，期成會就跟著會長辭職
而無聲息地消失了。

美民政府認為，復歸運動破壞合法的國際秩序，只是給國際
共產主義運動帶來利益。美軍歇斯底里的反共攻勢指向了人民黨
（1947年建立）。1954年10月，人民黨書記長瀨長龜次郎、豐見
城村長又吉一郎對拒絕美民政府退島命令的奄美島籍的人民黨幹
部，以協助和教唆犯人藏匿等嫌疑，被逮捕下獄（人民黨事件）。
1956年4月瀨長龜次郎服刑期滿走出監獄時，受到500名熱烈歡呼
的群眾包圍。瀨長龜次郎對反美鎮壓人民黨的民眾來說，是沖繩黑
暗時代在夜空裡閃爍的一顆明星。

值得留意的是，戰後從事美軍基地建設的大土木建築業約有
40家，其中相當於半數的20家公司是來自鹿島建設、清水建設等

日本本土資本，剩餘的來自美國、香港、臺灣、菲律賓等地企業，最後才是沖繩本地的公司。基地建設企業驅使工人在惡劣的勞動條件下工作，而且不同種族之間也實施歧視性的工資差別待遇。沖繩沒有勞動組合和勞動法，勞工以做為日本人的權利為目標，1952年由人民黨那霸支部發起第一次五一勞動節集會，接連掀起了幾次工潮。琉球政府為因應一再爆發的勞動爭議，立法院開始制定「勞動基準法」、「勞動組合法」、「勞動關係調整法」等勞動三法。

　　1953年5月在勞動組合成立準備大會的號召下，發起了第二次五一勞動節集會，會中提出「反對軍事基地化」、「即時撤走外國軍隊」、「堅決反對威脅農民生活的徵收土地」、「即時撤銷土地徵用法」等要求。此外，也出現了「即時罷免琉球大學校長、副校長」的要求。這項要求源起於第一次琉大事件，也就是說，學生組織原子彈爆炸展覽，學校以未經許可開辦，和以燈火管制（防空演習）中在宿舍點燈等為由，對四個學生採取嚴屬的處罰，學生們不服，控訴學校不當處分，結果遭到退學處分的事件。

　　就在波濤洶湧的勞動風潮下，1953年7月立法院再度表決通過了勞動三法。

　　勞動三法預定於9月1日公布，10月開始施行，但8月18日美民政府儘速公布第116號法令「對琉球受僱人的勞動基準及勞動關係法」，規定在基地相關單位工作的勞工，不適用立法院制定的勞動法，違反者除了實施解僱等民事處罰外，還可實施罰款、徒刑等刑事處罰。又，1955年3月接續公布第145號法令「認定勞動組合的手續」，宣布如無美民政府的認可，不得擅自成立勞動組合。

　　琉球政府有二審制的上訴法院和巡迴法院，處理範圍僅限於琉球居民之間的案件。居民間的糾紛，在法令解釋上，若對美軍統治有重大影響者，可以隨時移送到美民政府法院審判。美軍犯罪案件則在軍法會議中處理，琉球政府法院完全不能接觸。

## （二）美軍基地的形成

### 1.軍隊占用土地與基地建設

美軍占領沖繩的同時，在把倖存者送入收容所的階段，就已開始圍起廣大的軍用地，並且無償使用。進入50年代，永久性基地建設全面展開，由於土地擁有者（軍隊占用地地主）要求補償的聲浪升高，致使美軍在1952年11月公布了軍用地租賃簽約的法令。依據第91號「契約權」法，行政主席先與土地所有者簽約，然後再和美軍訂立租借契約。租借期爲20年，租金按照1950年7月1日地價評估價格的6%計算，也就是一年平均使用費每坪1日圓8錢，地租低得比一瓶可口可樂還便宜。正因如此，參加簽約的人只有2%。美民政府面臨九成以上地主拒絕簽約的情形，1953年12月便公告法令26號，單方面地宣布：「不論契約是否成立，因長期間土地使用的事實，判斷已經得到『默契』（默認契約）」。

此外，在基地建設過程中，爲了接收新的、必要的土地，1953年4月3日公布施行109號「土地徵用令」，以此法令爲依據，於眞和志村安謝、銘刈（1953年4月）、小祿村具志（1953年12月）、伊江村眞謝（1955年3月）、宜野灣村伊佐濱（1955年7月）等地，出動武裝兵力，鎮壓農民抵抗，依靠「武器和推土機」強行徵用土地。全島居民對於土地被暴力性沒收的農民捨身抵抗的抗爭給予高度的同情。被剝奪土地、失去生活基礎的農民中，也有離鄉選擇移居海外的。

美軍圍起廣大的軍用地，無疑地，對軍用地地主的生活、村莊或街道的興建帶來極大的影響。因建造嘉手納基地被切斷村域的北谷村，不得不從中分出嘉手納村，中城村中被分出了北中城村。美軍使用地就連戰前日軍建設的飛機場設施也一併吸納。日軍修建的

北飛機場改稱讀谷補助機場，中飛機場擴大40倍，成為嘉手納飛機場，南飛機場劃入牧港補給地（Camp Kinser）。

## 2. 守護土地四原則

　　美民政府為緩和對立，1954年3月又發布美陸軍省軍用地地租一次付清的計畫。所謂一次付清，是指美軍制定16.6年的地租（按地價6%計算），用一次性付清標準地價的相當金額，來取得土地保有權（變相的永久租地權）。當時反對基地鬥爭和農民高喊：「金錢是一時，土地是萬年」的口號傳遍全島，像這樣一次性付清地租，實際上是低價購地的行為，是對土地權的侵害，是令人無法容忍的野蠻政策。1954年4月立法院一致通過「關於處理軍用地的請願」，旗幟鮮明地提出：「反對一次性付清地租、正當補償、損害賠償、反對新的接收」等四大訴求。這些訴求統稱為「守護土地四原則」。

　　與立法院表決通過決議案的同時，行政府、立法院、市町村長會、土地聯合會等4個團體，組織成「四者協議會」（簡稱四者協），決定對美國直接進行交涉。1955年6月針對四者協訪美代表團的要求，10月美國眾議院軍事委員會派遣了以普萊斯（Melvin Price）為委員長的特別分科委員會前往沖繩調查。普萊斯調查團抵達沖繩兩天，聽取各方面意見和做實地考察後，向美國議會遞交了一份報告書，亦即「普萊斯勸告」。另一方面，美軍為博取民心，開始建設琉美文化會館、贈送學生教育用品等，展開琉美親善活動，並透過高級專員的資金，開始建設水道設施、修建道路等基礎設備。

## （三）全島的鬥爭

### 1. 民眾運動的浪潮

　　1956年6月9日，美國發表普萊斯勸告，指出沖繩基地扮演三個重要角色，即：(1)沒有限制的核武器基地；(2)做爲美國在亞洲各地區紛爭中，美國遠東戰略的據點；(3)做爲日本、菲律賓等親美政權倒臺時的避難地。據此，美國認爲軍隊在沖繩擁有基地政策及其支配方式是正確的，完全否定四者協提出的「守護土地四原則」。

　　美民政副長官莫爾（James E. Moore）傳達「普萊斯勸告」要點後，沖繩開始新一波民眾運動的巨流。琉球政府立法院召開緊急會議，一致決定貫徹土地四原則，由美民政府任命的行政主席比嘉秀平也宣誓貫徹到底。6月14日土地聯合會召開總會，呼籲四者協不是糟蹋民意的機構，應該是80萬居民意志的代行機構，美國如不接受四原則，那麼，對行政府及立法院負全責的人們，和身爲基層執政者的市町村長、議員，以及相關方面的軍用土地聯合會幹部，就應以全體總辭職的方式，阻止美軍強制執行軍隊占用土地政策。

　　土地聯合會另提出召開各種團體合辦的居民大會，由居民大會選出代表向莫爾傳達民意，以及土地聯合會給代表們做後盾，組織有秩序的示威遊行等運動方針。四者協通過激烈的辯論，同意土地聯合會的提案。6月23日教職員會、青年聯合會、婦人聯合會等民間16個團體，決定跟四者協一起展開守護土地四原則運動，組成居民鬥爭組織的「促進聯絡協議會」（簡稱聯協）。同一天，市町村議會議長也加盟四者協，四者協變成五者協。

　　「普萊斯勸告」全文被傳布到沖繩的6月20日，全沖繩64個市

町村之中，有56個市町村同時召開市町村民大會，有16萬到40萬民眾參加了這些大會。6月25日在那霸、胡差（Koza，今沖繩市）開辦的第二次居民大會，分別有10萬和5萬民眾參加。兩天後，由4名組成的渡日代表團前往東京表達訴求。沖繩人前所未有的為保衛土地而奮起行動，這次不只傳播於日、美兩國，世界各地都有廣泛的報導。可以說，1956年全島居民一體的鬥爭，是對過去10年來美軍統治琉球全島的總反擊。

　　全島爆發性的鬥爭，在構想鬥爭組織的階段，也開始起了分裂。分裂的原因主要是現存體制獲得政治、社會或經濟特權的人，從一時興奮中清醒後，發覺全盤否定現存體制，自身可能有所損失。美軍方面，則與一部分保守派政治家、財經界人士合作，在基地周邊施行Off Limits的經濟封鎖（美軍以治安和衛生為由，對軍人、軍屬發出禁止進入特定民間區域的命令），以胡差為中心的地區，有許多是以美軍士兵為對象的服務業，Off Limits截斷了生意，使商家與反美運動產生了矛盾。

　　打破現狀，再次嶄露頭角的是那霸市長大選中瀨長龜次郎的當選。瀨長龜次郎當選市長給美軍和親美者帶來很大的刺激。美民政府為阻止他就任，以及使瀨長市政陷入困境，採取了種種策略，但都以失敗告終。最後，美民政府修改法令，強行將瀨長革職，並剝奪了他的被選舉權。1958年1月12日舉行市長選舉，繼任者是由瀨長龜次郎強力推薦的兼次佐一當選。

　　值得留意的是，在選舉過程中，革新派勢力的分裂與主導權的爭奪仍在進行著。美軍以此為契機，一口氣拉高軍用地租金，並撤回一次性付清方針，企圖與民眾妥協，使全島性的鬥爭走向終結。

## 2. 鬥爭的遺產

　　全島性的守護土地權鬥爭，看似結束於經濟性條件的抗爭，但

從抗爭中，民眾信心大增，勞工組織、各種團體迅速崛起。守護土地權鬥爭告一段落，美國改用恩威並施政策，1958年9月把沖繩通貨軍票B圓切換成美元，試圖導入外資，並在日美兩國資本投入的同時，制定了經濟援助琉球措施。

1959年10月5日沖繩成立了自由民主黨（簡稱自民黨）。沖繩自民黨是由原民主黨、以行政主席當間重剛為首的官僚、新政會等三種力量整合而成的政黨。自民黨認為，擴大日本政府的經濟援助，採取循序漸進方式，推進沖繩與本土實質上的一體化，是朝向復歸祖國施政的道路。同年11月舉行第五次立法院議員選舉，選舉結果，自民黨獲得22席、社大黨5席、人民黨1席、無黨派1席。另一股令人矚目的政治動向是，1960年4月28日成立了做為民眾運動母體的「沖繩縣祖國復歸協議會」（簡稱復歸協）。復歸協的核心團體為教職員會、沖繩縣青年團體協議會、沖繩官公廳勞動組合協議會，是和自民黨對立的政治力量。

## 三、美國參加越戰與歸還沖繩

### （一）修改安保條約與佐藤首相訪沖

約在全島性鬥爭結束的同時，日美交涉修改安保條約浮上了檯面。日美安保條約的改訂目的，是要通過把基地租借協定改成共同防禦條約方式，來強化日本的角色。1960年日美新安保條約通過，隨著條約的修訂，10年內，日本本土的美軍基地大幅縮減了四分之一，但在沖繩的美軍基地卻因本土海軍陸戰隊的移駐，規模成長了兩倍。

1965年2月美國開始轟炸北越，由於全面性地介入越戰，基地

使用頻繁，導致由基地引起的噪音危害及美軍士兵的犯罪事件不斷地增加。此期，加緊制定禁止教職員的政治活動，及參加勞資糾紛與勤務評定的教公二法「地方教育區公務員法」（相當於日本本土的「教育公務員特例法」、「地方公務員法」）被浮上表面。1967年立法院召開會議，欲表決通過教公二法立法，但做為復歸運動主角的教職員會與勞動組合成員、琉大學生會等團體，共20,000人，和警察部隊反覆發生嚴重衝突，最終立法院內的執政黨和在野黨達成實質上的廢除法案協定。

1960年代對意圖從經濟大國轉向政治大國的日本來說，如何克服領土、人民被同盟國支配，日漸成為緊要的課題。1965年8月，戰後20年首次以日本首相身分訪問沖繩的佐藤榮作表示：「只要沖繩歸還日本還沒有實現，日本的戰後就沒有結束」，正是此意。

1967年2月，日本外務次官下田武三對外發言，初次提到：「保證美軍自由使用沖繩基地，是歸還日本施政權的前提條件」的「挾核返還論」。在此想法下，日美兩國開啟了非正式的接觸。本來，挾核返還論並沒有共識，導致政策轉彎的直接契機是，來自阻止教公二法鬥爭中，所顯現的美軍統治沖繩的失敗，以及美國越南政策的失敗。美國為重新調整失敗的遠東政策，需要亞洲最大同盟國日本的協助，因此向日本提出，接替美國對東南亞地區進行經濟援助、可以自由使用沖繩基地、支持美國的越南政策等要求。就這樣，同年11月，日美兩國發表共同聲明，雙方首腦確立了「創造使亞洲諸國不受中共威脅的環境非常重要」的基本共識。據此，美國因日本接受上述要求，而確定把沖繩施政權交還給日本的方針。

## （二）撤去B52的鬥爭與2‧4大罷工

　　美國強權統治沖繩出現破綻，討論歸還沖繩日程之際，越南戰局越來越顯得緊迫。原先以關島爲根據地的B52戰鬥轟炸機，以躲避颱風爲由，直接從嘉手納出擊。（見圖4-1）B52轟炸機的降臨使居民飽受威脅，進而掀起一波又一波的反基地鬥爭。

　　1968年初，被空軍基地徵收大部分土地的嘉手納村，以復歸協嘉手納支部和沖繩原水協（原子彈、氫彈協會）爲首，在召開「抗議基地受害」、「要求撤走基地」的沖繩縣民大會後，各地陸續展開各種要求撤走基地的鬥爭。2月5日B52飛來嘉手納，形成常駐態勢後，立即掀起了大規模要求撤走B52的抗議行動。8月基地內部也發出了怒吼，緣由是，全沖繩軍勞動組合聯合（簡稱全軍勞聯）要求撤銷第116號法令，因要求大幅度加薪未獲回應，故斷然發動百分之一百恆久鬥爭，進行了24小時的全面罷工。突如其來的大罷工，使基地機能陷入癱瘓，給美軍帶來極大的衝擊。11月，美軍對反對B52常駐嘉手納的民眾做出政治讓步，發表實施懸置已久的主席民選。第一次民選主席，當選的是教職員會會長，擔任復歸運動先鋒的屋良朝苗。

　　選舉剛剛結束，從嘉手納基地起飛失敗的B52發生大爆炸，在核武器貯藏庫附近墜毀，給民眾帶來莫大的恐懼。1967年左右，嘉手納機場附近的核武庫貯存了1,200枚核彈。1968年11月19日事故發生當天，村民開始集會抗議，拆除B52的聲音再次高漲。等到12月，民眾集結了比復歸協更加廣泛的階層，成立了「保護生命縣民共同抗爭大會」。縣民共同抗爭組織決定在B52常駐滿一年的1969年2月4日，傾盡全力地要實現拆除B52、阻止原子潛艦停泊港口等訴求的全島大罷工。

　　對於以安全運用美軍基地爲前提，交涉歸還沖繩的日美兩國政

府而言，2‧4總罷工成為事態嚴重的大問題。日本政府說服屋良主席進行各種遊說，倘若美國對基地維持感到不安，或許會延遲歸還沖繩，結果2‧4總罷工是以屋良主席的要求中止而被瓦解了。

## （三）佐藤、尼克森共同聲明

　　巧妙迴避了2‧4大罷工的日美政府，1969年雙方同意1972年歸還沖繩，以為日美軍事同盟重組強化的一環。11月22日佐藤榮作首相、尼克森總統（Richard Milhous Nixon）發表日美聯合聲明兩週後，駐沖美軍隨之宣布解僱兩千數百名基地勞工。美軍解釋，解僱勞工是為了削減軍事費用。與大規模解僱勞工的同時，美軍新設以沒有獎金制度、沒有退休金，以及不需要事先通知，就可以解僱的臨時招聘制度，開始實行基地精簡政策。全軍勞對美軍一方面維持、強化基地，一方面又大量解僱基地勞工的政策，高喊「要解僱工人，就歸還基地」的口號，展開激烈的抗爭。沖繩社會對於「能用的時候就用，不需要了，就像扔件破衣服般地丟開」，也激起了人們的憤怒與對復歸的不安。（見圖4-2）

　　美軍方面，為使沖繩代表形式上能參加沖繩歸還協定之審議，舉行了國政參加選舉活動。1970年11月15日選舉結果為：瀨長龜次郎（人民黨）、上原康助（社會黨）、安里積千代（社大黨）、西銘順治（自民黨）、國場幸昌（自民黨）當選日本眾議院議員，喜屋武眞榮（革新統一黨）、稻嶺一郎（自民黨）當選參議院議員。

　　雖然日美政府決議1972年沖繩復歸日本，但沖繩人對美國兵頻繁的犯罪事件和無罪判決，以及約定拆除毒瓦斯兵器卻延遲撤出，種種跋扈不公的做法，內心所鬱積的怒火，終於在1970年12月20日爆發了群眾燒毀73臺美軍車輛的「胡差暴動」事件。

　　1971年7月尼克森總統訪問中國，發表上海聲明，接著，8月發表「美元防衛緊急狀態宣言」，美國的舉動象徵著戰後世界政治經濟的劇變。1972年1月8日，佐藤首相和尼克森總統在美國舉行會談時，決定把歸還沖繩日期訂在5月15日。

# 四、沖繩回歸日本

## （一）新沖繩縣的誕生

　　1972年5月15日，沖繩歸還日本，戰後持續27年的美國統治畫下了休止符，揭開沖繩歷史的扉頁。

　　當天上午10點半，紀念儀式分別在東京武道館和那霸市民會館舉行，祝賀沖繩回歸日本。佐藤首相在東京會場發表演講，評論：「在和平時期，以外交談判收回因戰爭失去的領土，這在歷史上是極為罕見的事。」慶典在首相帶領高喊三聲「萬歲」中結束。

　　隨著琉球政府的消滅，到下次選舉前是由行政主席屋良朝苗擔任「暫定縣知事」。屋良知事在那霸會場上講道：「看了回歸的內容，很難說回歸照顧到我們懇切的願望。」接受了苦澀嚴苛的現狀。屋良接著又說：「但對沖繩縣民而言，回歸是大家深切的願望，也是正確的要求。」表明將竭盡全力實施和平、豐裕的縣政。

### 1. 未實現基地設施與「本土一致」

　　與稱頌不絕的歷史偉業的致詞，及洋溢著祝賀氣氛的東京會場對照，沖繩全島充斥了「不安」、「困惑」「反彈」的氣息。那霸市民會館附近的與儀公園，復歸協在瀝瀝不停的雨勢中，召開了縣民總誓師大會，示威者高喊：「抗議沖繩處分、打倒佐藤內閣」。1972年的沖繩歸還，被稱為「移除核武，要和本土一致」的歸

還，但實際上，在協商挾核問題時，美國希望永久獲得日本肯定，尼克森總統特別助理季辛吉（Henry Alfred Kissinger）擬定了挾核祕密協議備忘錄，佐藤首相和尼克森總統都在備忘錄上簽了名。日本政府說，沖繩基地密度和本土一致，可是從達成1972年復歸協議的1969年起，本土的美軍基地急遽減少，從30,000公頃大減爲9,702公頃，沖繩卻增加到26,569公頃。沖繩和日本本土的比率變成3：1。換言之，日本所有的美軍基地約有75%是集中在只占國土面積0.6%的沖繩地區。（見圖4-3A、圖4-3B）

　　1972年沖繩歸還日本前，美軍使用地幾乎都是強行徵收的土地，其租用方式是，先由琉球政府和各個軍用地地主簽約，再轉租美軍。沖繩復歸後，提供日美安保條約與地位協定上所說的設施與區域（美軍用地），成爲日本政府的義務。預見簽約障礙的日本政府，對拒絕簽訂租賃契約，要求歸還土地的地主，在1971年12月制定了所謂「公用地等暫定使用相關辦法」，根據此法，無論地主意願如何，在復歸後的五年內，國家可以做爲公用地使用。日本政府強制使用非契約地的軍用地問題，自此時起，示威抗議紛至沓來。

　　沖繩歸還在軍事上的另一變化是，1971年6月根據「日本防衛廳防衛局長久保卓也——美國大使館首席軍事代表柯提斯協定（Kubo—Curtis Agreement）」，得在沖繩部署自衛隊，但體驗過殘酷地面戰的居民堅決反對。到1979年爲止，全日本47個都道府縣中，沖繩是唯一拒絕國家委託地方政府募集自衛官事務的縣。

## 2. 通貨交換

　　沖繩回歸日本，大幅度地改變了沖繩人的生活樣態，尤其挑動居民不安的，是從美元到日圓的通貨轉換。

　　1971年8月，尼克森總統發表新經濟政策，明確地宣布停止美

元和黃金之間的兌換，並對日本等國際收支順差國家，要求提升匯率。

　　一直把美元當作貨幣使用的沖繩，受到外匯制度從固定匯率「1美元兌換360日圓」，向浮動匯率轉變，以及日圓升值的影響，日常經濟受到嚴重的打擊。爲此，群眾參加了復歸協舉辦的「從美元危機中保衛生活，縣民總誓師大會」。後經屋良主席對日本政府強烈要求以現行匯率做交換的結果，日本政府規定「1美元兌換305日圓」，匯兌上的損失決定以特別給付金的名義給予補償。

### 3. 物價急速上升

　　手持美金與日圓的交換始自1972年5月15日到20日爲止，兌換總額高達1億347萬美元（315億5,800萬日圓）。然而，市場上不同的匯率橫行，在食堂、商店等處有用1美元兌換400日圓以上的價格，造成物價飆升的情形。通貨兌換加上超出六倍的軍用地租金的上升、集中性的公共投資、被日本列島改造論刺激的土地壟斷購買等，加速了物價上漲的力道，深刻威脅著沖繩居民的生活。

　　沖繩回歸日本的首任縣知事選舉在6月25日舉行，受到革新派共鬥會議支持的屋良朝苗獲得壓倒性的勝利。這個選舉是戰後沖繩的第一次縣知事選舉。

## （二）摸索自立經濟之道

　　沖繩曾經遭受慘烈的地面戰，戰後27年又與日本本土隔絕，許多方面顯得很落後，與本土經濟有很大的差距。做爲「國家的責任與義務」，日本政府在沖繩復歸時，爲整頓道路、機場、港灣等基礎建設，及培育產業人才、充實學校與醫院等設施，制定了復歸

特別措置法、沖繩振興開發三法（包括沖繩振興開發特別措置法、沖繩開發廳設置法、沖繩振興開發金融公庫法），並自1972年到1981年的10年間揭示兩大目標——改正和本土的落差，以及爲自立性的發展，做好基礎設施的整備。據此，以沖繩振興開發特別措置法（簡稱沖振法）爲基礎，訂立了振興開發方向和第一次沖繩振興開發計畫。1982到1992年啓動第二次振興開發計畫，1992到2002年進行第三次振興開發計畫。

　　然而，擺脫依存基地經濟，實現自立經濟，該用什麼開發方式比較理想？日本政府在制定計畫的過程中，圍繞著公害問題等處理法，展開了激烈的討論，討論結果選擇了以臨海型工業、內陸型工業的新地區做爲中心的工業化路線。

## 1. 招攬CTS的縣政

　　1972年10月三菱資本在與那城村（今Uruma市）的平安座島、宮城島之間，爲建設CTS（石油儲存基地）公有水面的填充地，開啓了填海造陸工程。1973年9月，擔心造成公害的住戶組成了「守護金武灣之會」，對屋良朝苗知事施壓，要求他撤回招攬CTS計畫。

　　屋良知事經過深思熟慮，於1974年1月19日發表反對CTS設置立場，但引起招攬派的抗議，招攬派要求知事辭職並闖進縣長室，造成很大的混亂。就在正反兩方僵持不下期間，填海造陸工程持續地進行著，並於1974年5月完工。

　　屋良知事商詢革新派首長的意見，積極地謀求解決之道，最終他採取「不得不從行政本來的立場予以處理」，不僅認可填海造陸完工，還在1976年6月任期屆滿前兩天，裁示准許建設石油儲存槽案。（見圖4-4）

　　石油儲存槽問題加深了住戶和革新縣政之間的鴻溝，也成爲重

新探討沖繩回歸後振興開發樣貌的一個契機，很快的，建設CTS案使反公害、保護自然環境的住戶運動擴散到全沖繩各地。

## 2. 投資海洋博覽會

日本政府爲了進行本土與沖繩地方的一體化，以及整頓落後的社會基礎，陸續開辦了：回歸紀念植樹祭（1972年11月）、沖繩特別國民體育大會（簡稱若夏國體，1973年5月）、沖繩國際海洋博覽會（1975年7月至1976年1月）等回歸三大事業。

在本部町舉行的海洋博覽會是世界第一個以海洋爲主題的博覽會。會期中統計入場人次共有350萬。民間投資包含公共事業、飯店、運輸設施等，估計有3,200億日圓。三年多間投入這樣巨額的資金所實施的計畫，可以說是沖繩空前未有的案例。

海洋博覽會被人們稱爲「沖繩經濟起飛的起爆劑」。如從招攬觀光客，一口氣地整頓道路、機場、港灣等社會資本面來說，海洋博覽會確實發揮了很大的效果，但集中性的投資與開發，嚴重地影響了縣民的生活和環境。物價、地價異常高漲，自然環境被破壞，事與願違的中小企業相繼倒閉等，出現了所謂「海洋博後遺症」現象。

繼屋良知事之後，就任縣長的是社大黨委員長平良幸市。此期日本高度經濟成長告一段落，沖繩回歸日本，隨即遭遇第二次石油危機，陷入全國性的不景氣境地。屋良、平良的革新縣政，可以說是在時代變化動盪中，進行回歸和處理戰後基地經濟的縣政。

## 3. 和日本本土一致的一體化

沖繩回歸日本後，在各個領域進行了和日本本土一致的一體化改革。工會、各種團體在全國組織下予以系統化，源自美軍統治時代的交通規則也從1978年7月30日開始，基於「一國一制」原則，從當天上午6點起改變爲和本土相同的「人在右，車在左」的交通

規則。沖繩730（7月30日）交通法規的變更，意味著與本土制度一體化的完成。又，沖繩仿照東京羽田機場－濱松町站的單軌電車模式，1996年開始建設戰後連接那霸機場到首里的第一條軌道交通，電車名稱「Yui-rail」（Yui是沖繩方言，互助列車之意），已於2003年通車。（見圖4-5）

　　制度或組織的一體化有好有壞，但不可否認的，眾多領域「一體化＝本土化」的結果，也使沖繩社會快速地改變，失去了島嶼的個性和獨特性。

## 五、西銘保守縣政時代

　　隨著平良幸市知事因病離職，在1978年12月舉行縣知事選舉時，強烈主張擺脫不景氣的眾議院議員西銘順治打敗了敵手，獲得高票當選。保守陣營自1968年主席民選以來，時隔10年收復了縣政，接著，在1980年縣議會議員選舉中，也得到過半數席次，迎來了保守政治的浪潮。

　　在西銘保守縣政正式起步的1979年，適逢明治政府併吞琉球（史稱琉球處分）100週年。沖繩人從歷史轉折點中不斷地反思，逐漸認清1972年的復歸，其實不是向日本「和平憲法」的復歸，而是日美軍事同盟重整強化的一環。職此之故，反復歸論、反大和（日本本土）情緒開始抬頭。

　　1980年代沖繩島的軍事變化為：自衛隊參加美國駐沖海軍陸戰隊和第七艦隊的大規模登陸演習；美太平洋空軍限制那霸機場民間飛機起降，實施大規模飛機戰鬥訓練；美國駐沖海軍陸戰隊在北海道和自衛隊進行聯合演習；軍機超低空飛行的演習，迫使學校停課；飛機墜落，造成傷亡事故等，引起人們關注的環境問題時時發生。

## （一）象徵國家認同的「日之丸」、「君之代」

　　1985年8月28日文部省通知全國教育委員會：「由於部分學校沒有升國旗或唱國歌，所以要做徹底的、適當的處理」。據文部省調查，該年畢業典禮中，全國「太陽旗」的平均升旗率，各級學校分別為：小學92.5%，中學91.2%，高中81.6%，「君之代」的齊唱率，小學72.8%，中學68.0%，高中53.3%。與此對照，沖繩縣畢業典禮的「太陽旗」升旗率，小學6.9%，中學6.6%，高中0，「君之代」齊唱率，小、中、高各級學校都是0。

　　沖繩縣教育委員會（縣教育廳）兩年後要開辦海邦國體體育會，對此數據極為重視。1985年11月，縣教育總長向各市町村教育委員會和縣立學校校長發出通知，要求其下轄學校和職員，強力指導「升國旗、唱國歌」。隔年3月畢業典禮，升「太陽旗」和貫徹「君之代」（放錄音帶）的比率大幅提升，縣教育廳對反對升國旗、唱國歌的學校，分別以違反地方公務員法規的喪失信用、違反職務、違反上司命令等理由，給教職員做了停職、降薪、警告的處分。


## （二）第一次榮獲體育大會綜合冠軍

　　1987年第42回國民體育大會（海邦國體）的夏季（9月20-23日）、秋季大會（10月25-30日）在沖繩各地舉行。沖繩選手團十分活躍，在各種運動項目的表現上都很亮眼，第一次同時獲得天皇杯與皇后杯。

　　西銘順治知事因沖繩選手拿到綜合冠軍，希望邀請天皇出席海邦國體，讓沖繩的戰後走入歷史。但天皇基於健康因素，未能實現出訪沖繩。

　　就在國民體育大會開辦之際，爆發了「日之丸、君之代」、「天皇的戰爭責任」等爭議，讀谷村的比賽會場甚至發生主旗竿上升起的太陽旗被人拽下來，放一把火燒掉的事件。

　　沖繩經過三屆12年的西銘縣政時代，雖然實施自衛官募集業務及容許大規模美軍演習、訓練等，引起保守派與革新派的激烈對立，但從經濟層面來說，經過了世代交替的混亂期後，是個相對安定的時期。西銘知事活用政府、自民黨管道，推動由大型計畫主導的地域開發事業，如，進行水庫開發、離島架橋等；運用亞熱帶性氣候所栽培的花卉、蔬菜等也有很大的成果。惟，經濟規模變大，依賴財政的體質越來越強，招攬新企業幾乎全都沒有實現。此外，牽引沖繩經濟的「3K產業」（觀光、公共事業、基地），也是從這個時期開始發展的。

# 六、動盪的世界與沖繩

## （一）反戰與縣民對回歸的評價

　　在沖繩，每年6月23日是紀念沖繩戰役犧牲者的慰靈日。慰靈日是在復歸之前通過「居民節假日相關立法」法令被確立下來的。但在復歸日本的同時，沖繩縣變成適用於日本憲法下的法律，無法設立自己的休息日。針對慰靈日問題，沖繩反戰土地主人、基督教信徒、一英尺運動團體（集資把沖繩戰當時拍攝的膠片一英尺一英尺購買回來的組織）認為，廢除會使戰爭記憶消失，抹消獨特的戰爭經驗，因而堅決反對廢除，並於1984年6月23日在慰靈塔舉行國際反戰集會。（見圖4-6）1989年6月，法定休息日條例被提交縣議會上討論，各派意見紛陳，條例案延到1990年3月雖被表決通過廢

除，不過，6月23日海部俊樹首相出席慰靈日追悼儀式時，表明對當地有特別歷史、社會意義，全體居民認爲應該紀念的日期，和能得到國民廣泛理解的日期，可以被認定爲地方行政機關的法定休息日。他的發言解決了6‧23慰靈日放假問題。

1987年1月17日，沖繩島國頭村的村民爲反對在美軍演習訓練場建設鷂式戰鬥機使用的升降坪，衝進訓練場和美海軍陸戰隊發生衝突，迫使建設工程中斷。6月21日在滂沱大雨中，以那霸市長爲首，約有25,000人集中到嘉手納基地，以手拉手做成人鏈的方式，把周長17.5公里的基地包圍起來，強烈要求撤走嘉手納基地。1988年美軍在漢森基地建設訓練設施，恩納村和宜野座村爆發了激烈的抗議運動。就在接連不斷的抗爭情形下，1990年11月舉行第六屆縣知事選舉，琉球大學名譽教授大田昌秀擊敗了想連任四屆的西銘順治知事，順利當選。

1990年伊拉克、科威特爆發戰爭（波斯灣戰爭），12月駐沖海軍陸戰隊被大量調往中東，隔年以美國爲中心的多國部隊開始攻擊伊拉克。波斯灣戰爭給擁有地面戰經驗的沖繩人帶來巨大的衝擊，從而反戰土地主人會、居民連絡會、姬百合同窗會、孀婦福利聯合會等團體，陸續掀起了反對波斯灣戰爭行動。

和戰爭有關的美軍用地強制使用和徵用問題，1991年2月那霸防衛設施局長對拒絕簽約的土地主人，向大田知事提出了公告、參閱代行申請書。大田起初站在地主這一邊，拒絕執行公告及參閱代行手續，但日本政府把此問題和第三次沖繩振興開發計畫捆綁在一起，並提示將有新的立法措施，有計畫地歸還軍用地，知事因而願意妥協，答應了公告、參閱代行。豈料，日本政府的承諾只是一種行政手段。

戰後沖繩知識分子爲傳承沖繩文化的獨特性，積極地到海外蒐集歷史文獻，和在瓦礫中蒐集各種文化遺產的碎片，企圖重新拼接

屬於自己、獨樹一格的歷史圖像。1992年琉球王宮首里城復原，但這代表什麼意義呢？名作家大城立裕在其著作中寫道：「今日的沖繩，正處於琉球亡國以來的文化史轉捩點上」（回歸20年的轉機）。進一步說，久高島Izaiho祭（久高島已婚神女的就職儀式）的亡佚，首里城復原後成爲國營公園，在在反映了傳統文化的消失。

　　沖繩回歸日本20週年的1992年4月，根據朝日新聞社和沖繩時報社所做的縣民民意調查，沖繩人對歸還日本的評價中，認爲「好」的比率高達88%。這與歸還隔年的1973年4月調查時，有62%的人回答「沒有想像中的那麼好」相比，顯而易見，這20年間縣民意識有了很大的變化。詢問對回歸持正面看法的民眾，許多人提到和日本本土有頻繁的交流活動、公共設施變得很好。

　　沖繩縣政府根據沖繩振興開發計畫，20年間投資事業費約3兆3,841億日圓，在社會資本快速地整備，生活水準提高的同時，隨著都市化失去了綠色，因赤土流失所造成的珊瑚礁滅絕等，也呈現出自然環境有很明顯的變化。

　　1990年代前半期，國際社會經歷了戰後體制結構崩壞的鉅變。1990年東西德統一，1991年蘇聯解體，使冷戰時代告一段落，日本政治也因自民黨分裂產生細川聯合政權，而迎來和往昔不同的新時代。

　　冷戰結束並沒有給沖繩帶來和平的紅利。菲律賓、關島的美軍基地關閉後，沖繩美軍基地依舊沒變。1991年1月，波斯灣戰爭開始，美國從沖繩投入大量的海軍陸戰隊和空軍。

　　1995年2月，美國國防部發表「美國的東亞、太平洋安全保障戰略」，要在亞洲、太平洋地區維持10萬人體制，此舉否定了削減沖繩駐軍的可能性。

## （二）震撼日美關係的基地問題

1994年，那霸地方法院沖繩支部對嘉手納基地飛機噪音訴訟案，一面判決飛行噪音超過忍受的程度，應給原告們精神損害賠償，一面又以日美安保條約無法禁止美軍飛行為由，駁回了要求禁止飛行的上訴。2002年，普天間基地周圍的居民400餘人，也向法院提出飛行噪音的訴訟。

1995年9月4日晚上，沖繩島北部發生了3名女童在購物回程被美軍綁架遭受暴行的事件。被害者是小學生，事件被媒體報導後，輿論一片沸騰，同時也讓人想起40年前發生6歲幼女被殺害的「小由美子事件」。女性們認為，美軍性暴力事件是「軍事基地導致的人權侵害」，她們迅即採取行動，從日常生活場域的視角，針對冷戰後安全保障樣態，提出了犀利的質問。

據沖繩縣警統計，復歸後23年間，美軍士兵犯罪被立案偵查的件數共有4,790件，在惡性案件中，殺人占12件、強暴女性占31件、搶劫盜竊占355件。每次美軍發生犯罪事件，縣議會、市町村議會、各種市民團體等都向日美當局提出抗議，要求採取措施，但仍不能防止事故一再地發生。

此時適逢日本政府基於美軍用地特別措置法，對未簽約軍用地進行強制使用手續的階段。1995年9月28日，大田知事在縣議會表明拒絕代理簽署，亦即拒絕在土地調查書、物件調查書簽字後，暴行事件和強制使用軍用地問題合流，沖繩美軍基地問題演變成震撼日美安全保護體制的政治問題。

10月21日由縣議會全會派、縣經營者協會、縣婦女聯合會等18個團體發起，約計300個團體組成執行委員會，召開了「追究美軍對少女施暴事件、要求重新討論日美地位協定沖繩縣民總誓師大會」，在宜野灣市海濱公園的會場裡，有來自縣內各地，大約

85,000人參與，形成沖繩回歸以來規模最大的一次集會。沖繩還對基地的過重負擔提出異議，引起社會很大的迴響，支援行動擴大到全國各地。11月4日村山富市首相約見大田知事，主要會談內容是，到2015年爲止，有步驟地整理、縮小基地，最終目標是撤走全部基地，而第一階段，2001年的返還目標是普天間基地。12月7日村山首相於福岡高等裁判所（高等法院）那霸支部向大田知事提出職務執行命令訴訟，一個月後村山首相辭職。1996年4月1日，楚邊通信所有一部分民有地契約到期，發生了沒有使用依據，卻被當局非法占據的異常事態。

　　1996年4月17日，繼任首相橋本龍太郎和美國駐日大使蒙代爾（Walter Frederick Mondale）召開聯合記者會，發表五到七年內全面歸還普天間機場的爆炸性宣言。三天後，再公開包括沖繩基地的整理、統合、縮小計畫的日美特別行動委員會（SACO）中間報告。但是，日美特別行動委員會的協議內容，幾乎是以包括普天間機場在內的設施遷移縣內爲前提的基地歸還辦法。

　　9月8日沖繩舉行重新檢討地位協定，詢問是否贊成基地整頓與縮小的全國第一次縣民投票，結果贊成票占89.09%（投票率59.53%）。

　　1997年1月，日美兩國政府針對普天間替代設施，協議在邊野古海邊建設海上直升機基地，遭到當地居民的反對。3月25日，橋本首相向大田知事表示擬改定美軍用地特別措施法。4月17日，特措法在參眾兩院獲得絕對多數的贊成。所謂特措法，是指土地使用方可以用暫時使用的名目，達到永久性強制使用的目的。

　　做爲普天間機場的替代設施，是提出施瓦布營（Camp Schwab）海域的海上直升機基地建設案。1997年12月21日，名護市當地實施詢問對於海上直升機基地建設贊成與否的市民投票。其中，反對票占52.85%，也就是說，當地住戶有一半以上表示

「No」的意志。眼看著事態發展的大田知事，即於1998年2月6日正式表明拒絕接受海上直升機基地。普天間機場遷移問題陷入無解的膠著狀態。

　　1998年11月，沖繩進行縣知事選舉，提出打破不景氣口號的保守派稻嶺惠一，擊敗訴求基地遷移縣外的現任者大田昌秀，順利當選。1999年8月，名護市成立了「從沖繩趕走基地，謀求世界和平市民聯絡會」。9月成立了「反對普天間基地，那霸軍港的縣內轉移縣民會議」。「灶頭女之會」的女性們積極揭露安保體制對沖繩地區的歧視，謀求日本國民對此問題的自覺。11月22日稻嶺縣政表明，接受名護市邊野古海岸地做爲普天間機場的遷移地。縣內輿論分裂成兩派，1995年以來震撼縣政的美軍基地問題，自此邁入了新階段。

　　2000年4月17日沖繩和平市民聯絡會召開「從沖繩發出和平呼籲4‧17集會」，向世界發出「沖繩民眾和平宣言」。宣言中指出：「我們希望的和平，應該是地球上的人珍惜自然環境，對有限資源和財富，儘量平等地分享，絕不使用暴力，互相尊重不同的文化、價值觀、制度，實現共生」。7月21日，沖繩舉辦世界首腦會議。11月30日，「琉球王國的城寨和其關聯遺產群落」被認定爲世界文化遺產。12月12日，國立組踊（組舞）劇場舉行破土動工儀式，2003年開館。

　　21世紀的沖繩面臨三大沉重問題，一是美軍占用土地問題，二是軍事基地貯藏核武問題，三是歷史教科書被竄改問題。2007年日本文部科學省審核教科書，指示出版社刪除太平洋戰爭末期日軍參與強迫在讀谷村洞窟中避難的居民「集體自殺」的記述。此一審查意見激起沖繩人的憤怒。同年9月29日，縣民在宜野灣市海濱公園舉行縣民大會，強烈抗議政府竄改歷史，抹消眞相。當天集會聚集了11萬人，包括縣知事仲井眞弘多、沖繩縣選出的國會議員、

縣議員、市町村長及議員們都參加了這場大會。日本政府受到輿論壓力，12月重新做出決定，同意讓新訂教科書恢復檢定以前的內容。

# 七、沖繩文化的傳承與創新

沖繩文化受到沖繩戰的打擊和被編入日本體制，在發展一體化的過程中，沖繩菁英們意識到逐漸失去「沖繩樣貌」的危機感。那麼，如何傳承古琉球文化？如何從一體化裡重新創造屬於沖繩自身獨特的歷史文化，也同時成為沖繩人自我認同的議題，以及當局為發展地方觀光產業，讓世界認識沖繩的重要課題。

## （一）沖繩藝能

沖繩的傳統藝能分為古典藝能、民俗藝能、大眾藝能三種。古典藝能是由琉球王國時代首里士族孕育而成，包含組踊、古典音樂、古典舞蹈。民俗藝能源起於各地村民生活之中和祭祀有關的民族舞蹈、民謠。大眾藝能是進入近代在那霸、首里商業性演劇市場中，因應時代潮流所發展起來的歌劇、戲曲、新民謠、流行樂曲。

戰後沖繩藝能界為撫慰受害者，慰問收容所難民，很快地展開藝能復興運動。1946年官營「松、竹、梅」三劇團成立，1947年民營劇團也在各地陸續成立。在沒有娛樂的年代，30幾個劇團經常在各市町村巡迴演出，形成劇團活動的全盛期。1960年代在美日兩國流行文化的影響下，電影、電視的普及吸引了大量的觀眾，常設劇場、劇團數明顯地減少。

古典舞蹈本來是男性才能表演的舞蹈，但明治以後，特別是50、60年代也向一般女性推廣。時至今日，女性舞蹈家取得了壓

倒性的多數。男性舞蹈家減少的情形令人感到擔憂，於是，沖繩縣立藝術大學和國立沖繩劇場就刊登培育年輕人、現場表演者的廣告，致力於男性舞蹈家的培養。1972年以回歸日本為契機，組踊（組舞）被指定為國家重要無形文化財，之後每年沖繩藝術祭都舉行「古典藝能公演」。沖繩縣立藝術大學音樂學部培育了不少組踊、琉球舞蹈、古典音樂的優秀人才。2009年，琉球舞蹈被指定為國家重要無形文化財；2010年，組踊被聯合國教科文組織登錄為世界無形文化遺產，古典藝能成為沖繩之光。（見圖4-7）

　　沖繩音樂大多承襲琉球音階，以日本標準語來寫歌詞。帶著沖繩音樂的意識，創作了在亞洲各地流行的名曲，例如，人氣歌手喜納昌吉唱紅的「花」，臺灣翻唱成「花心」；夏川里美演唱的「淚光閃閃」，新加坡翻唱成「陪我看日出」，另還有BEGIN、Kiroro、SPEED、安室奈美惠等沖繩籍的歌手，在日本國內外流行樂壇擁有許多粉絲。

　　戰後以胡差為中心的中部地區，聚集了來自沖繩各地的基地勞工，其中，音樂人才輩出。1950年廣播電台開業，許多民謠歌手登場，形成一股民謠風。1960年代以各地方言創作親近庶民的民謠接續登場，在酒館裡一邊喝沖繩土產泡盛酒，一邊聽音樂人演唱沖繩民謠，一直到現在，仍深刻地融入中產階級的娛樂生活中。（見圖4-8）

　　沖繩年輕世代受到美國文化的影響，搖滾樂的演奏者也很多。在沖繩作詞、作曲的搖滾樂，稱作「沖繩搖滾」，也包含在沖繩音樂之中。此外，流行音樂、爵士音樂、鄉村歌曲、拉丁樂曲等所有現代音樂，在沖繩都很流行。

## （二）體育運動

　　即使是隆冬，氣溫也不會低於攝氏10度以下，這樣的沖繩全年都可以進行所有運動，是個「運動天堂」。沖繩曾經培養出職業拳擊世界冠軍、職業女子高爾夫球世界第一，運動風氣鼎盛。沖繩的高中棒球隊也曾在春季和夏季的甲子園高中棒球大賽中奪得冠軍。透過電視轉播觀看甲子園高中棒球大賽，對沖繩縣民而言，已成爲一項重要的活動。

　　秋、冬、春三季還有馬拉松大賽、健行大賽等活動。其中，「那霸馬拉松」有很多從國內外來的參賽者，是亞洲規模最大、最有傳統性的國際馬拉松大賽之一。近年來，有許多國家、地區參考那霸馬拉松的營運方式而舉辦大賽，臺灣高雄市的國際馬拉松便是其中之一。

　　做爲沖繩傳統性的運動，值得大書特書的是「karate（空手道）」，據說現在全世界空手道的運動人口超過1億人。2017年3月沖繩縣在豐見城市設立了「沖繩空手道會館」，做爲發祥於沖繩的空手道與國內外交流的據點。現在空手道成爲日本國的代表武術之一，但沖繩空手道會館的設立目標，是希望將傳統空手道的精髓保存、繼承、發展下去，因此，空手道的向上發展是可以期待的。空手道已列入2020年東京奧林匹克運動會的追加競技項目，空手道「型」的比賽項目，目前排名世界第一的選手是沖繩人，因此，沖繩的第一面奧運金牌很受期待。

## （三）食文化的變化

　　戰後沖繩有27年的時間處於美國統治之下，到現在還有很多美軍基地以及美國人。在基地工作的沖繩本地人也很多，因此，美

國飲食文化早已在沖繩生根。如：在日本本土未見的美國漢堡專賣店「A&W」、「Burusiru ice cream（福樂冰淇淋）」在沖繩本島各地設店，頗受觀光客喜愛，生意鼎盛。美國飲食文化有吃牛肉的習慣，沖繩受此影響，牛肉、牛排消費量也很高。另外，戰爭造成沖繩豬隻數量銳減，戰後糧食缺乏時，經由美軍推廣，罐頭豬肉成為新鮮豬肉的代替品。罐頭豬肉稱為「pork」或「lunchon meat」，本來經過加熱殺菌處理，可以生吃，但在沖繩最具代表性的吃法是：將罐頭豬肉切成5公釐左右的厚度，放在鍋中和蔬菜一起炒。雜炒這類家常菜，也常用罐頭豬肉。還有，把罐頭豬肉和炒蛋放在一起的「pork-tamago」也是沖繩大眾食堂菜單中必備的菜色。夏威夷有一種食物被當地日裔居民稱作「supamu musubi」，是將片狀的罐頭豬肉放在圓形米飯上，再用海苔捲住的手握飯團。從夏威夷遷居回鄉的移民將它傳回沖繩，取名為「pork-tamago-onigiri」，成為平民美食之一。

有一種美國人所喜歡的墨西哥料理「Taco」（在沖繩，稱作Tacos）到了沖繩，沖繩人發揮創意，將Taco的食材，豪奢地灑在米飯上，改造成具有沖繩風味的料理，名為「Taco rice」。這個由Taco得到靈感而發展出來的沖繩獨特料理，至今成為代表沖繩特色食物之一。此外，美乃滋、番茄醬等調味料，這些在日本其他地區少見的美國產品，都受到沖繩人喜歡而蔚為風潮。

近年沖繩鹽頗受矚目。沖繩縣內約有20家製鹽業者，那霸市「國際通（國際街）」有專賣沖繩鹽的專門店，也有將世界各地鹽集中起來賣的專門店。其中賣的最好的是在宮古島製成的「雪鹽」。據說宮古島是由珊瑚礁隆起而成，名為「琉球石灰岩」的地層正好在島的底下，因為這個特徵，就像是個天然的「過濾裝置」，海水通過琉球石灰岩，海水中的雜質會被濾除，同時會將珊瑚礁的鈣質溶出，變成地下海水，被汲取上來的地下海水中，富含

礦物質。利用這種地下海水製成的「雪鹽」於2000年時，得到金氏世界紀錄，認定其礦物質含量世界第一。宮古島擁有育成珊瑚礁的美麗大海，在這樣的島上生成純白的鹽，形狀就像雪粉一般，因此，名稱爲「雪鹽」。雪鹽除了製作糕點和料理外，也有添加雪鹽的化妝品、香皂、洗髮精等產品，雪鹽冰淇淋也是廣受市場歡迎的人氣商品。

貳

專題研究篇

# 第五章　琉球船的漂流事件

# 前言

琉球群島是位於亞洲東海大陸棚與太平洋之間的弧狀群島,四周爲海洋環繞,是個典型的海洋國家。隨著王朝政權的統一,以及與中國和周邊諸國往來的頻繁,海洋活動日益發達,船隻在海上遭遇事故的紀錄也大量增加。海難事故有各種不同的類型,一般所謂海難是指船舶在航海或停泊中,船隻、船員、乘客及船貨遭到災害及損失等事故。此一災害又包括天候、海象、觸礁、擱淺等自然災害,以及兵災、海盜、火災或被他國扣留等人爲災害。其中現存紀錄最多者,是所謂的「漂流」事件,指船隻因自然災害而漂流到非目的地之異國,獲救後送返本國之例。有時船舶並不一定損壞,當時東亞諸國對漂來的異國船隻,基於海防及治安等理由,官方均會詳加調查。對外國船的處理,除救助撫恤外,又牽涉到遣返方法等外交交涉問題。因此,漂流事件對琉球歷史研究而言,實爲不可忽視的重要議題。

本文主要針對近代以前東亞海域中,漂流海外最多的琉球船事例,[1]通過清朝官方文書與琉球、朝鮮、日本相關史料比對,來探討琉球船大量漂流海外的背景、清朝政府對漂到外國難船的處理模

---

[1] 有關琉球船的海外漂流事件,赤嶺誠紀,《大航海時代の琉球》(那霸:沖繩タイムス社,1988年)一書,是據《歷代寶案》(臺北:國立臺灣大學影印本,1972年)和《中山世譜》(收於伊波普猷、東恩納寬惇、橫山重編,《琉球史料叢書》第四卷,東京:東京美術,1972年)等史料,做了詳細的數據整理。渡邊美季、劉序楓、赤嶺守,〈清代琉球民間船漂著一覽〉,赤嶺守、朱德蘭、謝必震編,《中國と琉球 人の移動を探る:明清時代を中心としたデータの構築と研究》(東京:彩流社,2013年),頁331-375,再據中國的檔案史料增補,以編年式重新彙整。比嘉朝進,《波高し!漂流琉球船》(那霸:風土記社,1990年)為編年體個案敘述方式的漂流記集。上述基礎成果對琉球船漂流事件的研究,有相當大的參考價值。

式，以及在傳統東亞國際秩序下，漂到異域難民的相互遣返體制，由近世到近代的變化等問題。

## 一、近世琉球的航海與貿易

14-16世紀琉球大航海時代頻繁往來於東南亞的暹羅、三佛齊、爪哇、麻六甲、蘇門答剌等地的海外貿易，隨著明朝隆慶元年（1567）的部分開放海禁，允許中國商人前往東南亞，加上葡萄牙、西班牙等西方勢力的東來，日本地方權勢者及商人亦派船前往東南亞，而喪失其優勢。紀錄上，在1570年派遣南海貿易船赴暹羅後，就中斷了與東南亞的往來，[2]結束其繁榮的海上貿易時代，僅維持與明朝的朝貢貿易關係。1609年薩摩藩征服琉球後，琉球的內政和對外關係爲薩摩藩所控制，除年貢的徵收外，爲掌控朝貢貿易的利益，允許琉球維持與中國的冊封、朝貢關係，對中國採取隱蔽日琉關係的政策，近世的琉球，事實上是處於中日兩屬的地位。

1644年明清王朝交替後，1653年琉球向清朝進貢，繳回明朝敕印，並於1664（康熙三）年完成冊封儀式，兩國正式締結封貢關係。琉球自此以二年一貢，每次派遣兩艘進貢船赴中國，1689年起以隔年再派一艘接貢船的方式定期向清朝朝貢。根據統計，有明一代，琉球向中國的朝貢船數有493艘（1372-1643年，含進貢、接貢、護送、謝恩、慶賀等名目派遣船）；清代（1644-

---

[2] 參看《歷代寶案》（譯注本）第二冊（那霸：沖繩縣教育委員會，1997年），頁449；小葉田淳，《中世南島通交貿易史の研究》（東京：刀江書院，1968年），頁444。

1875）有349艘。[3]若再加上民間的遭風漂流船隻，中國與琉球間的交流活動，透過冊封、進貢、接貢、護送及遭風漂流船隻的往來，幾乎年年不斷。（見圖5-1）

　　琉球王國原統治領地，自北邊奄美群島以南到西南的宮古、八重山群島，由無數的島嶼所構成，呈一長弧狀，綿延近千公里，往來交通全賴船舶。近世琉球社會經濟發展值得注意的是海上活動，以首里（那霸）爲中心的琉球本島各港口，與琉球群島各離島間海運業的發達。在薩摩藩統治下，鹿兒島與琉球本島和宮古、八重山島間往來運送年貢的船隻，大多爲薩摩藩籍船隻（大和船）所獨占，但在18世紀後，琉球自己建造的「馬艦船」（有水密式隔艙的小型仿中式帆船）出現，在離島運輸上，逐漸地取代了和船。

　　海運發達的主要背景可歸納以下三點。

　　（一）間切、村制度的實施（16世紀以後），[4]王府對地方在行政上管理強化，中央與地方、地方與地方間的行政聯絡頻繁；加上，領土散布於廣大海域，各島嶼間運輸聯絡，租稅等大宗物資運輸的需求。

　　（二）地方鄉村商業發達，國內商品在城市、農村、離島間相互流通的需求。

　　（三）透過朝貢貿易和薩摩的統治，琉球市場與中國、日本（薩摩）市場連結，琉球產品在中國與日本市場流通，中日商品也流通於琉球國內。[5]

　　長距離運輸主要使用船隻，除了大型進貢船和與鹿兒島間往來

---

[3] 赤嶺誠紀，《大航海時代の琉球》，頁13-14。

[4] 間切，琉球王朝時代的行政區劃單位。最小單位為村，合數村為一「間切」。

[5] 豐見山和行、高良倉吉編，《琉球・沖繩と海上の道》（東京：吉川弘文館，2005年），頁110-115。

用的「楷船」，[6]以及地方離島間往來聯絡用和船系統的小型公務船「地船」外，主要是民間海運業者主導的馬艦船，據點爲琉球本島西部的那霸、泊港和東部的與那原港，擔負琉球本島東西岸與南北間的聯絡運輸。將日用雜貨運往北部的山原地方，回程再載運木材、薪和土產，此類民間船另被稱爲山原船。又，本島與離島間，甚至與薩摩間的商品、稅貢品的運輸船隻，主要也是馬艦船。

由於海上航行活動頻繁，船隻遭難事故也大量增加，其中又以往來於那霸－八重山、宮古島間長距離運送貢物的公務船和民間商船（代運貢物赴琉球王府，並載送人員、文書、地方特產品）最多，少數爲沿海的小漁船。在中國文獻中記載的琉球遭風船隻的種類有鳥船、雙篷船、白艚船、繪船等不同名稱，基本上都是指馬艦船。船上主要載運的貨品有米穀、砂糖、鹽、棉布、芭蕉布等，多屬地方特產品，或是納貢品。

遭風漂流的原因，主要是天候、季風、颱風與洋流等自然因素。琉球群島夏季因有來自太平洋熱帶暖流的影響，盛行東南風，5到9月經常有颱風；而冬季受到來自西伯利亞高壓寒流的影響，常刮西北風，附近又有黑潮流經，對航海來說是極大的威脅，因此海難事件不斷。發生時期，通常集中在夏秋颱風多發的4到9月間，尤以6、7月爲多。（見圖5-2A、圖5-2B）

---

[6] 楷船，爲薩摩藩統治下，琉球每年春、夏載運米、砂糖等貢物派赴薩摩的官船，亦爲仿中式帆船的一種。參看豐見山和行，〈船と琉球史—近世の琉球船をめぐる諸相—〉，收入岡本弘道編，《船の文化からみた東アジア諸國の位相》（大阪：關西大學文化交涉學教育研究據點，2012年），頁23-35。

## 二、琉球船的海外漂流與歸國

　　清代琉球船漂到海外的地點（日本除外），如表5-1所示，最多的是中國，其次爲朝鮮，接著爲東南亞的呂宋和安南（越南）。漂到中國沿岸最多的原因，主要和地理位置有關，其中又以和琉球緯度相同的浙江省占大多數，依序爲福建、臺灣、江蘇、廣東、山東等地。漂流季節如前所述，集中在夏秋之間，受到季風和洋流影響，往西或西北漂到大陸沿岸、朝鮮半島。其中也有相當數量漂到日本九州沿岸和本州各地，據琉球官方編纂的《中山世譜》記載，至少有64件。[7]

　　至於漂往東南亞的季節，除了1件無法確認外，其餘全是冬季的10月、11月間，亦即遭到東北季風的吹襲，而往南漂流。與漂到中國、朝鮮半島多發生在夏季，受颱風及西南季風、潮流影響者，有明顯的不同。[8]

　　上述地區以外，當然還有其他可能漂流的地方，特別是琉球群島東方的太平洋和南方的東南亞，只是因爲船隻沉沒，船員遭難死亡，或有其他原因無法返國，故未留下船難紀錄。

---

[7] 池野茂，〈近世琉球の遭難漂流紀錄をめぐる諸問題〉《桃山學院大學社會學論集》10卷1號（1976年10月），頁77-78。由於爲薩摩藩所統治，漂到日本的琉球船員，最後都是交給薩摩藩的官員照顧並遣返，因此未留下詳細紀錄。

[8] 赤嶺誠紀，《大航海時代の琉球》，頁44。

表5-1　琉球船漂流到海外的地點（1644-1898）

| 漂到地 | 中國 | | | | | | | | | | 朝鮮 | 安南 | 呂宋 | 合計 |
|---|---|---|---|---|---|---|---|---|---|---|---|---|---|---|
| | 滿洲 | 直隸 | 山東 | 江蘇 | 浙江 | 福建 | 臺灣 | 廣東 | 其他 | 小計 | | | | |
| 件數 | 1 | 1 | 16 | 36 | 170 | 103 | 70 | 25 | 29 | 451 | 17 | 2 | 4 | 474 |

備註：民間船共409艘，進貢船共65艘。本資料統計並不完整，僅供參考，有
　　　待日後增補修正。
資料來源：渡邊美季、劉序楓、赤嶺守，〈清代琉球民間船漂著一覽〉
　　　　（2013）；赤嶺誠紀，《大航海時代の琉球》等。

　　漂到中國甚至朝鮮、東南亞各地的琉球人，在當時的國際環境和交通條件下，是如何回到自己的家鄉呢？這得從當時的東亞國際局勢和清朝的救助制度談起。基本上，各地對外國難民之處置與遣返，會涉及外交問題。在一般情況下，與漂到國有邦交或貿易關係，或漂到國政府公權力能到達之地，才能確保難民安全返國。[9] 首先來看中國對外國海難民的救助制度形成問題。

## （一）東亞海域海難民救助制度的形成

　　中國在明代以前，有關政府對外國遭風難民施以救助，並加撫卹再遣返本國的紀錄，並不多見。在《宋史》〈高麗傳〉中已見天禧三年（1019）對高麗遭風漂到中國海船救助，並加撫卹遣返的記載。[10]明代以後，隨著朝貢國的增加，海上活動頻繁，事例逐漸

[9]　參看荒野泰典，〈近世の日本漂流民送還體制と東アジア〉《歷史評論》，400號（1983年8月）；後又收入同氏著《近世日本と東アジア》（東京：東京大學出版會，1988年），頁118。
[10]《宋史》（臺北：鼎文書局，1980年再版），卷487，頁14044。

增加。不過均屬個別事例，尚未建立明確的制度。[11]至1563（明嘉靖四十二）年才見禮部通告沿海諸路，撫卹漂到的琉球難民，並遣返本國。[12]而《大明會典》中對漂到外國難民撫卹遣返的條例，首見於1587（萬曆十五）年的刊本中，似只針對朝鮮。[13]由上紀錄可知，至少在明代，甚至可上推至宋代或更早，已存在對漂到中國境內的鄰邦及朝貢國難民，加以救助並遣返的慣例。

　　1683年清朝統一中國後，翌年開放海禁，隨著各省人民出海的增加，且為宣示海外諸國，發布旨諭，令禮部移咨海外國王，救助漂到當地的中國船隻並解送回國。[14]不過這僅是對漂到國外朝貢國的中國難民而言，對漂到中國的外國難民救助則未有明確規定。事實上，從清初事例來看，清朝對所有漂到中國的外國難民，不論是否為朝貢國，均一視同仁，悉心照顧，並遣返本國。康熙及雍正朝的《大清會典》內記載不少對朝鮮、琉球、暹羅難民救助遣返的個別事例，[15]其內容基本上是沿襲前例，各地方政府個別處理，並未制訂統一的救助規定。1729年因處理漂到福建的呂宋船，才見雍正帝發布旨諭，對所有漂到的外國船均一視同仁，令地方官動支公項，加意撫恤，遣返本國，但似未見普及於全國。因此，1737（乾隆二）年，在處理漂到浙江的琉球船時，由於地方官的奏請，

---

【11】參看《明史》（臺北：鼎文書局，1980年再版），卷320-327中有關外國之朝鮮、琉球、暹羅、爪哇、白葛達（Baghdad）等記載。

【12】《明世宗實錄》，卷528，嘉靖四十二年十二月癸亥條（臺北：中央研究院歷史語言研究所影印本），頁8622。

【13】申時行等重修，《大明會典》（臺北：國風出版社影印，1963年），卷111，禮部，頁1644。

【14】《歷代寶案》一（臺灣大學影印本），頁226-227。

【15】參看康熙年刊，《大清會典》（臺北：文海出版社，近代中國史料叢刊三編72輯，1992年），卷72-74。同雍正十年刊本，（同前，近代中國史料叢刊三編78輯，1994年），卷104-106。

乾隆帝再下同樣的旨諭，令動用公費，賞給衣糧，修理舟楫，遣返本國，並令永遠爲例。[16]其主要目的就是要將救助外國難民的工作制度化。

與此同時，海難救助的相關配套條例也載入會典，具體撫卹細則更收入乾隆《戶部則例》內，沿海之奉天、山東、江南、浙江、福建、廣東各省對難民撫卹的金錢、物品數量等均有規定。有關撫卹財源即爲前述之「存公銀」，等一切處理結束，難民遣送回國後，地方官再將所有花費呈報戶部查核報銷。

18世紀中期以後，對漂到外國船的處置方式基本上固定，外國船漂流到中國沿海地方，發現的漁民或沿海兵役立即向當地的官衙報告，再由所在地州縣（或海防廳）派出官吏以筆談等調查遭難原委，並檢查船貨中有無違禁品，然後安插館舍，支給衣物、口糧，接著再由州縣層層上報。原則上難民都被送往省城所在地，再經總督、巡撫上奏朝廷，並咨明戶部及禮部，經朝廷指示後再送往該當港口或北京，附搭使節（船）或商船歸國。若船隻完好，依願修理後自行返國者，則由清政府代爲修理破損處，給予一個月的行糧，任其自行駕返本國。琉球船則先護送到福州琉球館安置，再候風或隨朝貢船及其他遭風船一起返國。

破船或船貨的處理，依難民意願，大抵是由現地牙行估價變賣，一時找不到買主的，由官府從優折價，等難民回國時一併發給帶回。對於難民的救助費及日常生活必需品等開銷，均由地方官庫支給。各省待遇不同，安置琉球難民的福州柔遠驛，是從入館日起提供米一升，鹽菜銀六釐。除此之外還有隨時的犒賞，各季節的衣

【16】《清高宗實錄》，卷52，乾隆二年閏九月庚午條；又軍機處《上諭檔》，乾隆二年閏九月十五日，收入《清代中琉關係檔案五編》（北京：中國檔案出版社，2002年），頁361-362。

物、棉被、草蓆、鞋、帽等的供給；生病者僱醫治療；死亡者官給
棺木埋葬，對外國難民的照顧可說是無微不至。[17]

此一制度直到清末，清朝雖與歐美、日本等國簽訂修好條約或
通商章程，保護各國遭難船的人員，並將難民交給各國領事官員遣
返，但對朝貢國如琉球、朝鮮、越南漂到的難民處理方式仍大致維
持不變。

## （二）漂流難民遣返路線的確立

遣返難民回國的路線及方式，視當時國際環境及與難民本國
是否有外交或貿易關係而定，若無直接往來，則透過相關第三國的
媒介送還。有關東亞海域的海難救助體系，約在18世紀中期的乾
隆年間成形，其主要成立背景為：1.當時東亞國際情勢安定；2.中
國國內的救助遣返制度漸趨完備；3.中國海外貿易興盛，貿易船頻
繁往來各地。諸國間得以相互遣返難民則主要利用以下三種途徑：
1.中國船的貿易網絡；2.朝貢貿易；3.西洋貿易船。三者相互補
足，加上清朝國內救助制度的完備，送還網絡因而得以成立。以下
試舉中國、日本、朝鮮、琉球、東南亞等地案例，分析各國相互遣

---

[17] 對琉球漂流民救助撫恤制度的相關研究，參看劉序楓，〈清代中國對外國遭風
難民的救助及遣返制度—以朝鮮、琉球、日本難民為例〉，《第八回琉中歷史
關係國際學術會議論文集》（那霸：琉球中國關係國際學術會議，2001年），
頁1-37；渡邊美季，〈清代中國における漂著民の處置と琉球〉（1）、（2），
《南島史學》54、55號（1999、2000年），頁1-48、頁36-109；赤嶺守，〈清代
の琉球漂流民送還體制について—乾隆二十五年の山陽西表船の漂著事例を中心
として—〉，《東洋史研究》58卷3號（1999年12月），頁84-109；赤嶺守、張維
真，〈清乾隆中期對琉球遭風難民的撫恤及遣送制度〉，收於馮明珠主編，《文
獻與史學：恭賀陳捷先教授七十嵩壽論文集》（臺北：遠流出版，2002年），頁
433-451。

返難民的方式及路線。[18]

## 1. 由中國遣返的路線

中國→日本：（1750年代後）浙江乍浦（中國船）→長崎

中國→朝鮮：北京（使節，陸路）→朝鮮義州

中國→琉球：福州→（琉球船）→那霸

中國→安南，分為陸路：(1)廣東欽州→越南江坪；(2)廣州→
廣西太平府鎮南關→越南；海路：廣州（→澳門）→
（中國船或西洋船等）→越南

中國→呂宋，分為：(1)廈門→（原船或中國船）→馬尼拉；
(2)廣州→澳門→（西洋船）→馬尼拉

中國→其他東南亞諸國：廣州、澳門→（中國船或西洋船）→
本國

中國→西洋：廣州、澳門→（西洋各國船）→東南亞及印度各
殖民地港市→本國

## 2. 琉球與各國間的相互遣返路線

琉球難民的遣返路線，基本上遵循上述由中國遣返的路線。先從漂到地護送到中國，再轉送福州回國。與此相對，琉球遣返各國漂到的難民，在該船破損無法航海的情況下，也採同樣方式。細部行程說明如下。

### (1) 中國─琉球間

漂到地→福州→（琉球船）→那霸

琉球難民的返國方式，大多由漂到地先送往福州，若船隻仍可航海，則修理後原船返國，否則就搭琉球朝貢、接貢船或其他琉球

---

[18] 詳細說明參看劉序楓，〈清代檔案與環東亞海域的海難事件研究─兼論海難民遣返網絡的形成〉，《故宮學術季刊》23卷3期（2006年3月），頁104-111。

船返國。

與此對照，漂到琉球的中國船，若是船隻完好，足以航海，則提供食物、飲水，使其直接歸國。如果船隻損壞無法航海，便將難民送往那霸的泊村收容，再由琉球朝貢船或護送船送回福州。由於琉球在日本薩摩藩的統治下，所以對外關係如同日本的「鎖國」體制般，對漂到的外國船嚴格警戒監視。[19]

(2) 日本—琉球間

漂到地→（江戶、大秕、長崎）薩摩藩邸→鹿兒島（琉球館）→山川→那霸

漂到日本的琉球人，依漂到地點所在，先送交江戶、大坂（今大阪）或長崎三地之薩摩藩駐在官員，再護送到鹿兒島，交給琉球館的琉球官員遣送回國。

日本人漂到琉球時，也是先交給駐在琉球的薩摩藩官員，然後護送回鹿兒島的山川港，依其居住地所在再轉送長崎或大坂各地。[20]

(3) 朝鮮—琉球間

漂到地→漢城（朝貢使節）→義州→（中國）鳳凰城→盛京→北京→福州→（琉球船）→那霸

1609年日本薩摩藩出兵占領琉球，加上中國本土明清交替期之動亂、清初的海禁等，對漂到琉球的朝鮮難民，多不經由中國，而是先送往日本長崎，再經對馬島遣返釜山。直到1684年清朝開

---

【19】渡邊美季，〈近世琉球における「異國船漂著體制」—中國人・朝鮮人・出所不明の異國人の漂著に備えて〉，《琉球王國評定所文書補遺別卷》（沖繩：浦添市教育委員會，2002年），頁5-47。

【20】荒野泰典，《近世日本と東アジア》，頁133-135。

放海禁後，薩摩藩唯恐清朝得知琉球與日本間之關係，故於1696年批准琉球請求，將以往經長崎—對馬送還朝鮮難民的方式，改爲經由福州—北京—朝鮮送還。[21]

漂到朝鮮的琉球船，最初是提供補給，任其原船自行返國，1794年以後，則依難民意願，或隨同朝鮮使節，先送往北京，再轉送福州搭乘琉球朝貢船返國。[22]

### (4) 琉球—東南亞間

越南→琉球，分爲陸路：漂到地→河內→諒山→廣西鎮南關→廣州→福州→（琉球船）→那霸；海路：漂到地→廣南地方港口→（原船、越南船）廣州→福州→（琉球船）→那霸

呂宋→琉球：漂到地→馬尼拉→（中國船、呂宋船）→廈門→福州→（琉球船）→那霸

琉球在1570（明隆慶四）年派遣南海貿易船赴暹羅貿易後，就中斷了與東南亞的貿易往來，直到1800（嘉慶五）年才見到琉球船漂到東南亞。這段期間，史料上雖未見到有琉球船到東南亞的紀錄，但以地理位置和琉球船的航海貿易情況及漂到中國的數量推測，應有不少琉球船到東南亞。只是因爲遭難死亡，或是其他原因無法返國，而未留下紀錄。

---

[21] 參看李薰，〈朝鮮王朝時代後期漂民の送還を通してみた朝鮮、琉球關係〉，《歷代寶案研究》8號（1997年），頁7-9；小林茂、松原孝俊、六反田豐編，〈朝鮮から琉球へ，琉球から朝鮮への漂流年表〉《歷代寶案研究》9號（1998年），頁73-136。

[22] 劉序楓，〈清代琉球船的朝鮮漂流紀錄〉，陳碩炫、徐斌、謝必震編，《順風相送：中琉歷史與文化—第十三屆中琉歷史關係國際學術會議論文集》（北京：海洋出版社，2013年），頁123-144。

　　漂到越南、朝鮮、呂宋等地的琉球難民，如同朝鮮、日本難民一般，大多經由中國送返。如1800年遭風漂到廣南的琉球那霸船員28人，翌年經安南遣使轉送廣西，再委員及兵役經廣東護送至福州，於1802年附搭貢船返國。[23]又，同年搭乘琉球接貢船返國的大島難民7人，遭風漂到呂宋，是由呂宋附搭中國貿易船，送抵廈門，再轉送福州返國的。[24]

　　現存六件漂到東南亞的琉球船事例，漂到地是越南和呂宋，主要是地理位置及相關因素造成。在琉球西南方的臺灣，是往東南亞必經之地，若船隻未在臺灣靠岸，就會順著季風及洋流往南而去，漂到呂宋及附近島嶼。即使漂到臺灣，地點也多集中在東北部及東部。[25]若船隻往東漂向太平洋或南方無人島，或與當地原住民無法溝通，甚至遭到殺害者，自然就無法返國。（見圖5-5）

---

【23】《清代中琉關係檔案選編》（北京：中華書局，1993年），頁338-40，廣西巡撫謝啓昆：兩廣總督吉慶奏。劉序楓，〈清代琉球船的海外漂流—以漂到東南亞的事例為中心〉，辛德蘭主編，《第十屆中琉歷史關係學術會議論文集》（臺北：中琉交化經濟協會出版，2007年），頁131-158。另參看鄭樑生，〈清廷對琉球遭風難民的處置—以嘉慶朝為例〉，同氏著《中日關係史論集》（八）（臺北：文史哲出版社，1998年），頁226。

【24】《宮中檔嘉慶朝奏摺》10（臺北：國立故宮博物院，未刊稿本），頁706，嘉慶六年十月十三日，福建巡撫汪志伊摺。

【25】有關漂到臺灣的琉球、日本、朝鮮難船處理方式，筆者曾為文討論，整理出清代漂到臺灣的琉球船表，收錄68件事例。參看劉序楓，〈清代遭風漂臺之外國船難事件研究—以琉球、日本、朝鮮難民的處理事例為中心〉，《歷史研究者交流事業（招聘）研究成果報告書集》（東京：財團法人交流協會，2003年），頁1211-1234。

# 三、琉球船遭風漂流相關問題

## （一）清朝對琉球進貢船和民間船撫恤的差異

　　清朝與琉球間的交流活動，透過冊封、進貢、接貢、護送及遭
風漂流船隻的往來，幾乎年年不斷。其中又以民間船隻的遭風事件
最為頻繁，就現存紀錄而言，如表5-1所示，有清一代可確認的超
過400件。[26]與此相較，官方船隻的遭風事件就少得多。[27]當然。
這與船隻大小、堅固及駕船水手的經驗和技術有關。由於官方朝貢
船的性質不同於民間船隻，所以發生海難，清朝的救助處理方式較
民間船隻慎重和優渥。

　　一般民船與進貢船撫卹內容之差異，對待遭風貢船之撫卹，
不只是金錢、物資，甚至船隻修造補償，均優於一般遭風船隻。
如，1802（嘉慶七）年底漂到臺灣遭難的琉球二號貢船，嘉慶帝
接到上奏後，即於次年二月諭令閩浙總督玉德從優撫卹。[28]對貢使
等之撫卹除加倍給賞外，沉沒的貢物也免其再進，往後若有同樣案
件，均比照辦理。對回國船隻之處理，則「照例在於存公銀內，動
支銀一千兩，賞給夷使人等承領，俾得雇船回國」。[29]自此凡有貢
船遭風破損，均由福建地方官動用存公銀，估價修理；若船隻沉沒

【26】渡邊美季、劉序楓、赤嶺守，〈清代琉球民間船漂著一覽〉，收於赤嶺
　　守、朱德蘭、謝必震編，《中國と琉球　人の移動を探る：明清時代を中心とし
　　たデータの構築と研究》，頁331-375。
【27】赤嶺誠紀，《大航海時代の琉球》，頁40的統計有65件。
【28】嘉慶朝（1818年）《欽定大清會典事例》（臺北：文海出版社，近代中國
　　史料叢刊三編67輯，1991-92年），卷400，禮部，朝貢，〈拯救〉項，頁8147-
　　8149；《清代中琉關係檔案選編》，頁343-346，嘉慶八年，閩浙總督玉德等奏。
【29】《清代中琉關係檔案選編》，頁344。

破碎,則給價銀一千兩,任其自僱商船或拆造新船回國。[30]即使後來有租借的商船再度遭風損壞,清政府也免其賠還船隻,並代償船價。[31]

　　對一般民間遭風船隻之撫卹,送到福州柔遠驛後,每人每日支給米一升,鹽菜銀六釐,其他衣物、生活用品等各有規定。至於船隻,尚可修理航海者,由地方官動用存公銀,代為購料,覓匠修理。破損嚴重不能修理者,大多在當地連同貨物,估價變賣,所獲價銀,等難民歸國時,一併交給帶回。[32]清朝支給造船及修船之費用,比朝貢船大幅減少,自1759(乾隆二十四)年後,新造支給銀二百二十兩,修船則減半為一百一十兩。[33]琉球難民亦可用「撫卹」所得,購買所需物品、貨物,攜帶回國,兼且歷來進出口均免徵其稅。[34]另原船返國或新造船返國,以船隻輕微,難以涉海,須搭載「壓載」貨為由,購買大量如碗、糖、線香等粗貨,形成一種變相貿易。[35]由此可知,清政府對遭難的琉球船,不論是官船或民間船,雖撫卹標準有別,但均從優撫卹,使其平安返國。

---

【30】《歷代寶案》(臺灣大學影印本),頁2514-2515。

【31】嘉慶十三年十一月初八日,閩浙總督阿林保等奏。見俞玉儲,〈再論清代和琉球的貿易—兼論中琉互救飄風難船的活動〉,《第二屆琉球・中國交涉史研討會論文集》(那霸:沖繩縣立圖書館,1995年),頁321-22。

【32】事例極多,不一一列舉。參看劉序楓,〈清代中國對外國遭風難民的救助及遣返制度—以朝鮮、琉球、日本難民為例〉,頁1-37;渡邊美季,〈清代中國における漂著民の處置と琉球〉(2),頁36-64。

【33】渡邊美季,〈清代中國における漂著民の處置と琉球〉(2),頁51。

【34】《清代中琉關係檔案選編》,頁96,乾隆二十七年閏五月二十七日,福州將軍社圖肯奏。

【35】渡邊美季,〈清代中國における漂著民の處置と琉球〉(2),頁45-48。

## （二）琉球難民返國後的處置

　　琉球漂流民均由福州搭乘貢船或原船，或附搭其他琉球船返國。返國時福建布政使會發給致琉球國王之咨文，明記救助及撫卹難民的經緯，交給歸國船帶回。琉球國王收到咨文後，照例附上謝咨，報告難民歸國及感謝救助及撫卹，由下次貢船帶到福建。琉球國王謝恩的覆咨，即反映兩國間一連串對難民救助活動的終止。[36]（見圖5-3）

　　琉球難民回國後，是否受到官方詳細偵訊，目前並未見到相關史料記載。但在日本鎖國體制的控制下，琉球漂流民從海外返國，會受到官方嚴厲調查，調查內容包括：漂流經過以及是否有被勸誘信仰基督教等。[37]另外，為恐中國得知琉球與薩摩、日本的關係，特別提醒航海的船隻：第一，若漂到中國，須將與日本有關的書籍、文件書類、錢文、武器等燒毀、丟棄或隱藏；對船隻之出港及目的地亦不許提及日本或薩摩，須以其他地名替代。[38]第二，禁止從事貿易活動，以免影響王府的正規朝貢貿易。據此，1785年、1814年、1824年、1825年、1832年數度下達禁止藉口漂流而從事貿易活動之命令。[39]

　　有關第一項，隱瞞日琉關係之事，不只是對漂到中國之琉球

---

[36] 赤嶺守，〈清代の琉球漂流民送還體制について—乾隆二十五年の山陽西表船の漂著事例を中心として〉，頁105。

[37] 參看當時琉球王府對各島地方官布達之對外國難船處理手冊〈進貢、接貢船、唐人通船、朝鮮人乘船、日本他領人乘船、各漂著並破船之時，八重山島在番役役勤職帳〉，《石垣市史叢書》4（沖繩：石垣市役所，1993年），頁20-22。

[38] 渡邊美季，〈清代中國における漂著民の處置と琉球〉（2），頁66-71。

[39] 渡邊美季，〈清代中國における漂著民の處置と琉球〉（2），頁72-76；西里喜行，〈冊封進貢體制の動搖とその諸契機—嘉慶、道光期の中琉關係を中心に〉，《東洋史研究》59卷1號（2000年），頁77。

船，對漂到琉球之中國船也徹底執行。第二項，對琉球民間船隻漂到中國從事貿易活動，或以「僞裝漂流」名義企圖貿易者，王府雖不斷地下令禁止，但目前並無確實證據可以證實。[40]現實上，冒著生命財產危險，藉漂流獲利的可能性不高，加上在清朝官方及琉球駐福州存留通事及其他官員的監視管理下，漂流船很難私下進行貿易。儘管如此，也不能完全否定這些漂流中國船隻中，有部分船隻是爲圖謀中國優渥撫恤而故意漂流的。以下介紹一份爲因應漂到中國而準備的教戰手冊。

## （三）八重山群島流傳的漂流對應手冊

　　八重山群島位於琉球本島的西南方，距本島約400公里以上。主要島嶼有石垣島、西表島、與那國島、波照間島、小濱島、竹富島、黑島等。江戶時代每年須向首里王府繳納米、布、牛皮等年貢，船隻得長途往來琉球本島與八重山各島之間，因此，經常發生船難或漂流事件。其中大多數漂到中國，而中國及其他外國船隻也經常漂到此地。[41]正因如此，當時八重山諸島士族均積極學習中國官話，有的在中國船漂到本島時向中國人學習，有的赴琉球本島時向久米村通事學習。[42]漂流民爲了應付與中國官府之筆談問答，乾隆年間就有類似呈文、稟文的漢文範文集流傳。主要內容爲預想船隻漂到中國時，與中國官方之漢文問答手冊，以爲向官方請求修

【40】俞玉儲，〈對清代琉球難船為貿易而漂流之我見〉，《第四屆琉球‧中國交涉史研討會論文集》（那霸：沖繩縣教育委員會，1999年），頁297-329。
【41】具體數字無法統計，據赤嶺誠紀，《大航海時代の琉球》，表16，八重山所屬船隻的漂流中國件數有31件。
【42】木津祐子，〈「官話」の漂著─乾隆年間八重山における官話の傳播〉，藤善真澄編，《東と西の文化交流》（大阪：關西大學出版部，2004年）。

船、飲水、食糧、衣物、醫療及藥品，及請求護送福州回國等的文
例範本。[43]

　　由現存許多針對漂流到中國時，依各種可能遭遇情況，而向
中國官吏提出陳情的呈文、稟文手冊來看，琉球各地對漂到中國的
應對早有準備。這主要是王府使者、隨從每年往來中國，加上幾乎
每年都有琉球船漂到中國，對中國情況及官方處理方式非常了解。
只要漂到中國領地，絕對可以獲得安全保障，以及優厚的撫卹，貨
物、船隻可能代為變價發還，並經由福州返國。因此，對一般琉球
人來說，即使不幸遭風漂到中國，也可平安返國，且可獲得撫恤。
如《漢文集》（光緒十四，1888年抄本）所收稟文對船中貨物之
處理云：

　　　具稟琉球國屬八重山島難夷△等，為格外施恩，以卹遠人
事。……萬望大老爺格外開恩，垂察苦情，恩准（貨物）就地公平
發賣，更祈遣撥船桿，解送福州，以便附搭貢船，回於本籍。

這是琉球難民請求在當地公平發賣船貨，並要求派船送往福州回國
的文例。教戰手冊對漂到中國後，所有可能遇到的問題如糧食補
給、船貨變價、船隻修理、醫療藥品、死亡埋葬、護送福州返國
等，均有現成的漢文或和文對照文例，以備不時之需。熟悉中國官
方處理遭風事件之流程，是琉球與日本、朝鮮等國難民最大的差
異，這也反映琉球難民漂到中國之頻繁。（見圖5-4）

[43]如沖繩縣立博物館藏《呈稟文集》；沖繩縣立圖書館藏《旅行心得之條
　　條》；琉球大學宮良殿內文庫藏《漢文集》；竹原家藏《漢文》（參看竹原孫
　　恭，《城間船中國漂流顛末》（石垣市：竹原房，1982年）等。

## （四）清朝對搶劫、殺害外國難民事件之處理

　　在清朝對外國難民的救助制度下，保障漂到中國本土的外國難民平安返國是國家基本政策，且被嚴格遵行。但船隻若漂到清朝的邊疆，國家法令無法確實執行之地，如離島的臺灣，與漂到中國其他地方最大的不同點，就是難民遭當地居民（包括漢人及原住民）搶劫船貨，或遭殺害之例遠超過其他地方。漂臺船隻依漂到地點不同，而有不同的境遇。基本上漂到臺灣西部海岸漢民族地區，較少發生不幸事件；漂到後山原住民地區，發生不幸事件的紀錄，則遠多於其他地方。如從搶劫船貨案件來看，漂到中國沿海地方遭到搶劫船貨的紀錄，目前所知只有1831（道光十一）年漂到浙江台州府黃巖縣的朝鮮船一件。

　　該案經過官府追捕，同年拿獲一干犯人，並追回贓物。官方對犯人的處置是按「沿海居民乘危搶奪，照搶奪律加一等，杖一百，流二千里。為從杖一百，徒三年」等律例治罪，主犯杖一百，流二千五百里。為從杖一百，徒三年。[44]由此可知，清政府對搶劫外國難船，認為有損天朝國體，絕不寬容而嚴厲追究。

　　更有甚者，1786（乾隆五十一）年七月，漂到福建長樂之琉球船，船員25人及重要船貨獲救上岸，但船隻漂到他處破碎，擱淺沙灘，當地居民因撿拾船板而遭清政府以搶奪罪嚴處。理由是：「查外夷船隻遭風擱破，該村民並不設法查明來歷，設法保護，報官修艙，膽敢毀拆板片，攫分米石，雖無科搶情事，實屬目無法紀，若不嚴加創治，無以示柔遠，以儆將來。應請仍以搶奪開擬。」結果為首各人以「江洋商船遭風著淺，乘機搶奪，加等治罪

[44]《清代中朝關係檔案史料續編》（北京：中國檔案出版社，1998年），頁153-56，道光十一年十一月二十七日，浙江巡撫富呢揚阿摺。

例。」於搶奪本律滿徒，上加一等，各杖一百，流二千里。其餘為從者，分別被處「減一等，杖一百，徒三年」及「分別發配，照例刺字」等。至於失察的父兄及牌保也受連帶處分。[45]可見清政府積極保護外國的遭難船隻，藉以維護王朝尊嚴。

再看臺灣之搶劫遭風船隻案件，由於頻繁發生，1788（乾隆五十三）年特別奏准定例，照江洋大盜例，斬決梟示，以求嚇阻，輕者亦流放邊疆。[46]但並未收實效，搶劫難船之風至清末依然不斷。這與沿海漁村經濟、社會樣態、國家統治管理，及地方官僚、駐守沿海班兵的執法能力、風紀問題等息息相關，鴉片戰爭後，還加上民眾仇外的因素。[47]

西岸的漢人居住地區外，琉球船漂到後山原住民地區遭到搶劫、奴役或殺害的案例更多。琉球船因地理位置關係，漂到臺灣的數量遠多於其他國家，特別是史料中所謂的「後山」或「生番」地區。如表5-1、表5-2統計，漂到臺灣70件事例中，就有12件遭到搶劫、奴役的例子。19世紀末期以前，東部交通不便，開發較遲，清朝官方無法有效統治管理；加上外國難民遭到殺害，地方官員深恐皇帝怪罪，或勒令緝兇等，故隱蔽一些對難民保護不力等事實，反而強調對外國難民之撫卹照顧頗為優渥。清朝官方之記載，因語言不通，其正確度理應不及難民回國後之供述，甚至雙方紀錄會有

<hr>

[45] 《歷代寶案》，頁3684-86：《清代中琉關係檔案三編》（北京：中華書局，1996年），頁195。

[46] 《明清史料己編》10（臺北：中央研究院歷史語言研究所，1957年），頁979。如嘉慶十五年（1810）搶劫漂到臺灣彰化的大坂天德丸難民者，其主犯處斬，從犯則流放邊疆。參見《清代外交史料》嘉慶朝三（北平：故宮博物院，1932年），頁30-31。

[47] 參看林玉茹，〈清末北臺灣漁村社會的搶船習慣—以《淡新檔案》為中心的討論〉《新史學》20卷2期（2009年6月），頁115-165。

相當大的差異。而欲釐清清朝對外國難民救助之實態，最好能參照難民返國後，當地官方所留存的紀錄。[48]

　　臺灣方面，官員對無法實際管轄原住民地區，遇到外國船隻遭難的紛爭，只有推託應付。此舉也為日後日本所利用，即以1871（同治十）年十一月對遭風漂到南部琅𤩝之琉球難民被土著殺害事件為藉口，1874年舉兵侵臺，引起重大的國際問題。[49]（見表5-2）

表5-2　清代漂流到臺灣琉球船遭搶劫或殺害之事例

| No | 漂到、發現日期 | 遭難、漂到地 | 船長等代表人 | 船員數 | 船籍或出航地 | 出航日期 | 目的地 | 經過地方返國方式 | 返國日期 | 歸國人數 | 備註 |
|---|---|---|---|---|---|---|---|---|---|---|---|
| 1 | 康熙①12.11②12.12.2（1673） | ①臺灣②廣東天府縣？ | 與那霸惠和等 | 45 | 宮古船那霸 | 康熙12.11.5 | 宮古 | 臺灣－廣東－福州－那霸貢船 | 康熙19.6 | 21 | 遇臺灣原住民驚慌逃回船上，再漂到平南王尚氏領內 |
| 2 | 乾隆50.1（1785） | 臺灣三貂社後山 | 向裔富濱 | 20 | 太平山 | 乾隆50.1 | 多良間 | 福州－那霸貢船 | 乾隆50.12 | 15 | 漂至生番界，病死5人，餘為捕魚熟番所救 |
| 3 | 乾隆53.11（1788） | 南路生蕃地方 | 平良 | 16 | 太平山船中山 | 乾隆53.10 | 宮古 | 鳳山－臺灣－福州－那霸貢船 | 乾隆54.5 | 6 | 10人離散，餘為生番拘留後逃出 |
| 4 | 乾隆55.11（1790） | 臺灣海邊好好地方 | 古波津 | 16 | 那霸泉崎村 | 乾隆55.11 | 那姑呢 | 臺灣－福州－那霸貢船 | 乾隆57.閏4 | 3 | 遭土人搶奪，12人離散，4人為奴 |

---

[48] 因紙幅關係，不一一列舉，參看劉序楓，〈清代檔案與環東亞海域的海難事件研究─兼論海難民遣返網絡的形成〉，頁103-104。

[49] 相關研究頗多，參看藤井志津枝，《近代中日關係史源起：1871-74臺灣事件》（臺北：金禾出版社，1992年）；周婉窈，〈從琉球人船難受害到牡丹社事件：「新」材料與多元詮釋的可能〉，《臺灣風物》65卷2期（2015年6月），頁23-89。

| No | 漂到、發現日期 | 遭難、漂到地 | 船長等代表人 | 船員數 | 船籍或出航地 | 出航日期 | 目的地 | 經過地方返國方式 | 返國日期 | 歸國人數 | 備註 |
|---|---|---|---|---|---|---|---|---|---|---|---|
| 5 | 嘉慶15.10（1810） | 南路四浮巒 | 建西表 | 42 | 麻姑山船中山 | 嘉慶15.10 | 八重山 | 福州－那霸貢船 | 嘉慶17.5 | 13 | 爲生番所救，往鳳山途中3人遭生蕃殺害；26人溺斃病故 |
| 6 | 道光13.1（1833） | 南風澳觸奇犁 | 知念 | 10 | 那霸 | 道光13.1 | 渡嘉敷島 | 福州－那霸附搭別船 | 道光14.5 | 3 | 6人被番人所殺 |
| 7 | 道光16.1（1836） | 南路鳳山縣生蕃界 | 嘉手 | 17 | 那霸 | 道光16.1 | 姑米山 | 鳳山－福州－那霸附搭別船 | 道光16.5 | 6 | 遇生蕃驚散失蹤11人 |
| 8 | 同治4（1865） | 淡水 | 比嘉宇良 | 6 3 | | | | 滬尾－福州－那霸原船及貢船 | | 9 | 二艘；一艘船貨被搶 |
| 9 | 同治7.7（1868） | 臺灣後山噶瑪蘭 | 比嘉 | 13 | 那霸 | | 久米島 | 艋舺－福州－那霸貢船 | | 13 | 隨身衣物遭搶，逃回船上飄至艋舺 |
| 10 | 同治10.11（1871） | 鳳山洋面 | 松大著 | 46 | 那霸 | 同治10.10 | 八重山 | 福州－那霸接貢船 | | 31 | 遭生番追趕遇漁船救助 |
| 11 | 同治10.11（1871） | 琅𤩝八瑤灣 | 島袋 | 69 | 那霸 | 同治10.10 | 宮古 | 福州－那霸火輪船 | | 12 | 54人被生蕃殺害 |
| 12 | 同治12.4（1873） | 琅𤩝 | 林廷芳 | 9 | 太平山 | 同治12.4 | 那霸 | 福州－那霸原船及貢船 | 同治12.5 | 9 | 被生蕃拘留，後經漢民贖回 |

備註：表中地名爲原史料用語，有些不可考；又「蕃」、「番」等用字，依原史料記載，並無歧視之意。

資料來源：參考《歷代寶案》、《清代中琉關係檔案選編》、《清代中琉關係檔案續編》；《清代中琉關係檔案三編》；《中山世譜》；臺北故宮博物院藏《軍機處檔案》等製作。

# 四、清末東亞變局與琉球船的漂流

## （一）清末琉球船漂流事件大量增加的背景

清末中國國勢日衰，內憂外患不斷，傳統的朝貢秩序逐漸崩潰，此一狀況也反映在對屬國的關係上。日本政府自1871年實施廢藩置縣後，將琉球劃歸鹿兒島縣管轄，1872年將琉球國改為琉球藩，外交權歸於日本政府。1871年臺灣原住民殺害琉球漂流難民（史稱牡丹社事件），日本得以藉口於1874年出兵臺灣，導致清朝不得不與日本議和，承認日本出兵為義舉，並賠償軍費及支付難民撫卹金。1875年，日本加強控制琉球，禁止琉球進貢中國及接受清朝冊封，廢止福州琉球館，並強制使用明治年號和日本年中儀禮。1879年更在派兵威脅下，對琉球實施「廢藩置縣」，將琉球藩改為沖繩縣，併入日本中央集權體制。琉球舊有士族為反對日本統治，並謀恢復舊體制，紛紛渡海向中國求援，掀起所謂的「脫清」（脫琉渡清）運動。[50]因此，自光緒年間起，中國沿海出現大量的琉球「漂流」船，其中除遭風漂流者外，有許多是含政治或貿易目的的偽裝漂流船，背景相當複雜。[51]

1875-1898年間漂到中國或經由中國送還的事例，目前得知有99例。[52]對難民的處置，即使日本將琉球納入其中央集權體制下，

---

【50】赤嶺守，《琉球王國》（東京：講談社，2004年），頁190-203。

【51】西里喜行，〈清代光緒年間の「琉球國難民」漂著事件について—救國運動との關連を中心に—〉，《第二回琉球、中國交涉史に關するシンポジウム論文集》（那霸：沖繩縣立圖書館，1995年），頁25-96；赤嶺守，〈清朝の對日琉球歸屬問題交涉と脫清人〉，石橋秀雄編，《清代中國の諸問題》（東京：山川出版社，1995年），頁263-296。

【52】劉序楓，〈清末的東亞變局與中日琉關係—以漂流民的遣返問題為中

清朝政府依舊將琉球視爲屬國，仍按傳統撫卹及遣返方式，經由福
州送還，這與其他條約國大不相同。但據1871年簽訂的「清日修
好條規」及「通商章程」，雙方對彼此難民救助，規定是送往最近
口岸的領事館，由該國領事遣返本國。清朝政府爲維持與琉球的宗
藩關係，不承認日本對琉球的統治，仍將所有琉球難民與日本難民
區別，不論是遭風或是政治目的的漂流船，均按傳統方式對待，送
往福州琉球館，搭乘本國船隻自行返國。

　　另，對「脫清」長期居留在福州琉球館，不願返國的琉球官
員及人民，清政府也允許其長期在中國居留，繼續從事救國運動，
並按官位等級提供其優渥的生活資金。對一般水手及平民，按規定
給予每日「米一升、鹽菜銀六釐，回國之日各給行糧一個月，並加
賞物件，折價給領」。但對按司、親方等上層官員，則有不同的待
遇。

　　福建以外的地方，一般難民在護送往各省城或遣返地福州時，
多由地方官派遣下級員弁及兵役等護送。乾隆年間清朝國力強盛，
地方官員尚能依照規定，從優撫卹漂到之外國難民，不使流離失
所。但清末國力日衰，雖說撫卹規定沒有變化，但在實際執行時，
地方官往往敷衍了事，特別是對無條約之屬國（如琉球、朝鮮）難
民，因各口岸並無領事駐在，遣返手續費時，因此，護送員弁不免
有扣剋撫卹銀兩，置難民死活於不顧之事。[53]

---

心〉，《第十一回琉中歷史關係國際學術會議論文集》（那霸：琉球中國關係國
際學術會議，2008年），頁131-167。

[53] 劉序楓，〈清末的東亞變局與中日琉關係─以漂流民的遣返問題為中心〉，頁
146。

## （二）日本對「脫清」琉球難民的處理

1871年清朝與日本簽訂「修好條規」後，日本在上海等口岸設有領事館，加上實施「琉球處分」，日本認定琉球為其藩屬，對於漂到海外的琉球船，若送到領事館，經領事館協助則由日本返國，其救助經費初期均由官費負擔。[54]但1879年琉球廢藩置縣後，為遏止人民偷渡，改由各船自己負擔，除非無力自理者，才由官費補償。現實上，漂流到中國，送交日本領事館，再搭日本船經由長崎→鹿兒島返回那霸的例子不多。主要是因中國不承認日本統治琉球，仍舊按照傳統方式，先送至福州，再由福州搭本國船返國。而經由日本返國者，大多是在海上被歐美船救助，送到最近的日本領事館者。

那麼，日本對由福州返國的漂流民又是如何處理的呢？

日本自1875年起禁止琉球朝貢船赴中，事實上等於斷絕清朝與琉球往來。因此，除了偷渡或遭風漂流船隻以外，幾無前往中國之法。日本為了強化對琉球船舶的管理，防止偷渡，於同年宣布所有船舶都必須持有「鑑札」（船照），出入港口時必須向官廳申報，違反者則加以罰款。[55]但如前述，大部分漂到中國的船隻都屬非法的，因此對回國的漂流民會加以偵訊調查。有關此，日本官方文書留下不少調查紀錄。[56]

對於留在中國的琉球人行動，日方也命廈門領事派員監視，

---

[54] 參看《沖繩縣史》（東京：國書刊行會復刻，1989年）12卷，頁245-248。1873-1877年間有五件事例是經由上海、天津、香港領事館遣返的。

[55]《沖繩縣史》12卷，頁126。

[56] 如《沖繩縣史》13卷，頁269-328所收調查書及「脫清人明細表」、「脫清未遂者明細表」、「船別歸縣人明細表」、「在清人現員表」等，在此不一一列舉。其他如日本國立公文書館內，尚保存有許多未公開的資料。

隨時密報。[57]另，透過清朝政府發行的《京報》，或是一般的新聞報紙，如《申報》等，對漂到琉球人的相關奏報訊息，也加以蒐集，並上報外務省。[58]1890年稅關法公布後，對於偷渡的走私船嚴加取締，不僅追徵貨品之價錢，更加以高額的罰金，以收嚇阻的作用，[59]但事實上根本無法有效禁止，1895年中日甲午戰爭爆發後偷渡船仍持續不斷。

## 結語

　　綜上，本文主要針對近代以前東亞海域內，遭風漂流到海外最多的琉球船事例，詳加探討了琉球船大量漂流海外的背景，以及以中國為中心的東亞海域海難救助和遣返體系的形成與變化等問題。透過對琉球船遭風漂流事件的分析，可以察知琉球王國船隻漂流事件的歷史，宛如東亞國際關係史的縮影。1609年日本薩摩藩出兵征服琉球後，為了掌控琉球對中國朝貢貿易利益，而允許琉球維持與中國的封貢關係，對中國採取隱蔽日琉關係的政策。琉球船隻漂到海外，或外國船隻漂到琉球，都是透過與福州的朝貢貿易路線遣返。在當時東亞各國採取限制一般人從事海外貿易活動的政策下，以中國為中心的朝貢及通商貿易體制，維繫著東亞國際秩序的安定運作。

　　但此穩定的國際關係體系，在十九世紀中葉鴉片戰爭後，由於中國戰敗，與諸國訂立通商條約，並開放五口通商，而產生了巨大

---

【57】《沖繩縣史》15卷，頁75-76。

【58】前引西里喜行，〈清代光緒年間の「琉球國難民」漂著事件について―救國運動との關連を中心に―〉，頁82。

【59】同上，頁81。

的變化。要言之，日本、琉球等國也相繼開放口岸，並與歐美諸國訂立條約。而日本與中國是到1871年兩國簽訂修好條規及通商章程後，才在互惠原則下進行難民救助及遣返的活動。

　　隨著中國國力衰退，日本明治維新後，為將琉球併入中央集權體制內，而逐步實施「琉球處分」。1874年日本政府以臺灣原住民殺害琉球難民的「牡丹社事件」為藉口，出兵臺灣後，愈加強化併吞琉球的行動。琉球舊王府士族因反對日本統治，圖謀恢復舊體制，紛紛渡海向中國求援，因此光緒年間中國沿海出現大量的琉球「漂流」船，其中除了遭風漂流者外，有許多是含政治目的的偽裝漂流。清朝政府對於這些難民的處置，依舊視琉球為屬國，仍按傳統撫卹及遣返方式，經由福州送還。清朝對於有政治目的的漂流者，允許其長期居留中國，繼續從事救國運動，直到甲午戰爭結束（詳參第八章）。

# 第六章 琉球勤學人程順則與其師傅陳元輔

# 前言

所謂「勤學人」是指由琉球王府所派遣，從琉球到福州的留學生。進貢時派遣4人、接貢時派遣8人。[1]雖以「讀書習禮」、「學文習禮」等爲派遣理由，但也學習曆法（日食月食法與撰日法）、地理風水、冊封禮法、算命看相、繪畫、醫道等實用的學問。

程順則（1663-1734）是勤學人的代表人物，陳元輔（1656-1710？）、竺天植（1637-？）則是他在福州的師傅。

筆者曾經爲文介紹收藏在日本國立公文書館（內閣文庫）中的陳元輔作品集《枕山樓詩集》。[2]《枕山樓詩集》中收錄的作品大半是陳元輔與在福州學習的琉球留學生（勤學人）交流的作品。詩集之中可見魏應伯、曾益、梁得濟、梁得聲、梁本寧、鄭士綸、蔡鐸、蔡文敏、周新命、程順則等人的名字，而以程順則爲中心人物。詩集中與程順則相關的作品無論數量或內容，都很引人注目。

不過，筆者是以介紹新資料爲主，並未詳細地檢討作品的內容。後來，方寶川、謝必震主編《琉球文獻史料彙編》收錄了國立公文書館收藏的《枕山樓詩集》（康熙三十年刊）與《枕山樓文集》（康熙三十一年刊），[3]陳元輔的作品才廣爲人知，同時以此爲題的研究也陸續可見。

回顧有關琉球勤學人的研究，有徐恭生、田名眞之、深澤秋

---

[1] 真境名安興，《沖繩一千年史》，《真境名安興全集》第一卷（那霸：琉球新報社，1993年），頁266下段。

[2] 上里賢一，〈陳元輔の漢詩と琉球─《枕山樓詩集》を中心にして─〉，《歷代寶案研究》第10號（1999年3月），頁47-69。

[3] 《枕山樓詩集》與《枕山樓文集》藏於日本國立公文書館。影印本收錄於方寶川、謝必震主編，《琉球文獻史料彙編》（清代卷）（北京：海洋出版社，2014年）中。

人、前田舟子等人，他們的研究成果為人所知，是研討琉球勤學人
不可不參閱的著作。然而，前人論著都是關於勤學人的派遣情況及
其制度變遷、被派遣人物及派遣時期等問題的討論，對於勤學人的
學習實況、生活內容的研究還不能說是詳盡完備。[4]

　　本文目的旨在通過勤學人與其師傅的關係，深入考察以往研究
較少觸及的勤學人的學習與生活實態問題。特別是把焦點集中在陳
元輔與程順則的交流內容上，希望闡明他們所生存活躍的時代，究
竟對他們各自的人生有何影響？此一文化人的心靈層面問題。

# 一、顯示陳元輔與程順則關係的史料

## （一）陳元輔著《枕山樓詩集》（康熙三十年刊）

　　《枕山樓詩集》有鄭宗圭、林潭兩人寫序，內容有：寶劍行、
登鼓山勞嵬峰、釣龍臺懷古、九日登凌霄臺、病馬、鶯、燕、猿、
寄潘暉明、遊白雲寺、無題、南昌寄家書、豫章送顏儀懷之陳總戎
署中、懷張士升、懷林子秀、題王氏草堂、過芝山別徑訪慧源上
人、曉雨渡新道、尋梅塢故址等數百首詩，其中，歌詠陳元輔與程

---

[4] 徐恭生，〈琉球國在華留學生〉，《福建師範大學學報（哲學社會科學版）》第4
　　期（1987年），收入西里喜行、上里賢一共譯，《中國‧琉球交流史》（那霸：
　　ひるぎ社，1991年），頁177-200；田名真之，〈近世久米村の成立と展開〉，
　　《新琉球史　近世編（上）》（那霸：琉球新報社，1989年），頁205-230；深
　　澤秋人，〈第四章渡唐使節における勤學人〉，《近世琉球中國交流史の研究》
　　（宜野灣市：榕樹書林，2011年），頁161-194；前田舟子，〈清代福建におけ
　　る勤學の活動─《那霸市史》「久米村系家譜」を中心に─〉，《中國福建省に
　　おける琉球關係史跡調查報告書》（沖繩：琉中關係研究會，2009年），頁367-
　　418。

順則關係的史料，茲羅列如下：

秋江雨泛同雪堂諸子
吾兄詩酒繼陶君爲中山程寵文賦
夏杪同諸子雪堂夜飲得秋字
喜同王孔錫盧若采夜集程寵文雪堂話月分得七陽
和程寵文壺川尋牛田休隱居韻
夜宴程氏雪堂
冬杪讌集程寵文雪堂喜同方德祖鳳恭良蔡紹齋夜話
元夕宴集程寵文立雪堂分得歡字
元夕同程寵文盧若采留飲蔡紹齋江樓
題程寵文立雪堂
送程寵文歸中山


## （二）《枕山樓文集》（康熙三十一年刊）

　　《枕山樓文集》有楊昌任、王化純兩人寫序，內容包括：閩遊草序、上覽內閣啓、與周太學書、蔡述亭傳、乾灘草堂記、蔡聲亭詩序、汪照隣畫冊序、中山自了傳、謝莆陽太守惠荔枝小啓、癖躭集序、題姚道衍傳後、跋漢宮春色畫冊、林子秀詩序、哭志三叔文。

　　卷末有「枕山樓詩集序」（林潭），其中，歌詠陳元輔與程順則關係的作品有兩篇，即：雪堂韻林雜組詩序、江樓秋日懷中山程寵文詩五首（林潭評點）。

## （三）程順則編《中山詩文集》中所載陳元輔的文章[5]

《中山詩文集》裡收錄文章如下：

曾益〈執圭堂詩艸〉序（康熙二十八年）
蔡鐸〈觀光堂游艸〉序（引自康熙二十九年《枕山樓文集》）
程順則〈雪堂燕遊草〉序（康熙三十七年）
〈雪堂贈言〉（康熙三十七年）
〈中山自了傳〉（引自康熙二十七年《枕山樓文集》）
〈程仲扶焚餘稿序〉（康熙四十七年）

## （四）《程大母恭人傳》（吏部候補縣丞，閩中陳元輔撰，程家收藏）[6]

## （五）〈徵詩送別引〉收入《程氏家譜》[7]

上述《枕山樓詩集》、《枕山樓文集》、《中山詩文集》所收諸作，還記錄了其他內容。貫串整個明清時代，除了徐葆光、李鼎元等冊封使以外，很少像這樣留下這麼多琉球相關紀錄的著作。徐葆光的紀錄可說是清代中琉關係安定期的紀錄，他在琉球停留時，雖因交易品的評價問題付出許多苦勞，但徐葆光的詩文歌詠了琉球

---

[5] 參照上里賢一，《中山詩文集：校訂本》（福岡：九州大學出版，1998年）。

[6] 參照《名護親方程順則資料集1—人物傳記編》（名護：名護市教育委員會，2005年）。

[7] 〈程氏家譜〉，《那霸市史　資料編二（下）》所附《家譜資料二（久米村系）》（那霸：那霸市企畫部市史編集室，1980年）。

的自然、風物、人與人交流喜悅的心情。而陳元輔雖不曾踏上琉球的土地，但他的文章充滿了對琉球人的關愛之情。

例如，〈中山自了傳〉是取材自一位克服身體缺陷的特殊人物故事，提供這個人物話題給陳元輔的人，不必說，就是琉球勤學人。由此可見，琉球勤學人對本國這位特異人物感到驕傲。再看，〈焚餘稿序〉是爲夭折的程搏萬（程順則次男）所寫的輓歌；〈蔡述亭傳〉是悼念在福州死去的琉球使節的文章。

除此之外，程順則記述陳元輔的詩文有：《枕山樓課兒詩話》跋[8]、〈都門秋日寄懷閩中竺鏡筠陳昌其兩夫子〉（刊載於《雪堂燕遊草》）、〈戊寅元夕陳昌其夫子設鐸雪堂紀喜〉（刊載於《雪堂燕遊草》附錄文）。

## 二、陳元輔著作的出版與琉球勤學人的貢獻

陳元輔的著作幾乎都由琉球勤學人共同出資而出版，由此反映陳元輔與琉球勤學人之間有著極深的羈絆。程順則是這些勤學人的中心人物，不僅提供資金，還負責陳元輔著作的整理工作，成功地扮演了重要角色。

《枕山樓詩集》的最後有以「送程寵文歸中山」爲題的作品十首。在其第九首中，陳元輔寫道：

枕山詩草委沙泥，獨檢焚餘授棗梨（程子捐貲／爲余刻詩）。喜有蛩吟傳異日，愁將驪唱補新題。王通事業存房杜，晉室風流寄阮稽。歸去東溟詞賦重，雪堂今好繼瀼西。

---

[8] 前引《枕山樓詩集》、《枕山樓文集》。

據此可知，長期被棄置一旁的陳元輔詩集，經由程順則的整理而出版。再從作者的原注來看，程順則還提供了出版資金。同詩集的林潭序文在講述陳元輔詩的變遷，說道：「世有如此之詩，藏之名山，以待傳人可也。即懸之國門，與眾共讀，亦無不可也。此寵文所以捐貲授梓，欲爲其師傳不朽也。」一方面認爲陳元輔的詩有流傳後世的價值，一方面對程順則提供資金出版老師的詩集，希望老師作品能傳揚於世的意圖，表達了共識。

另外，有關《枕山樓課兒詩話》的出版，曾曆與程順則所寫的跋文有詳細的紀錄。具體地說，曾曆跋文云：

癸卯歲，予復啣命至閩，再駐瓊河，求其詩話，舊刻剝落殆盡。祇於驛樓月明之夜，追懿範。而如聞朗誦之聲，紙窗風雨之晨，緬丰規而若對長吟之趣，則予於先生又烏能已哉。由是不禁捐資，壽之棗梨。上以戴司訓之表揚，下以繼諸同遊之遵守。俾先生垂教之深衷，流諸不朽也。豈不幸歟。

雍正乙巳蒲月中山正議大夫後學曾曆欽授謹跋

「癸卯歲」指1723（雍正元）年。該年曾曆是以雍正帝即位慶賀使，以及康熙帝駕崩進香使的身分來到中國。當時，他在福州尋求《課兒詩話》的舊刻本，但因「舊刻剝落殆盡」而未果。因此，便捐資予以重新版刻。署名之年爲「雍正乙巳」，即1725（雍正三）年，「蒲月」是指陰曆五月。

這是一篇與《枕山樓課兒詩話》成書相關的重要跋文，但對同樣扮演重要角色的程順則卻隻字未提。另一方面，在程順則所寫的跋文中，如下文所示，也未見有關曾曆的記述，這是什麼原因呢？現存沖繩的琉球時代家譜資料沒有曾曆的家譜，無法洞悉曾曆的詳細經歷，儘管如此，如據《歷代寶案》等資料的紀錄，則可知他與

程順則屬於同時代，是一位以「存留通事」、「都通事」、「正議大夫」等渡唐使節身分活躍那個時代的人物。[9]

其次，再看程順則所寫的跋：

> 詩話四十九則，廼吾師昌其先生課兒之所由著也。己巳冬余奉使抵閩，凡歷三寒暑，時從先生遊，授經之暇，因得請先生詩，讀之高渾典雅，有工部供奉風，已壽梨棗，而紙貴洛陽矣。及拜別，携歸與二三同志，於山窗水閣、雲檑月牖中，朗吟數四，間有深文奧旨。又以兩地懸絕，雖欲剖析之而無從。歲丙子，余齎奏入都，暫次瓊河，得復躬承函丈，舉囊日疑義，先生一一提命，不遺餘蘊。并出課兒詩話與讀，不獨範我於規矩之中，抑且引人於神化之境。誠詩家之指南車、分水犀也。雖先生之庭訓，奚不可作後學之津梁乎。爰與僚友楊丹巖，併遊學諸子毛允和、鄭克文、陳楚水、蔡天水捐資授梓。亦以先生枕中之秘，不輕以示人者，今且遠播中山，不啻暗室張燈，棒頭一喝。俾談詩子弟，咸得奉爲準繩，異日登壇樹幟，風雅接踵而起，則皆先生造就之功也。豈僅予一人邀有厚幸已哉。

門生程順則寵文敬識

這是程順則跋的全文。據此可知，程順則初見「課兒詩話」是在「己巳多」（康熙二十八，1689年）。程順則以接貢存留通事的身分前往福州，停留三年，這次是他第二度渡清。前次渡清在1683（康熙二十二）年，是以「勤學人」的身分前往福州，翌年

---

[9] 曾曆於康熙四十一年以進貢存留通事的身分渡清，康熙四十八年任同都通事、雍正元年任進貢正議大夫，再次渡清。參照沖繩縣教育委員會，《歷代寶案　校訂本》第三冊（那霸：沖繩縣教育委員會，1993年），頁189、頁251、頁534。

北上北京，1687（康熙二十六）年回國。自北京返回福州時，與
陳元輔結為師徒關係，但這時還不曾接觸《課兒詩話》。

　　曾曆寫的跋有「求其詩話，舊刻剝落殆盡」一語，是對程順則
最初福州之旅以至歸國後，第二回渡清的1689（康熙二十八）年
為止，兩年間針對《課兒詩話》（刻本或抄本，不明）所作的公開
點評。有關此，從程順則跋「授經之暇，因得請先生詩，讀之高渾
典雅，有工部供奉風，已壽梨棗，而紙貴洛陽矣」一文裡，也可獲
得解答。

　　此後相隔七年的「丙子」年（康熙三十五，1696年），程順
則以「進貢北京大通事」的身分渡清時，因在福州向師傅陳元輔經
常提出疑問，故而得到仔細的指導，對於《課兒詩話》也相互討
論。其後，程順則與僚友楊丹巖，和在福州留學的毛允和、鄭克
文、陳楚水、蔡天水等人，共同出資將《課兒詩話》付梓問世。曾
曆所見已經「剝落殆盡」的「舊刻」很可能是由程順則等勤學人所
版刻。從「丙子」之年（康熙三十五，1696年）到曾曆再度加以
版刻的雍正乙巳年（雍正三，1725年）已經過了29年的歲月。

　　《枕山樓詩集》、《枕山樓課兒詩話》的出版，說明程順則、
曾曆、楊丹巖等琉球使節，及毛允和等琉球勤學人扮演著傳播文化
的重要角色。這兩本書的出版，也顯示出在福州的琉球勤學人與其
師傅之間的交流非常緊密。

# 三、由作品看陳元輔與琉球勤學人的交流

## （一）吾兄詩酒繼陶君為中山程寵文賦

情如潭水氣如雲
栗里編年更有君
常借漢書供下酒
多因秦火細論文
一樽留客逢秋早
五斗勞人說夜分
他日武陵溪上過
好看桃葉落繽紛

詞彙解釋

① 吾兄，對程順則帶有敬意的稱呼。詩題是由李白〈別中都明府兄〉首聯「吾兄詩酒繼陶君，試宰中都天下聞」之上句直接引用。

② 陶君，指陶淵明，晉朝尋陽柴桑人，為著名田園詩人、隱逸詩人。世稱靖節先生。

③ 栗里，陶淵明曾經居住的地方。

④ 漢書下酒，源自《世說新語補・豪爽》記載蘇子美的豪放不羈行為：「以漢書為下酒物」。

⑤ 秦火，秦始皇之焚書。

⑥ 五斗，源自《陶淵明傳》裡有「我不能為五斗米折腰」句。

⑦ 武陵，出自陶淵明〈桃花源記〉。發現桃源鄉的人是一位住居武

陵的漁夫。

　　陶淵明之情如潭水一般地沉靜，氣如白雲一般地自由。栗里的歷史一定會記錄他的事蹟。蘇子美經常借著閱讀漢書來下酒。秦始皇焚燒了許多書，雖然如此，仍得閱讀留存下來的書籍，並詳細討論其中的文章。

　　秋季來臨，準備好新釀的酒招待客人，共飲五斗酒深談至夜半時分。將來從武陵溪谷經過，想看看桃葉（花）不停散落滿地的樣子。


## （二）夜宴程氏雪堂

　　旅邸如年靜
　　秋風一雪堂
　　星河高碧漢
　　楊柳帶青觴
　　座上氷壺潔
　　城頭玉漏長
　　葡萄香未散
　　深喜飲西涼


詞彙解釋

① 雪堂，程順則書齋之堂號。
② 旅邸，柔遠驛（琉球館）中的程順則房間。

③ 星河，銀河。
④ 冰壺，唐王昌齡〈芙蓉樓送辛漸〉詩有「一片冰心在玉壺」句。
⑤ 玉漏，漏刻（水時計）的美稱。
⑥ 西涼，涼州。唐朝王翰〈涼州詞〉有「葡萄美酒夜光杯，欲抱琵琶馬上催」句，因以「西涼」借指葡萄酒。

口語譯文

　　柔遠驛中程順則住宿的房間，如同歲月般地寧靜。秋風裡，雪堂中，讓人感覺清爽。

　　銀河在晴朗的夜空閃閃發光，像要留住你一般，楊柳陪襯酒杯中的美酒。

　　座席中的我，心似冰壺中的冰一般潔淨，城牆上的更漏顯示夜已漸漸變長。

　　葡萄香味未散，很欣喜能與你共飲葡萄美酒。


## （三）元夕同程寵文盧若朶留飲蔡紹齋江樓

　　　春寒入夜擁重裘
　　　野外霜威折酒籌
　　　一帶江村連遠岫
　　　萬家燈火映層樓
　　　開箋如對中郎絹
　　　倚檻疑登范蠡舟
　　　安得樽前紅雪在
　　　玉簫金管按梁州

詞彙解釋

① 盧若采，不詳，推測是一位經常出入琉球館的福州人。

② 酒籌，飲酒時用以記數或行令的籌子。

③ 遠岫，遠處山嶺。

④ 中郎絹，中郎，官名，指後漢人蔡邕。蔡邕曾以「絕妙好辭」讚
揚邯鄲淳所作曹娥碑文，文章刻於曹娥碑背面。

⑤ 范蠡，春秋戰國時代越王勾踐的大臣。助勾踐討滅吳王夫差，一
洗會稽之恥，後辭官泛湖而去。

⑥ 紅雪，形容梅花。

⑦ 蕭、管，管樂器。

⑧ 梁州，樂曲名。梁州曲原本作於涼州。

口語譯文

　　元旦夜，春天的寒氣濃重，我身穿雙重的皮衣。野外降著嚴
霜，眾人觥籌交錯。

　　江邊村落與遠方山嶺連成一片。萬家燈火映照著高大的樓閣。

　　打開信箋，如同面對蔡邕的絕妙好辭。倚靠著欄干，心疑好像
登上范蠡坐的船。

　　酒杯前有紅梅，要如何實現？手執玉簫、金笛，吹奏著梁州
曲。

## （四）送程寵文歸中山（十首）　其一

　　迢迢驛路草含煙
　　一曲驪歌唱可憐

行仗虛懸雲霧裡
使星高出斗牛邊
門開五虎如飛棹
劍化雙龍欲上天
執手豈同兒女別
莫言無淚落君前

詞彙解釋

① 迢迢，遙遠的樣子。
② 驪歌，送別之歌。
③ 行仗，旅途所用的竹杖。意指出行。
④ 使星，王的使者。錢起〈送岑判官入嶺〉詩有「極目煙霞外，孤舟一使星」句。
⑤斗牛，北斗七星與牽牛星。
⑥ 五虎，閩江河口附近的大岩石，是福州航路的標識。狀如五隻老虎蹲踞的樣子。

口語譯文

　　通往遙遠前方驛站的道路，在煙靄籠罩下看不到盡頭。吟唱一曲離別，唱出人們的憐惜。

　　你遠行在雲霧的彼方，如同王的使者在高空上行走。

　　你乘坐的船已出五虎門，飛快地航行而去。雙龍化成的船，似有登天之勢。

　　握手惜別時，難道也和兒女分別一樣？千萬別說我沒在你的面前落淚。

## （五）送程寵文歸中山（十首）　其九

枕山詩草委沙泥
獨檢焚餘授棗梨
喜有蛩吟傳異日
愁將驪唱補新題
王通事業存房杜
晉室風流寄阮嵇
歸去東溟詞賦重
雪堂今好繼瀼西

詞彙解釋

① 枕山詩草，由程順則提供資金出版陳元輔詩集。

② 委沙泥，棄置於沙泥中。

③ 棗梨，刻版印書之事。從前書籍之刊刻，以棗梨之木爲刻版材料。本句之下有「程子捐貲爲余刻詩」的原注。程順則出資將詩集版刻印行。

④ 蛩吟，蟋蟀叫聲。對自己作品的謙稱。

⑤ 驪唱，送別之歌。〈驪駒〉詩爲送客時吟唱之詩歌。驪駒即黑駒。

⑥ 王通，隋代學者，龍門人。門人私諡曰：「文中子」。房玄齡等人從其授道。房杜，唐太宗的名臣，指房玄齡與杜如晦。

⑦ 阮嵇，阮籍與嵇康。兩人均爲「竹林七賢」之一。

⑧ 瀼西，四川省奉節縣。杜甫曾居此處。明萬曆年間，在此建草閣。讚賞、激勵程順則詩文優秀，能媲美偉大的杜甫。

口語譯文

　　我的詩集被棄置如沙泥一般，程順則將殘存的草稿加以整理、出版。

　　我很高興我微不足道的作品，託你的福能留存下來。就讓我用新作的詩來緩解即將和你分別的悲愁吧。

　　王通的事業傳給了房玄齡和杜如晦，晉朝的風流由阮籍和嵇康盡得。才華和他們相當的你，對琉球而言是不可或缺的人物。

　　自此歸返琉球後，如能繼續努力於詩賦創作，定可繼杜甫之後，成爲偉大的詩人。

## （六）送程寵文歸中山（十首）　其十

　　眾流歸海望無邊
　　送爾登舟意惝然
　　黯淡一時帆上雨
　　光芒萬丈水中天
　　樓船金鼓臨風振
　　雲漢旌旗借日懸
　　獻雉簡書頻入覲
　　重來知是舊張騫

詞彙解釋

① 惝然，悵惘、失意的樣子。
② 黯淡，陰沉，昏暗。
③ 光芒，輻射狀的強烈光線。

④ 樓船，有樓層的大船。水戰用船。在此是指琉球的進貢船，琉球
　　進貢船為了應付海賊，配備兵器。

⑤ 獻雉簡書，獻上貢物、呈上文書，此為臣下對主君的禮儀。

⑥ 入覲，入宮參見天子。

⑦ 張騫，漢武帝派遣前往中亞細亞的大月氏，曾為匈奴拘捕，受盡
　　苦勞，但十數年間在西域進行的旅行，為中國帶回西域相關知
　　識。

口語譯文

　　眾多河川流大海，大海廣闊無際。為乘船而去的你送行，令人
感到很悵惘。

　　天空覆蓋著昏暗的雲，雨中你揚帆而去。正要出海時，彷彿預
示前途安全一般，光芒在空中普照。

　　宣告船要出港的鐘鼓在風中響起，映照著日光的旌旗在空中飛
揚。

　　你作為琉球國使者，經常捧著貢物和文書上京參見天子，你再
來訪時，我會認得那是我的舊識──宛如張騫的你。

## （七）《枕山樓文集》所付〈江樓秋日懷中山程寵文〉 （五首）林潭評點及序

　　外史程子寵文，自中山來，師事余友昌其，盡得其所學，雖吾
黨之豪俊，未能或先之。方今聖人御宇，重譯向風，程子之得聞斯
道也，謂非沐浴於文教者深歟。客夏返棹中山，昌其賦詩以送之，
既又有詩以懷之。余與昌其交幾三十年，素知其不輕以肝膽許人，
今且杜門謝客矣。而獨於程子為惓惓者，吾知文章意氣，萬里寸

心，有未易爲不知者道□（字跡不明）。送別詩十首，已登前刻，
膾炙詞壇。今取其寄懷五章讀之，抑何其字字皆從肺腑中流出，陳
言務去，獨展新裁。覺懷人之什，又另開生面矣。不揣謬爲評點，
於以見昌其之知己在聲氣之外，而因嘆世之忽近而慕遠，違目而信
耳者，其視程子又何如也。壬申花朝同學弟林潭二恥拜題於晚香
園。

〈江樓秋日懷中山程寵文〉（五首）林潭評點其一

　　一自仙槎五月回
　　青山聊復計重來
　　朝天有路終浮海
　　看菊何人共舉杯
　　水驛樓高雲氣散
　　西風潮落鴈聲哀
　　舊年此地逢重九
　　猶憶同君上釣臺

詩句解釋

　　第一、二句，言仙槎去後，滄海茫茫，望既無從，思亦徒□
（字跡不明），於是無可奈何。唯有計其萬一重來，可慰繼□（字
跡不明）之願。然離合有數，踪跡靡常，重來之計亦其想望之切所
迫而作是想也。玩「聊復」二字，不勝悽惋。三承二，第三句承接
第二句，言今日車書一統，萬國來同，外臣奉貢，非才莫使，賢如
君輩，必膺是選，拭目重來。四承一，第四句承接第一句，言但黃
花盛開，秋光如錦，載酒東籬，仙槎杳然，誰復與我共賞者乎？一

句是望其來，一句是惜其去，方寸轆轤誠有不能爲情者，正其深於
情也。第五句，雲氣散，言人去遠。第六句，鴈雁聲哀，言書不
來。第七句，言此地即樓高潮落之地也。第八句，言去年九日，爾
我登臨，何等高興。今則釣臺猶在，仙槎已回，未免悠悠我思。玩
「猶憶」二字，眞有使人不堪回首者矣。此句雖云結第五、第六
句，實挽合起句也，細讀自見。浮海而曰「朝天有路」，亦見河清
海宴、舟楫無虞意，立言有體。

　　在此想特別關注林潭的序與評點，這篇作品如附錄般，收錄於
《枕山樓文集》書後。林潭序中謂：「客夏返棹中山，昌其賦詩以
送之」是指陳元輔早先曾於程順則歸國時，贈詩十首之事。林潭序
寫成於「壬申花朝」（即康熙三十一年二月），「客夏」是此前一
年，因此，這十首贈詩應該就是《枕山樓詩集》最後的〈送程寵文
歸中山〉（十首）。林潭接著又說：「既又有詩以懷之」，是指陳
元輔又有思念身在琉球的程順則的詩作，這些作品「其字字皆從肺
腑中流出」，因此才「不揣謬爲評點」。

　　被陳元輔對程順則深深的思念所打動的林潭，爲這些作品寫了
序，並附加評點，附在《枕山樓文集》書後。由林潭評點可見，其
文不只呈現出陳元輔與程順則之間的師徒之愛，也呈現出林潭對陳
元輔的深切友誼。

## 四、爲對抗動亂時代而生存

　　雖然本文介紹作品不多，但僅僅這些已足以讓我們了解陳元輔
與程順則結下深厚的師徒之愛。陳元輔之外，還有以師傅身分與琉
球勤學人交流的人物。例如：竺天植（字鏡筠，1637-？）、王登
瀛（字闐洲，1660-？）。竺天植是程順則最初以勤學人身分來福
州時（康熙二十二年，21歲）的師傅，那時，程順則在師傅的書

桌上看到《六諭衍義》。到了1708年（康熙四十七年，46歲），
程順則用自己的資金，將《六諭衍義》連同《指南廣義》同時在福
州鳩工版刻。還有與竺天植差不多年齡的林潭，對陳元輔、王登
瀛、程順則等人，有時如同兄長一般，有時如同父親一般地守護
著，是個可靠的人物。

在福州對琉交流人物，除了以陳元輔、竺天植、王登瀛、林潭
等人爲中心外，還有陳元聲、陳學海（元輔之兄）、曾子浴、盧若
采、王孔錫等人。相形之下，以琉球勤學人程順則爲中心的交流對
象，還有蔡鐸、鄭克牧、梁得濟、梁得聲、周新命、程素文、金浩
然、陳魯水等人。根據季龍飛研究，僅僅康熙年間，渡海到福州的
勤學人可確認姓名的有52人，實際情況可能遠超過這個數字。例
如，前田舟子從《那霸市史》久米村系家譜的紀錄找出清代以勤學
爲目的，渡海到福州者，可以確定的人數有272名，各依時代予以
分別列記。[10]

陳元輔、竺天植、王登瀛、林潭與琉球勤學人交流的情形，可
以透過他們的詩文得到解明。他們身爲師傅，與琉球勤學人互相有
著緊密的聯繫，其詩文內容是值得深入檢討的課題，他們對琉球勤
學人的友情，應與他們擔任琉球勤學人師傅的角色不無關係，若能
仔細加以分析、檢討，對當時他們與琉球勤學人的關係，理應可以
得到更深刻的理解。

陳元輔等福州的師傅們與琉球勤學人之間的關係，之所以被
提高到極爲緊密的狀態，我想舉出其中一個理由，那就是他們生存

---

[10] 參照季龍飛，〈陳元輔と琉球文人の詩文交流について──《枕山樓詩集》《枕
山樓文集》《中山詩文集》《香園梅詩》を巡って〉（琉球大學國際言語文化專
攻　琉球アジア文化領域碩士論文，2017年3月）。關於勤學人的人數，參照前田
舟子，《中國福建省における琉球關係史跡調查報告書》（2009年），頁418。

時代所具有的特徵。現在這還是一個假說，是我將來想要探究的課題。所謂共有的特徵是指，明末清初，捲入世局劇變激流之中的士大夫們，其苦惱所具有的共通性。這裡所謂的「共通性」，不是指「只要是人，不論是誰，都受其生存時代制約，必須承擔其生存時代的全部而生存下去」這種普通意思。而是指「特定時期某些事件的共有，加上由此而產生的、前途的重大變更或斷絕，被稱爲『命運』的過於殘酷的經驗之共有；在襲捲而來時代的驚濤駭浪下，如同樹葉般被玩弄而痛苦掙扎的經驗之共有」，這種精神層面的意思。

　　他們不是以官僚的身分而成功的人，因此，並沒有詳細的傳記留存下來。除了拼湊片斷的紀錄來追尋其人生軌跡外，別無他法。

　　陳元輔，1656（順治十三）年生於福州，1710（康熙四十九）年左右仍然存活，但正確去世年不明。陳元輔的〈雪堂贈言〉（《中山詩文集》所收，康熙三十七年寫成）言及其身分爲「候補縣丞」；《程大母恭人傳》之中可見「吏部候補縣丞」的署名。程順則之母於1695（康熙三十四）年以59歲之齡亡故，因此，將《程大母恭人傳》的寫作時間定爲與〈雪堂贈言〉大約相同，應無大錯。陳元輔曾獲頒名譽職的官位，然而，中國方面的紀錄，除了「順治間布衣」外，並無其他相關記載。[11]

　　陳元輔在10歲左右與竺天植，15歲左右與林潭相識。1672（康熙十一）年17歲時，參加科舉鄉試，但名落孫山。翌年（1673，康熙十二年），吳三桂興兵反清，「三藩之亂」爆發；1674（康熙十三）年，靖南王耿精忠於福建作亂，因此，1680（康熙十九）年爲止，科舉鄉試被迫中斷。陳元輔成爲官吏的夢想

---

[11] 歐陽英修、陳衍撰，《民國閩侯縣志》四十四卷「藝文」《中國地方志集成　福建府縣志輯》（上海：上海書店出版社，2009年）。

破滅。寧海將軍喇哈達於三藩亂事後，爲綏靖地方而到福建，這段
期間，陳元輔在其幕下擔任祕書、幕僚之職。

1684（康熙二十三）年冬，陳元輔經由竺天植介紹，成爲程
順則的師傅，此後，與琉球勤學人的關係日漸深厚。當時陳元輔
29歲，程順則22歲，兩人結成了終生不渝的師徒關係。

竺天植因父親在福建得到官職，而跟隨父親遷居福州，程氏
本《六諭衍義》序文有：「康熙四十七年初夏，廣陵七十一叟竺天
植鏡筠書於瓊河古驛」的署名。1708（康熙四十七）年竺天植71
歲，以此推算，其出生之年應是1637（崇禎十）年。廣陵即今之
江蘇省揚州。竺天植除了爲《六諭衍義》作序外，還曾爲周新命
《翠雲樓詩箋》作序（《中山詩文集》所收）。

王登瀛生於1660（順治十七）年，較陳元輔年輕4歲，較1663
（康熙二）年出生的程順則年長3歲。王登瀛的《柔遠驛草》有許
多呈現其與琉球勤學人交流的作品，在此暫不觸及其相關內容。

林潭，字二恥，高洋里黃石人，崇禎十七年（1644，順治元
年）諸生（修習儒學者）。明朝滅亡後，放棄官吏登用的考試，與
家族相伴隱居於大象山，但爲土匪所捕，其妻陳氏不願受辱，因責
罵賊人而被殘殺。林潭此後不再娶，居於文殊寺之僧房，終其一
生。又名「二恥」，是指以不忠、不孝爲恥之意。林潭著作有《二
恥齋集》。[12]

有關林潭的詳細經歷，包含生卒年，都不清楚。雖然如此，
但我們還是知道他身處明末清初整體社會大混亂中，妻子被土匪殘
殺，本人住居文殊寺的僧房裡，在孤獨中度過了一生。《枕山樓詩
集》有〈林二恥避亂入城過枕山樓話舊〉（二首），還有〈竹醉日

---

[12] 李永選撰，《長樂六里志》（福州：福建省地圖出版社，1989年）。此資料由季
　　龍飛氏提供。

同元聲叔訪林二恥於晚香〉、〈郢中寄懷林二恥〉、〈瓊川南樓夜
坐有懷林二恥歸隱峽江曾子浴參軍長溪〉、〈訂九日同林二恥登石
鼓不果〉等作品，皆可知林潭與陳元輔等人有著親密的交遊。

　　以上所述陳元輔、竺天植、王登瀛、林潭的人生，鮮明地反映
明末清初社會秩序的混亂。至於以他們為師，仰仗他們教導的程順
則，比起其自身，父親程泰祚與老師們的命運更見其共通性。

　　程泰祚生於1634（崇禎七）年，1675（康熙十四）年病死
於蘇州胥門外的天妃宮，享年42歲。這時程順則虛歲13歲。比
起1637（崇禎十）年生的竺天植年長3歲。程泰祚於1672（康熙
十一）年成為進貢都通事，準備渡清，但因不得順風，直到翌年三
月，才終於開船。不過，船行至竿塘地方，福建已在眼前，沒想到
卻受到海賊襲擊而身負重傷。1674（康熙十三）年正月，程泰祚
終於抵達北京，同年三月，因公務完竣而離開北京。五月八日來到
蘇州，但因靖南王耿精忠在福建造反，而無法返回福州，只得在蘇
州停留；直到1675（康熙十四）年九月，因病死於蘇州。[13]

　　竺天植比起程順則之父程泰祚僅僅年少3歲，從他的立場來
看，與程順則的關係，可以說就像父子關係一般。林潭和竺天植年
齡相仿，因其本身家族所經歷過的悲哀，讓他對在異國之地死去的
程泰祚心中至感遺憾，理應是感同身受吧！

　　竺天植、林潭對程順則之所以如此思念深切，若從這樣的「境
遇的共通性」出發，也許可以說明緣由。

---

[13] 前引〈程氏家譜〉。

附表6-1　程順則、陳元輔相關人物年表

| 西曆 | 中曆 | 程順則 | 竺天植 | 陳元輔 | 林潭 |
|---|---|---|---|---|---|
| 1634 | 崇禎7年 | 父，泰祚出生 | | | |
| 1637 | 崇禎10年 | | 出生於廣陵 | | |
| 1644 | 崇禎17年<br>順治元年 | 李自成之亂<br>女眞族入侵 | | | 爲避土匪隱於大象山，但包括妻子在內，家人被殘殺 |
| 1656 | 順治13年 | | | 出生於福州 | |
| 1662 | 康熙元年 | | | | |
| 1663 | 康熙2年 | 出生於琉球 | | | |
| 1666 | 康熙5年 | | 與陳元輔交友 | 與竺天植交友 | |
| 1671 | 康熙10年 | | | 與林潭交友 | 與陳元輔交友 |
| 1672 | 康熙11年 | | | 鄉試落第 | |
| 1673 | 康熙12年 | | | 「三藩之亂」爆發，鄉試無法舉行，斷絕仕途 | |
| 1675 | 康熙14年 | 父，泰祚去世 | | 成爲寧海將軍幕僚 | |
| 1683 | 康熙22年 | 第一次渡清，師事竺天植，始識《六諭衍義》 | 成爲程順則的師傅 | | |
| 1684 | 康熙23年 | | | 成爲程順則的師傅 | |
| 1687 | 康熙26年 | 成爲接貢存留通事，第二次渡清 | | | |

| 西曆 | 中曆 | 程順則 | 竺天植 | 陳元輔 | 林潭 |
|---|---|---|---|---|---|
| 1691 | 康熙30年 | 歸國 | | 出版《枕山樓詩集》 | |
| 1692 | 康熙31年 | | | 出版《枕山樓文集》 | |
| 1695 | 康熙34年 | 母，去世 | | 作〈程大母恭人傳〉 | |
| 1696 | 康熙35年 | 成爲進京北京大通事，第三次渡清。出版《雪堂燕遊草》 | | | |
| 1698 | 康熙37年 | | | 吏部候補縣丞（〈雪堂贈言〉）；順治間布衣（《民國閩侯縣志》） | |
| 1702 | 康熙41年 | 3月，三男搏雲去世；6月，弟順性去世；7月，長男搏九去世；9月，次男搏萬去世 | | | |
| 1706 | 康熙45年 | 成爲進貢正議大夫，第四次渡清。 | | | |
| 1708 | 康熙47年 | 於福建出版《六諭衍義》《指南廣義》《焚餘稿》 | | 作〈焚餘稿序〉 | |
| 1710 | 康熙49年 | | | 去世（？） | |
| 1714 | 康熙53年 | 以江戶慶賀掌翰史的身分，前往江戶 | | | |

| 西曆 | 中曆 | 程順則 | 竺天植 | 陳元輔 | 林潭 |
|------|------|--------|--------|--------|------|
| 1720 | 康熙59年 | 以謝恩使的身分，第五次渡清 | | | |
| 1723 | 雍正元年 | | | 曾曆等人出版《枕山樓課兒詩話》 | |
| 1725 | 雍正3年 | 刊行《中山詩文集》 | | | |
| 1734 | 雍正12年 | 去世 | | | |

# 第七章　中國冊封使的琉球意象

# 前言

在進入近代以前，中國文人對於廣大的世界泰半停留在想像、臆測的程度。雖然歷史上不乏《佛國記》、《大唐西域記》、《瀛涯勝覽》等記錄作者實地見聞的名著，但時日遼遠，幾乎等同傳說異聞。宋代以後，由於交通工具的進步、海上貿易的勃興，促進海內外交流，以及朝貢貿易體制的逐漸確立等政治、經濟的因素交互影響，相關的航海史、外交史的歷史資料爲數可觀，但相對於豐富的歷史資料來說，就此一主題充分展演的文學作品極少受到相關學者的重視，例如清代康熙年間琉球冊封副使徐葆光《中山傳信錄》一書。

徐葆光，字亮直，號澂齋、澄齋，蘇州府長洲縣人。1671（康熙十）年生，卒於1723（雍正元）年。1712（康熙五十一）年進士，授官翰林院編修。1719（康熙五十八）年，奉旨爲琉球冊封副使（正使爲鑲白旗滿人海寶），前往琉球冊封尚敬王。徐葆光自琉球歸國後，於1721（康熙六十）年出版《中山傳信錄》，此書被推崇爲使琉球錄系列著作的精品，爲明清時期中外文化交流史相關著作的一時之選。徐葆光此次琉球冊封之行，創下多項紀錄，包括人數最多、滯留時間最久、有測量官隨行，以當時世界先進的觀測技術對琉球王國的自然山川進行實測觀察。《中山傳信錄》一書出版後備受重視，日本方面一再翻刻固不待言；法國傳教士宋君榮（Antonius Gaubil）將《中山傳信錄》譯成法文，1782年在巴黎出版，成爲近代以前，西方認識琉球王國文化形象最重要的依據。

除了膾炙人口的《中山傳信錄》一書之外，徐葆光尚有《舶前集》、《舶中集》、《舶後集》三種（合稱《海舶三集》），

與當時琉球王國的王室、士大夫往來十分密切。[1]除了《中山傳信錄》，其於琉球王國的種種見聞也在其詩集中屢見不鮮。在海洋史、東亞交流史、琉球史等領域，徐葆光《中山傳信錄》已經是享譽世界的扛鼎之作，足堪比肩者能有幾人？但即令這樣一位在世界史享有盛譽的作者，現今文學史相關的討論仍然寥寥可數，遑論其他琉球冊封使。事實上，琉球冊封使（包括從客）出使琉球王國後留下眾多的相關作品，包括使錄、詩文、書畫等，從文化史的角度看，具有下述多重的重要意義。即：

（一）雖然使節出使各國，也經常留下相關的詩文與見聞紀錄，如安南、朝鮮等地，不乏類似的記述，但構成一個前後呼應的書寫主題與傳統，仍以琉球冊封使最為突出。類似「中山八景」、「琉球竹枝詞」、「馬耕田」等琉球相關題材幾乎在歷代冊封使的詩文中一再出現，有繼承，也有創新。幾乎可以說，進入近代以前，琉球王國在中國的域外書寫當中，不論質量，皆可謂獨占鰲頭，而且構成獨特的書寫主題與傳承系譜。

（二）相對於西洋文學豐富的海洋意象，海洋經驗的匱乏一直是中國文學的一大缺憾。明清以來，古典文學領域當中，明清兩代的琉球冊封使與清代渡臺宦遊的詩人於海洋別有會心，可謂古典海洋文學的淵藪，捨此談古典海洋文學必無是理，琉球王國的異國情調又遠在臺灣之上。同時，對來自中土的冊封使而言，琉球王國的種種文化藝術又常在耳目之外，種種異文化體驗對感官形成衝擊。琉球王國四面環海，航海勢所必須。親身經歷的海洋經驗與異國趣味不僅是足以傲人的文化資本，更為詩文創作提供種種豐富的素材。

---

[1] 徐葆光，《海舶三集》，現藏於臺灣大學圖書館特藏組，本文使用影印清雍正刻本，收入王菡選編，《國家圖書館藏資料三編》上（北京：北京圖書館出版社，2006年）。

（三）對近代以前的東亞知識人而言，出使異國固然是難得的經驗，但更爲可貴的是，可以親自與異國人物直接交流。使節都是各國最上層的知識菁英，可以帶來各國最新最豐富的資訊與知識，使節往往也是傳遞新知（包括文藝）最重要的代言人。從琉球王國的立場來看：明代的陳侃、蕭崇業，清代的徐葆光、周煌、趙文楷、李鼎元，都在琉球王國文化意象的形塑過程中發揮一定程度的影響力。

（四）就近代以前東亞國際情勢來看，晚明倭寇肆虐，中日兩國正式往來遂爾中絕，一直到近代以前，兩國始終沒有建立正式往來的管道。琉球王國在中日兩國之間扮演重要的中介角色。長崎港雖在中日兩國貿易極其重要，但近代以前，中國的知識菁英始終沒有機會親歷其境。琉球成爲知識菁英觀看日本最重要的窗口，儘管是十分間接的。

綜上所述，琉球冊封使的琉球書寫，不僅止於域外題材而已，對於外交史、思想史、文化史都有重要的參考作用。以下從（一）海洋經驗、（二）自然風物、（三）人文景觀三個面向，就中國冊封使筆下的琉球意象加以檢視。

# 一、「風前鼇出浪如峰」：中國冊封使的海洋經驗

從東漢末年開始，海洋主題漸漸出現在詩人的著作，曹操〈觀滄海〉[2]一詩，常被視爲古典海洋詩的濫觴。東晉以後，此等詩

---

[2] 其詩曰：「東臨碣石，以觀滄海。水何澹澹，山島竦峙。樹木叢生，百草豐茂。秋風蕭瑟，洪波湧起。日月之行，若出其中。星漢燦爛，若出其裡。幸甚至哉，歌以詠志。」曹操，〈步出夏門行〉之一（後人往往就此逕自題作「觀滄海」），收入中華書局編輯，《曹操集》（北京：中華書局，1974年），頁20。

題擬作蔚然成風。另外，以海爲題的賦至少可得十篇，[3]張融〈海賦〉與木華爭勝一事膾炙人口。[4]不過，宋代以前的海洋詩多半止於觀看與想像，具有眞實航海經驗的作者寥若晨星。具有實際航海經驗的詩人，文學史往往推崇蘇軾〈六月二十日夜渡海〉一詩。[5]蘇軾之後，乘船出海的詩人日多，南宋的陸游、明代的王陽明都有出色動人的作品。

　　但寫海洋經驗最爲親切動人的作品，仍然首推琉球冊封使。現存第一本《使琉球錄》的作者，爲1534（明嘉靖十三）年出使琉球的吏部左給事中陳侃，在航行途中，陳侃遭遇颶風，命幾不保。今日讀來，歷歷如在目前，仍然令人驚心動魄。其曰：

　　舟刺刺有聲，若有分崩之勢。大桅原非一木，以五小木攢之，束以鐵環；孤高衝風，搖撼不可當，環斷其一。眾恐其遂折也，驚駭叫囂；亟以釘鉗之，聲少息。原舟用釘不足、艙麻不密、板聯不固，罅縫皆開；以數十人轆轆引水，水不能止。眾曰：「不可支矣！」齊呼「天妃」而號，剪髮以設誓；予等不能【禁】。徹夜不寐，坐以待旦。忽一家人匍匐入艙抱予足，口噤不能言；良久，方

---

[3] 參見陳心心、何美寶，〈唐以前海賦研究—以Eliade的宗教理論為基礎的分析〉，《中外文學》第15卷第8期，頁130-150；譚家健，〈漢魏六朝時期的海賦〉，《聊城師範學院學報》2000年第2期，頁84-89；馬凌雲，〈唐前江海賦〉，《柳州師專學報》第21卷第1期（2006年3月），頁34-36。

[4] 木華〈海賦〉作於西晉，此賦甚為膾炙人口。南齊張融作〈海賦〉，在序言中明白說：「木生之作，君自君矣」，明白表示木華〈海賦〉一作為其焦慮之源。見《南齊書》卷41〈列傳二十二張融傳〉（北京：中華書局，1972年），頁722。

[5] 其詩曰：「參橫斗轉欲三更，苦雨終風也解晴。雲散月明誰點綴？天容海色本澄清。空餘魯叟乘桴意，粗識軒轅奏樂聲。九死南荒吾不恨，茲遊奇絕冠平生。」王文誥輯注、孔凡禮點校，《蘇軾詩集》（北京：中華書局，1999年），頁2367。

云：「速求神佑，船已壞矣！」予等聞此，心戰神怖，無可奈何。[6]

這段文字十分淺白，幾乎不用解釋。「天妃」即媽祖林默娘，明代時敕封「天妃」。冊封使從福州出發後，航經風波險惡的臺灣海峽。暗中默佑的海神甚多，其中以天妃（媽祖）最為知名。晚明船夫對媽祖的祝禱崇敬之情，與今日並無二致。

　　琉球往還過程中，琉球冊封使歷經種種風波險惡，天候不佳固然是主要因素。但造船技術不精亦為主因之一，例如，明代嘉靖四十年出使琉球的冊封使郭汝霖（1501-1580），名列黃宗羲《明儒學案》，屬江右王門。郭汝霖出使琉球的航程中，遭遇颶風，不幸折舵，內心十分焦急慌亂，這段經驗，郭汝霖〈洋中折舵歌〉一詩敘之甚詳。其云：

　　雙崔蝴蝴何自來，驚雲忽暗金銀臺，咫尺不辨颶聚發，萬馬突兀仍奔雷。鼉作鯨吞勢益雄，鮫呴龍吼濤山摧。瞥烈一聲舵幹劈，兩艖掣斷繩千尺。浮石螺杯盡蝶飛，雞呼雁叫如人摑，舉舫哀聲不忍聞，拔劍問天天嘿驀。生寄死歸心所安，五百生靈良可惜。往讀《使錄》疑過言，今朝字字皆親搋，冒險覓利古所嗤，嗟余捧命非賈客。三日換舵危苦甚，舵換舟人回生澤，稠疊閩山倏在望。扶持鶯荷神功碩，海邦登岸慶生全。平地風波尚難策，人生於世何有哉，止足安危君自擇。[7]

[6] 陳侃，《使琉球錄》，收錄於黃潤華、薛英編，《國家圖書館藏琉球資料彙編》上（北京：北京圖書館出版社，2003年），頁28。原書漏「禁」字，依《臺灣文獻叢刊》第三輯補，見陳侃，《使琉球錄》，收入臺灣文獻叢刊第三輯《使琉球錄三種》（臺北：大通書局，1984年），頁12。

[7] 郭汝霖，〈洋中折舵歌〉，《石泉山房文集》，《四庫全書存目叢書集部》冊129，卷1〔臺南：莊嚴出版社，1997年據浙江圖書館藏明萬曆二十五年（1597）郭氏家刻本影印〕，頁25-26，總頁389-390。

此詩描寫颶風的氣勢與船員的忙亂情狀，十分傳神如繪。郭汝霖此次赴琉冊封牽涉到明代官場的政治鬥爭，[8]是以全詩結尾聯繫到人世安危，也是其宦海浮沉的真實感慨。又言其閱讀過往的《使琉球錄》（陳侃版本），對書中敘及渡海的艱辛不能盡信，必須等到身歷其境，才能體會個中艱辛。冊封使渡海遭風固然事屬平常，但慘烈未有過於1756（乾隆二十一）年的全魁、周煌。此次渡海遭風，漂流至久米島，為久米島民救出。冊封正使全魁有詩略記此事，其曰：

> 夜半蛟騰雲似墨，風前鰲出浪如峰。布帆休道還無恙，巨艦爭當巨石沖。
> 由來王命百靈憑，龍護天書瑞色增。數百生靈齊下拜，戧風回處見神燈。
> 姑米山深見古風，桃源咫尺路能通。炊煙起處琅玕碧，野水回時稗稷紅。
> 馬齒朝暾徹紫霞，卿雲萬道攪金蛇。奇觀人世真稀覯，不負艱難到海涯。[9]

神燈似是媽祖顯靈。全魁此行的從客王文治亦有詩記此事，曰：

---

[8] 徐葆光就此事的原委如是說道：「（嘉靖三十七年）命給事中吳時來、行人李際春為正副使。無何，時來尋疏論大學士嚴嵩奸邪狀，嵩言其畏航海之役，故生事妄言；世宗怒，杖時來，遣戍，改命刑科給事中郭汝霖為正使，偕際春以行」，徐葆光，《中山傳信錄》卷3，收錄於《國家圖書館藏琉球資料彙編》中（北京：北京圖書館出版社，2003年），頁264-265。

[9] 全魁，〈自南台登舟泛海，抵中山，即事十四首〉之十一、十二、十三、十四首，收入鐵保輯，趙志輝校點補，《熙朝雅頌集》（瀋陽：遼寧大學出版社，1992年）卷79，頁1318。

「十日颶母虐，纜絕不可收。是夜海雲黑，萬鬼聲颼颼。陰風扇腥雨，怒鯨鬪潛蚪。洪濤排連山，上下相躪蹂。巨艦觸礁石，似臼以杵投。頃刻胥及溺，自斷今生休。珠燈起天末，金光燦星斿。若非神扶持，全活可倖求？」注曰：「時有神燈，降於空中，船得近岸。」[10] 此行倖存之人莫不感念海神媽祖神靈護佑。全魁詩中的「卿雲萬道攪金蛇」一句，根據周煌的說法，此為「颶颶將作，水中有光如星火海蛇黃色浮游水面」（〈姑米阻風〉）的徵兆。這樣的奇觀唯海上可見，可謂因禍得福，是以全魁此詩末尾以此人生奇遇作結。

除了惡劣天候之外，海洋也充滿戰爭的危險。琉球使錄（夏子陽、李鼎元版本）中有部分戰爭書寫，也有當日新進科學技術的呈現（見徐葆光版本）。在他們的詩文作品中，例如：明代蕭崇業〈航海賦〉、〈見山謠〉；清代汪楫〈海水歌〉、徐葆光〈舶行七日至琉球從客甌寧翁長祚作《帆海千字詩》，因用其韻載述成篇〉、周煌〈中山賦〉、從客王文治〈六月二十四夜海舟爲颶風所敗，溺水獲救，同人或以詩見示，率爾裁答，得四百字〉、趙文楷〈渡海放歌行〉、李鼎元〈航海詞〉、〈後航海詞〉、費錫章〈琉球紀事一百韻〉都是篇幅巨大的煌煌大著。從文人騷客「觀海」到充分體會渡海航程的艱辛，與歷史進程也有相當程度的一致性。遠赴琉球的中國冊封使或許沒有想到，中國古典海洋詩學在他們手上，從題材到內容，都有大幅度的開展，如謂冊封使的作品爲中國古典海洋文學的寶庫當不爲過。

除了航海經驗之外，琉球冊封使在琉球王國羈留數月，故而有

---

[10] 王文治，〈六月二十四夜海舟為颶風所敗，溺水獲救，同人或以詩見示，率爾裁答，得四百字〉，《夢樓詩集》卷2，收入王菡選編，《國家圖書館藏琉球資料三編》下（北京：北京圖書館出版社，2006年），頁551。

充分的時間遊覽山水，並與琉球國士人詩酒流連，得以體會琉球王國的自然風物與人文景觀，並加以吟詠。這些作品，不僅補充了傳統知識版圖，更是珍貴的異文化體驗。

## 二、「莫是盆中別有天」：中國冊封使眼中的自然風物

中國冊封使親踐琉球斯土，觸目即是亞熱帶的自然風物。琉球王國眾多草木當中，最具代表性的植物，應非鳳尾蕉莫屬。鳳尾蕉，即鐵樹（蘇鐵）。陳侃曾言：「有鳳尾蕉一本，樹似棕而葉似鳳尾，四時不改柯易葉；此諸夏所無者。徜徉良久，塵慮豁然。」[11]鐵樹在閩粵一帶極多，然陳侃似未見過。對來自中國的冊封使來言，鳳尾蕉可謂琉球王國最具代表性的草木。陳侃之後，冊封使於此情有獨鍾。蕭崇業說：「鳳尾蕉，以葉翛然似鳳欲飛，故名之；四時不凋：此諸夏所無者。」[12]徐葆光曰：「鐵樹，即鳳尾蕉，一名海椶櫚；身蕉葉，葉勁挺對出，襏襫如鳳尾。映日，中心一線虛明無影；四時不凋，處處植之。」[13]遍地植之，觸目皆然。徐葆光曾有詩詠曰：「蕉葉棕櫚身，樹汁融精鐵。襏襫鳳尾張，向日中心徹」[14]。中國冊封使詩人看鳳尾蕉多在其特殊的生長樣態，

---

【11】陳侃，《使琉球錄》，收入黃潤華、薛英編，《國家圖書館藏琉球資料彙編》上，頁43。

【12】蕭崇業，《使琉球錄》，收入前引臺灣文獻叢刊第三輯《使琉球錄三種》第三輯，頁113。

【13】徐葆光，《中山傳信錄》卷6，收入黃潤華、薛英編，《國家圖書館藏琉球資料彙編》中，頁528。

【14】徐葆光，《舶中集》，收錄於王菡選編，《國家圖書館藏琉球資料三編》上（北京：北京圖書館出版社，2006年），頁262。

而琉球詩人就其終年常綠的特性，吟詠堅貞德性。例如，徐葆光盛讚「君是中山第一才」的琉球王國漢詩人蔡文溥，就鳳尾蕉如是吟詠：

> 鐵木錚錚獨耐冬，青枝依舊帶春容。看來似在波濤裡，彷彿鱗生欲化龍。
> 不與閒花共度年，獨宜雪後與霜前。非金非石能如此，莫是盆中別有天。[15]

第一首重形，第二首重德，寫形貌間出其神。琉球王世子賜程順則鳳尾蕉，程順則集合僚友賦詩詠之。「獨耐冬」、「帶春容」，固然是形容鳳尾蕉之貌，施之於主人（程順則）似亦無不可。在來自中土的冊封使詩人與琉球王國本地漢詩人雙方攜手營構之下，鳳尾蕉成為琉球王國最具代表性的草木，其高節可風的德性堪比南宋以來中國的梅花。

除了鳳尾蕉，松露、海帶，也都在冊封使的視界，另一值得注意的草木是芭蕉。芭蕉雖是佛典常見果蔬，但多生長於熱帶，中土士人未必習見。芭蕉果實可食，纖維又可織布，可謂一重要經濟作物。芭蕉一身都不乏詩人題唱。例如，徐葆光曾就蕉葉加以題詠：

> 山丹豔如火，那比扶桑紅。芭蕉葉最大，偏是不禁風。[16]

---

【15】蔡文溥，〈又七截之一、二〉，上里賢一編，《校訂本中山詩文集》（福岡：九州大學出版會，1998年），頁132-133。
【16】徐葆光，〈偶成〉，《舶中集》，收入王菡選編，《國家圖書館藏琉球資料三編》上，頁240。

此詩是徐葆光針對琉球王國草木做的寫意速描，寫芭蕉葉雖然大可
為扇，卻不禁風，頗有反差的趣味。蕉葉之外，使節更鍾愛美味的
蕉實。汪楫曰：「芭蕉，結實名甘露，形如藕梢，國人常以此相餉
煮食，甚甘。略同蕃薯。」[17]徐葆光曰：「蕉實，芭蕉所結實，名
甘露。花紫紅色，大如瓠，日開一瓣。結實如手五、六指並垂；採
久之，膚理似藕之最嫩者，可蒸食之，如薯而甘。」[18]周煌亦曰：
「有蕉實（芭蕉花開，一穗數尺，色紅；每花一瓣，中有心五、六
條，瓣落，則結實如手指揸開。熟時色綠，以草糠覆之則黃；如薯
而甘，名甘露）」[19]，周煌又有詩詠蕉實曰：

　　本以心如結，還將味作甘。蜜脾無此釀，仙掌有誰探。
　　潤可蠲煩渴，清能破宿酲。金風氣色動，投贈抵雙南。[20]

對蕉實的美味推崇之情，可謂溢於言表。不僅清香甘甜，又能生津
止渴，甚至可破宿醉，價值十分珍貴。嘉慶五年的冊封副使李鼎元
亦有詩詠芭蕉。其曰：

　　實如甘露尋常事，大葉抽絲被萬人。不似美人空有色（蕉之小
者，名美人蕉），一生無用負青春。[21]

---

[17] 汪楫，《使琉球雜錄》，收錄於黃潤華、薛英編，《國家圖書館藏琉球資料彙
　　編》上，頁783。
[18] 程順則編，《中山傳信錄》，收錄於黃潤華、薛英編，《國家圖書館藏琉球資料
　　彙編》中，頁534。
[19] 周煌，《琉球國志略》卷14，收錄於黃潤華、薛英編，《國家圖書館藏琉球資料
　　彙編》中，頁1140。
[20] 周煌，〈初食甘露〉，《海東續集》，收入王菡選編，《國家圖書館藏琉
　　球資料三編》上，頁421。
[21] 李鼎元，〈芭蕉〉，《師竹齋集》卷14，收入王菡選編，《國家圖書館藏琉球資

芭蕉果名曰甘露，以此發端，此雖云奇，然尤有甚者，其葉抽絲可以織布，實用利生，澤被萬民，更是大奇。後兩句以美人蕉徒具虛名，卻未能爲世所用，略帶戲謔口吻。在此詩題下，李鼎元注云：「實名甘露，花紅紫，大如瓢。一穗數尺，日開一瓣，每瓣花心五六，結實如其心數。狀類手指而楂。熟時色綠，以草糠覆之則黃，如新剝瓜蔞，味甘，歲實爲常，異於中土。其絲漚之，可織布，球人賴以爲衣。」[22]李鼎元此詩刻意著重芭蕉的實用功能，說明芭蕉在琉球王國的重要性。

　　雖然芭蕉布也產於閩粵一帶，《廣東新語》亦可見之。但琉球冊封使一直視蕉布爲琉球王國的特產。此實有以致之，一方面蕉布一直是琉球王國的貢品，另一方面來自琉球冊封使的一再提及。例如，張學禮說：「琉球，海中小國也。所出土產，惟蕉布、硫磺。」[23]汪楫說：「蕉葉則織以爲布，五色具備。其民間常服及，售之唐人者，惟本色一種，間有花紋工細者，則皆自出機杼，製成以爲己服，不相交易也。」[24]徐葆光曰：「本國惟蕉布，則家家有機，無女不能織者；出首里者，文采尤佳。自用，不以交易也。」[25]「家種芭蕉數十本，縷絲織爲蕉布。」[26]周煌：「有蕉布，縷芭蕉皮內絲織成。」[27]李鼎元：「一米色，曰蕉布，寬一

料三編》下，頁236。

[22] 同上注。

[23] 張學禮，《中山紀略》，收錄於殷夢霞、賈貴榮、王冠編，《國家圖書館藏琉球資料續編》（北京：北京圖書館出版社，2002年）上，頁707。

[24] 汪楫，《使琉球雜錄》卷4，收入黃潤華、薛英編，《國家圖書館藏琉球資料匯編》上，頁783。

[25] 徐葆光，《中山傳信錄》，收入黃潤華、薛英編，《國家圖書館藏琉球資料匯編》中，頁390。

[26] 同前，頁526。

[27] 周煌，《琉球國志略》卷14，收入黃潤華、薛英編，《國家圖書館藏琉球

尺；乃漚芭蕉，抽其絲織成，輕密如羅。」[28]徐葆光詩云：

　　芭蕉葉垂雲，草木無一如。分列植百本，取諸織紝餘。[29]

此處「草木無一如」之意乃謂：芭蕉葉大，遮陰納涼效果絕佳。
「取諸織紝餘」句下小注云：「此中人藝蕉，資以織布」，是以多
植芭蕉，藉以消暑。蕉葉去暑、蕉實甘美、蕉布製衣，幾乎無不可
用之處，且琉球處處可見，作為琉球王國的表徵性草木，孰曰不
宜。

　　果蔬草木之外，鳥獸蟲魚亦多有異於中土者，例如汪楫在琉球
見到農耕馬，作〈馬耕田歌〉一詩之後，由於「馬耕田」一事在古
籍中，往往是偃武修文、「天下有道」的象徵，故而引發歷代琉球
冊封使對琉球馬（中山馬）的強烈關注，題詠不絕。琉球馬之外，
天空盤旋的海鷹也引起琉球冊封使的重視。明代夏子陽言：「至九
月，鷹至獨多，云風飄從日本來」[30]，清代冊封使徐葆光曾就琉球
海鷹加以吟詠，其曰：

　　九月黃花背客開，西風慽慽獨登臺。海南數點橫秋望，錯認鷹
來是雁來。[31]

---

　　資料匯編》中，頁1135。
[28] 李鼎元，《使琉球記》卷20，收入殷夢霞、賈貴榮、王冠編，《國家圖書
　　館藏琉球資料續編》上（北京：北京圖書館出版社，2002年），頁763。
[29] 徐葆光，〈使院種蕉〉，《舶中集》，收入王菡選編，《國家圖書館藏琉
　　球資料三編》上，頁200。
[30] 夏子陽，《使琉球錄》下卷，收入黃潤華、薛英編，《國家圖書館藏琉球
　　資料匯編》上，頁493。
[31] 徐葆光，〈鷹來〉，《舶中集》，收入王菡選編，《國家圖書館藏琉球資料三
　　編》上，頁240。

末句下有小注。云：「中山無鷹，每歲九月，輒有數十，隨東北風來」[32]。徐葆光顯然並未見過海邊鷹飛盤旋的景象。隨東北風來，當亦候鳥之屬，是以徐葆光錯認爲雁。類似的記述也見於《中山傳信錄》。周煌〈中山賦〉曰：「其中鳥則太和異雞，王母鳥鳳；元鳥秋來，海鷹颺送。」[33]，「海鷹颺送」一句下有小注，曰：「白露日從日本隨風飄至，應期不爽。」[34]在《琉球國志略》書中，引用徐葆光的詩作外，又補充說道：「九月中東北風，外島飄來；然必以白露日至，驗之，信然。」[35]也就是說：節氣至白露時，琉球海鷹群至，也是一種歲時節氣的表徵。或有類臺灣灰面鷲（一稱「國慶鳥」）之屬，徐葆光「只聞鷹背西風急，不見籬邊野菊黃」[36]──中土以黃菊爲秋光，中山以海鷹爲秋信，無怪乎徐葆光認鷹爲雁。至於以海鷹爲題的長篇大作，首推趙文楷，其云：

　　野鷹來，風蕭騷，海天漠漠秋雲高；盤空欲下復不下，禽獸走匿亡其曹。扶桑九月天猶熱，十十五五爭先發；翩然一擊覺身輕，萬里平蕪灑毛血。野鷹來，來何處？云是伊平與由呂（琉璃屬島）。此外之水乃弱水，古來無人至其所。其中云有三神山，樓臺瑤樹虛無間；鳳皇鸞鶴好儔侶，何爲舍此來人寰？肅肅復肅肅，飛來上我屋；似曾識我中原人，獨立愁胡側兩目。此鷹亦非鷹，

---

[32] 同上注。

[33] 周煌，《海東集》卷1，收入王菡選編，《國家圖書館藏琉球資料三編》上，頁340-341。

[34] 同上注，頁341。

[35] 周煌，《琉球國志略》卷14，收入黃潤華、薛英編，《國家圖書館藏琉球資料匯編》中，頁1147。

[36] 徐葆光，〈中山秋思〉，《舶中集》，收入王菡選編，《國家圖書館藏琉球資料三編》上，頁241。

此是當時海東青（金、元間，市海東青於海上）。當時興平爲爾
建大屋，金韝玉絛披彩翎；琵琶彈出新翻曲（曲名有「天鵝避海
青」），天山圍坐千人聽。方今聖人戒游豫，高拱深宮奏韶濩；太
阿一拭封狼摧，那顧草間狐與兔。買鷹懷鷂非其時，爾縱奇姿終不
遇。野鷹來，無久住；雲飛海擊入空冥，愼勿飛入中原去！[37]

此詩以琉球海鷹比擬著名的「海東青」。眾所周知，契丹向女眞強
索「海東青」，女眞不堪其擾，率眾蜂起，乃有金國。歷來題詠海
東青的詩人不計其數，康熙與乾隆亦有詩題其神駿之利。入清以
後，有詔罷貢鷹馬。龍顧山人曰：「朝鮮首隸藩封，明代有貢鷹
之例，國初特詔罷之。不尙遠物，足昭聖德。王西樵歌云：（下
略）」[38]，此詩亦有當今天下有道，非用武之際之意寓焉。「雲飛
海擊入空冥，愼勿飛入中原去」一句或有諷喻之意，先且不論，其
意此景在中土似未曾見，可謂冊封使在海濱獨特的體驗。

　　海鷹秋來本非中土習見之景，故令冊封使眼界大開。除了自然
環境中的草木鳥獸之外，餐桌也是異文化體驗的絕佳場合。從琉球
王國的角度來說，本來多方羅致的珍饈佳餚，不意得到的反應卻是
「吾寧異味失當前，性所不能難強茹」[39]。最令冊封使聞之喪膽的
食物，首推海蛇，其次堪與海蛇媲美者則非龍蝦莫屬。琉球冊封使
對龍蝦也曾有類似的反應。汪楫記述其見到龍蝦的直接反應曰：

---

[37] 趙文楷，〈野鷹來〉，《石柏山房詩存》，收入王菡選編，《國家圖書館藏琉球
　　資料三編》下，頁78-80。
[38] 顧龍山人纂，卞孝萱、姚松點校，《十朝詩乘》卷3（福州：福建人民出版社，
　　2000年），頁74。
[39] 趙文楷，〈海鰻〉，《石柏山房詩存》，收入王菡選編，《國家圖書館藏琉球資
　　料三編》下，頁87。

> 龍蝦，頭目皆作龍形。絳甲朱鬐，血睛火鬣，見之悚然。庖人
> 製爲鮓，不敢下箸也。或云：「空其肉，可爲燈。」而出水逾日，
> 輒腐敗，甲亦脫落，不可收拾。[40]

琉球王國提供的是今日視爲珍貴絕佳美味的龍蝦生魚片，但汪楫卻
似乎沒有動筷子的勇氣，龍蝦「絳甲朱鬐，血睛火鬣」的外型，汪
楫「見之悚然」。後代的冊封使所見也相去不遠。徐葆光曰：「龍
頭蝦，名鱛；大者一、二尺，形絕似龍，時以供饌。」[41]周煌「鱛
蝦如龍」句下注曰：「大可一二尺，形極似龍。」[42]二人的說法似
乎只在說明外形，看不出使臣個人的反應。李鼎元亦有詩詠龍蝦，
其詩曰：

> 嶄然頭角異，蝦亦冒龍形。失水猶堪憫，凌雲恐未經。
> 朱衣徒有表，滄海太無靈。不逐雨師去，空憐眼似鈴。[43]

關於此詩，詩題下有小注，曰：「蝦頭絕似龍，與常蝦異。徐澄齋
《傳信錄》云：一名鱛，長二、三尺。按《爾雅》：鱛係大蝦。無
龍頭之說，存疑可也。」[44]李鼎元此處記事頗類乾嘉考據之風，不
論是詩或注，李鼎元的說法明顯地側重在其名其形的聯想，未及其

---

[40]汪楫，《使琉球雜錄》，收入黃潤華、薛英編，《國家圖書館藏琉球資料
匯編》上，頁788-789。

[41]徐葆光，《中山傳信錄》，收入黃潤華、薛英編，《國家圖書館藏琉球資料匯
編》中，頁540。

[42]周煌，〈中山賦〉，《海東集》，收入王菡選編，《國家圖書館藏琉球資
料三編》上，頁340。

[43]李鼎元，〈龍頭蝦〉，《師竹齋集》，收入王菡選編，《國家圖書館藏琉
球資料三編》下，頁211。

[44]同上注，頁210。

味。觀《使琉球記》，乃知李鼎元一如汪楫，「見之悚然」，恐亦「不敢下箸」。其曰：

> 案頭食單，有所謂「龍頭蝦」者。蓋水族雖多，隔日輪供；取視之，長尺餘，絳甲朱鬐、血睛火鬣，類世所畫龍頭，見之悚然！徐葆光《傳信錄》云：「一名鰝」。按《爾雅》注：「鰝，大蝦也。」無龍頭之說。取其殼以為燈，可供兩日玩，三日而色變矣。[45]

龍蝦隔日輪供，不免過於豪奢，豈常人所能。李鼎元似乎終究沒有體會到龍蝦的美味，對龍蝦的美味體會最深的冊封使，當推趙文楷。其詩曰：

> 館人供饋苦好異，就中有蝦形最奇。怪哉生平目未睹，貝錦映日光陸離：八足盤珊兩目出，森森介胄張之而。人言此物是龍種，胡為入饌充朵頤！東海漁人潮下上，釣取巨魚二十丈；中流有柱插天長，漁人識是蝦鬚張。移冊緩避不畏懼，眼看奇物如尋常。海雲漠漠雷且雨，恐有蛟螭來攫取！老饕急取付庖廚，快刀細研如飛縷！對酒當筵欣果腹，何如桂台老蛟肉！[46]

從「對酒當筵欣果腹」一句看來，趙文楷已經將此巨物送入腹中。此詩前半言其形貌之怪異，後半言釣獲與料理之過程。琉球冊封使

---

[45] 李鼎元，《使琉球記》，收入殷夢霞、賈貴榮、王冠編，《國家圖書館藏琉球資料續編》上，頁754。
[46] 趙文楷，〈龍蝦〉，《石柏山房詩存》，收入王菡選編，《國家圖書館藏琉球資料三編》下，頁83-84。

雖然觀風采俗，但對琉球漁民的描寫極少，此詩或可補其不足。嚴格來說，在閩粵沿海，龍蝦亦爲習見之物，故而《閩小記》、《廣東新語》、《海錯百一疏》莫不可見其蹤跡。唯許多冊封使是在福州才「初食荔枝」，所以未能親證龍蝦美味亦不在意料之外。另一方面，琉球國的調理法或亦有異於中土。從冊封使多人「見之悚然」、「不敢下箸」的反應來看，龍蝦一物確實是琉球冊封使眼中的異國風景，特別是在飲酒言歡的宴席上。

# 三、「白紵新聲白練裙」：冊封使眼中的琉球歌舞

冊封使在琉球，最重要的政治使命即冊封大禮。在充滿自然風味的草木鳥獸之外，既與中土有一徑之別，復能體現琉球王國的特色，從而引發冊封使節觀看的興趣，留下諸多文字記述者，當以琉球歌舞最具特色。

根據冊封使的紀錄，使節滯留期間，「例有七宴」。根據徐葆光的說法是「諭祭，第一宴；冊封，第二宴；中秋，第三宴；重陽，第四宴；餞別，第五宴；拜辭，第六宴；望舟，第七宴」，宴會後往往有歌舞助興。除了正式宴會外，有時是當地王公貴族招飲，亦設歌舞，氣氛則較爲輕鬆活潑。張學禮記述重陽宴上歌舞曰：

幼童百餘人，皆貴戚子弟，又一少年僧，生成頭長尺五，眉髮雪白、頦綴霜髯，佇立庭中。一童子挽雙髻，杖挂葫蘆，次於壽星之右；一童子，生成背駝、眼細，戴箬笠、穿錦服，手擎蟠桃如東方朔，次於壽星之左。有黑虎一隻，排於壽星之前。鳴鑼擊鼓，眾

童子環繞歌舞；內穿錦衣、外白綾，半臂繡菊花，以應佳節。[47]

演出內容明顯與道教神仙傳說有關，汪楫曾經記述完整的歌詞。[48]琉球王國「國無優伶，笙簫擊鼓而歌者士夫以下等官，舞則十齡幼童，皆各官子弟爲之」[49]的現象讓冊封使大感驚訝，在中國，以貴冑子弟從事歌舞斯役，以娛來賓，則斷無是理。冊封使全魁從客王文治曾題詩贈與歌郎。其詩云：

　　驄馬烏衣白面郎，塗脂傅粉學宮粧。一雙秋水當筵轉，銀燭千條別樣光。

　　垂腰散髮鬒如雲，白紵新聲白練裙。歸到中天應記得，瑯嬛親向十洲聞。[50]

此詩題下有注，曰：「中山貴戚子弟皆習歌舞，供奉王廷，謂之若

---

[47] 張學禮，《中山紀略》，收入殷夢霞、賈貴榮、王冠編，《國家圖書館藏琉球資料續編》上，頁710。

[48] 「三龍舟，池中游。彩童歌唱報重恩，鳳凰臺上鳳凰游。天朝仁，如海深；球國歌唱報重恩，忠敬兩字萬世心。一朝表奏九重天，雙鳳銜書渡碧淵；風送玉音知帝德，雲捲旌旗五色懸。炎海藐然隔遠洲，南屏北座枕中流；福星臨照雙呈彩，草木含暉露下稠。氣吞雲夢壓飛塵，恭承聖澤寵賚新；自慚海岳恩難報，忠誠兩字長書紳。天池挺出雙瑞蓮，炎帝贈君荷蓋錢；金尊未盡莫辭醉，又看秋鴻促水仙。太乙星移下泰階，長安日麗擁三台；歸帆自有風神佑，萬里長途一瞬哉。錦舸言旋入帝京，車書萬里慶昇平；大清日月當天照，常有餘光到海城。」見汪楫，《使琉球雜錄》，收入黃潤華、薛英編，《國家圖書館藏琉球資料匯編》上，頁762-763。

[49] 張學禮，《使琉球記》，收入黃潤華、薛英編，《國家圖書館藏琉球資料匯編》上，頁653-653。

[50] 王文治，〈中山王席上贈首里翁盛卿、翁允溫、馬克禮、毛文麟四公子二首〉，《夢樓詩集》卷2《海天游草》，收入《續修四庫全書》1450冊（上海：上海古籍出版社，2003年），第422頁。

秀。雲髮錦衣，頗極纖麗，四公子其尤也。是日，公讌國王命之行酒，各出絹素索詩。」雖曰歌郎，其實是「貴戚子弟」，與中土優伶多出身卑微者不可同日而語。王文治全詩都在寫歌郎外貌。中國雖然也有乾旦之風，但與貴族少年粉妝登臺，仍然大不相同，末尾則以此人生奇遇自矜，蓋中土所難夢見。趙文楷、李鼎元特別減卻宴會次數，獨觀歌童。李鼎元詩云：

　　連年四海音過密，優人匿迹室無瑟，冊封典例遵常儀，先會藩王停呂律，禮成象胥稽首言，國有成規未敢前，教演頗煩師氏力，回旋應得大人憐，呼來亭亭玉筍立，輕訏翩翩綵燕集，高髻盤鴉綰銀簪，長袖垂霓翻錦襲，盈盈十五世家兒，跪拜參差亦解頤，小鳥依人風朗朗，羣花繞砌月遲遲，舞者不歌歌在帳，大帶有無男女樣，採蘭折柳寄深情，擊鉢攜籃饒媚狀。（四者皆舞名）我谷象胥耳其詳，眼雖無福心已嘗，銀箏有調錞有節，百年禮樂被退荒。[51]

琉球冊封使未觀歌舞，獨見歌童裝扮，亦足爲詩，足見其衝擊之強。李鼎元記此事原委曰：「通事致詞云：『國王備有舞、樂，舊供七宴；今既不宴會，可令裝束見，以表誠敬』。隨令舞童排列階下，人二十有四；年率十五以上，皆高梳雲髻，戴花滿頭，著采衣。衣長曳地、袖長等身，兩脇不縫，朱襪不履，人物美秀，盡宦家子弟。余與介山贊歎稱謝。」[52]李鼎元之詩亦完全側重在歌郎外貌，大型劇目已減省，或僅見小品，故舞名仍存，以見當日之狀。

---

[51] 李鼎元，〈童子舞歌〉，收入王菡選編，《國家圖書館藏琉球資料三編》下，頁247-248。

[52] 李鼎元，〈使琉球記〉，收入殷夢霞、賈貴榮、王冠編，《國家圖書館藏琉球資料續編》上，頁779。

　　綜觀歷來的《使錄》，琉球歌舞有越發複雜流利的趨勢。明代使錄中於儀式歌舞所述皆十分簡明。陳侃曰：「但令四夷童歌夷曲，爲夷舞，以侑其觴；佝僂曲折，亦足以觀」[53]。夏子陽「令夷人爲夷舞、復爲夷戲。云日本曲調也」[54]，足見明代的冊封使所見的歌舞仍然帶有強烈的日本色彩。入清以後，關於琉球歌舞的記述越發詳密。例如，汪楫曾就此記曰：

　　演劇用七十餘人，年長者十餘人，皆戴假面，吹笛擊鼓鳴鉦爲前導，餘皆小童，年八九歲至十四五。悉朝臣子弟，常人不得與，各以金扇面爲首飾，周圍插紙剪菊花，短襖長裙，上以五色蕉布，半臂骨之。人手二木管，圍徑寸長不及尺，空其中投以石子，兩手交擊作聲，歌用按節。已又易小鑠，管細如箸，繩貫數十枚，握掌中爲拍板。已又易紙拂子，左右揮之，最後乃各出一扇，招搖翩反云：「爲使臣助順風也。」問其曲，曰躍踴歌。[55]

汪楫此段文字雖然仍然側重在歌童的裝扮，但已注意到演出者的肢體動作。同時不難看出，與明代冊封使所見之「夷歌夷舞」相比之下，似乎中國成分有增加的趨勢。汪楫所見之歌舞，全以漢語歌詞演出。時及徐葆光，其歌舞更爲細緻精巧。徐葆光記其中秋宴後之歌舞曰：

---

[53] 陳侃，《使琉球錄》，收入黃潤華、薛英編，《國家圖書館藏琉球資料匯編》上，頁41。

[54] 夏子陽，《使琉球錄》，收入黃潤華、薛英編，《國家圖書館藏琉球資料匯編》上，頁449。

[55] 汪楫，《使琉球雜錄》，收入黃潤華、薛英編，《國家圖書館藏琉球資料匯編》上，頁764-765。

　　先有樂工六人，引聲如梵唄音，無樂。次有戴壽星假面一人，登場和之。三拜，搓手起舞；舞畢，又三拜，止。次有樂工十四人，著雜色紅綠衣；帽簷六稜，低壓頭頂，或戴燕尾綠頭巾；持樂器三弦二、提琴一（即用三弦，著引弓於上），三弦槽柄比中國短半尺許、笛一、小鑼一、鼓二登場，前後二行，曲跽上向，引吭曼聲歌。褰幔處有小童，可十三、四歲四人，著朱色襪、五色長衣，無帶，開襟搖曳，頭戴黑皮笠，朱纓索曼長垂胸前；迴旋而上，時作顧盼、坐起之態。登場，一行面樂工小坐，樂工代為解笠，捲朱纓盤著笠上，仍授之；小童起立，執笠頓足按節而舞，樂工曼聲歌與相應：為第一遍笠舞。又有四小童宮妝，剪金扇面作花朵；朱帕紫額，上有金飾；五色衣，項上帶五色花索一圍長垂膝下。登場，樂工歌，脫花索，交手頓足按節如前：為第二遍花索舞。次有小童三人，可十餘歲，戴珠翠花滿頭，著宮裙、五色錦半臂，肩小花籃各一提。登場鼎立，樂工歌頓按如前：為第三遍籃舞。次幼童四人，短朱綠五色宮衣，長裙間綵，曳地搖曳。登場，向樂工小坐；樂工各授小竹拍四片，起舞按節，手拍應之：為第四遍拍舞。次有武士六人，著黑白相間綦紋大袖短衣，金箍束額作平頂僧帽式；挺白杖，交擊應節：為第五遍武舞。又有小童二人，五色衣，執金毬，毬上四面著小金鈴，長朱索曼纓，左右舞；引二青獅登場，旋撲：為第六遍毬舞。席終換席，又有小童三人宮妝登場，向樂工小坐，工授以小花金桿二枝，長不及尺許，兩頭著紅花，交擊應節：為第七遍桿舞。次有小童四人，易宮衣。登場，手執花竿長三尺許，各一枝，舞應節：為第八遍竿舞。時已向昏，徹帷幕，庭中設煙火數十架；又令數人頭戴火笠、騎假馬，頭尾煙爆齊發，奔走庭中：以為戲樂。宴畢出城，火炬長二丈許者數千，夾道送歸使館。[56]

---

【56】徐葆光，《中山傳信錄》，收入黃潤華、薛英編，《國家圖書館藏琉球資

從汪楫到徐葆光所見之歌舞，不難看出其複雜精巧的演變軌跡，此
非僅止於兩人記述繁簡之別而已。更重要的是：徐葆光赴琉前一
年，招待冊封使的歌舞，從內容到形式，已經大幅改動。[57]徐葆光
大概不清楚，在他眼前上演的歌舞，絕不是單純的餘興節目，而是
日後被尊爲「琉球劇聖」的玉城朝薰（唐名向受祐，1684-1734）
創作的「組踊」[58]首演。玉城朝薰創作的「二童敵討」、「執心鐘
入」故事梗概以及首演情況，俱見於徐葆光《中山傳信錄》「重陽
宴」[59]部分，徐葆光關於「組踊」演出的記述成爲琉球藝能史的重
要史料，備受琉球藝能研究者的重視。[60]中秋宴上的歌舞，當也經
過玉城朝薰等人的點撥與改編。也就是說：在徐葆光眼前所呈現的
不只是歌舞餘興，而是東亞藝能史一個具有標誌性意義的重大事
件。徐葆光另有組詩記述中秋宴上歌舞盛事。其曰：

> 丹桂飄雲落，金風拂殿來，仙洲娛上客，偏舞袖新裁。（一）
> 當筵呈帖子，第一起神歌，海國羲皇代，天孫降福多。（二）
> 皇恩如海深，海深不盈掬，隊隊絲衣童，聲聲太平曲。（三）

---

料匯編》中，頁156-160。

[57]《球陽》曰：「命向受佑（玉城朝薰）以本國故事始做戲，首里向受佑，
博通技藝，命爲戲師，始以本國故事做戲教人，次年演戲供興於冊封天使宴席，
其戲自此而始。」見球陽研究會編，《球陽》卷10（東京：角川書局，1974
年），頁270。

[58] 所謂「組踊」，是指融合中國京劇、歌舞伎、能劇、狂言、琉球古藝能等而成的
琉球演劇。由琉球「劇聖」玉城朝薰發其端，後作者競相仿效，史家稱爲琉球演
戲之始。

[59] 徐葆光，《中山傳信錄》，收入黃潤華、薛英編，《國家圖書館藏琉球資
料匯編》中，頁166-168。

[60] 關於「組踊」的研究，一個簡明的研究可參照池宮正治，〈第二章　組踊
論〉，《琉球藝能總論》（東京：笠間書院，2015年），頁55-236。

朱笠垂曼纓，珊珊搖雜貝，繁絃何滔滔，和雅與心會。（四）
豎頭箜篌郎，曲項琵琶部，後行引吭歌，前行蹋節舞。（五）
宮漏秋來永，方諸月正中，燕開長不夜，樂奏迭無終。（六）
魚龍動夜瀾，戢戢仰雲端，似聽霓裳曲，天風落廣寒。（七）
國醑傾池飲，王人偏作賓，譯辭郵勸酬，語隔意偏親。（八）
星流湯谷沸，火迸燭龍旋，涼夜浩如水，當杯月正圓。（九）
皓魄流華采，清暉間九行，重輪瞻聖德，中外共環瀛。（十）[61]

　　中秋宴為時較長，且逢良辰佳夕，宴後又施放煙火，頗有「與
民同樂」之意。此組詩刻意仿效「組踊」起落有致的結構，幾可聲
被管弦。前三首寫序曲，（四）、（五）二首是對「笠舞」等舞蹈
的具體描述。（六）寫長夜未央，歌舞盡興。（七）寫漸入尾聲，
賞月聆音之趣。（八）寫賓主杯觥交錯、勸飲歡會之景。（九）寫
花火之盛。（十）以月光清輝曲終奏雅。琉球王國雖然招待冊封使
「例有七宴」，但以中秋、重陽二宴格外盛大，亦多設有大型完整
劇目的演出。徐葆光之後，冊封使在中秋、重陽二宴觀看的歌舞主
要是玉城朝薰致力創造的「組踊」，例如，1808（嘉慶十三）年
的冊封使齊鯤，亦有組詩詠中秋盛宴與歌舞。[62]對冊封使而言，中

[61] 徐葆光，〈中秋宴小樂府十章〉，《舶中集》，收入王菡選編，《國家圖書館藏
　　琉球資料三編》上，頁219-220。
[62] 齊鯤，〈中秋宴夜歸口占七截六首〉：「華筵嘉宴啟中秋，殿宇高寒結綺
　　樓，碧海青天涼夜靜，此身真似到瀛洲。
　　公子翩翩玉樹春，錦衣羅襪十分新，歌喉不作鶯聲囀，學步邯鄲更效顰。（琉球
　　梨園皆戚臣子弟，未嫻曲調，唯長袖善舞耳。）
　　球陽故事演開藩，魔女禪僧梵唄喧，說到神仙還縹緲，君君祝祝溯天孫。（是日
　　多演開國故事。）
　　笙歌繞徹綺羅場，樂事連番頌聖皇，天下太平通海外，良宵煙火賽維揚。（演劇
　　開場唱太平歌，是夕煙火又有天下太平四字。）

秋宴既是旨酒美食交歡的愉快時光，也是享受異國樂舞的時刻，對
從客來說，更是難以忘懷的經驗。最後一位冊封使趙新的從客林
熙，對於異國中秋的宴會亦心有所感，其詩曰：

　　金風折東中秋宴，中山佳節開庭院。北牖層軒結綺羅，王府
宴會俱在北宮，前使周文恭公有「北牖薰風」題額。翡翠屏風圍面
面。青天碧海淨無塵，恍入廣寒新宮殿。席前方丈列珍羞，紫幘黃
冠忙不倦伺宴盡是當朝士大夫輩。和鳴鼓樂奏鈞天，盛饌當筵頻色
變。瑤臺百尺詠霓裳，銀燭高燒夜色涼。梨園子弟皆紈袴，琉球梨
園皆戚臣子弟未諳曲調，唯長袖善舞耳。錦衣羅襪鬪紅粧。飄飄長
袖但善舞，歌喉不轉只翱翔。附和搊箏更壓笛，曲調喃喃聽難詳。
臺後另有七八人，絲竹謳歌，其音調亦隨演劇步趨，但操土音，殊
不可辨。紛紛魔女與禪衲，離奇故事出球陽。是日演劇却是開國故
事。笙歌纔罷華筵客，玉漏頻催情脉脉。我王款客復流連，移尊更
酌南宮前。夜半邀在南宮看煙火，更張小宴。火樹重重迴插天，一
聲爆竹萬燈然。寶塔星橋蓮千朵，梨花亂落柳絲牽。連番樂事頌皇
澤，太平錦字榮當席。演劇開場唱太平歌，是夕煙火又有「天下太
平」四字。交輝燈月勝上元，不夜樓臺耀金碧。宮鳥棲樹天已霜，
破夢聲聲送歸驛。良辰勝會樂未央，飽德飫仁寸衷積。浩歌一曲祝
賢王，好月團圓照松柏。[63]

---

　　銀河耿耿夜迢迢，金碧屏風白蠟燒，爆竹一聲燈萬盞，花光塔影壓星橋。
　　更闌風景恣流連，十里松蕉漲暮煙，絳炬兩行明似畫，八騶歸去月當天。」
　　齊鯤，《東瀛百詠》，收入王菡選編，《國家圖書館藏琉球資料三編》下，頁
　　362-364。

[63] 林熙，〈中秋宴歌擬謝中山王作〉，《中山紀游吟》，收入《清代詩文集彙編》
　　667冊(上海：上海古籍出版社，2010年據清光緒十八年烏園讀畫亭刻本影印)，頁
　　427-428。

林熙前往琉球王國已是1866（同治五）年，距徐葆光初見「組踊」將近一百五十年。當時中國國勢日蹙，已自顧不暇，不旋踵間，琉球王國也面臨「廢藩置縣」的國運分歧點。由此觀之，林熙筆下的中秋時光彷彿是一幅炫目燦爛的畫作，訴說著那封存在時光膠囊中的美好回憶。而從冊封使相關記述之多，不難看出對冊封使來說，在中山國觀賞歌舞演劇不僅僅是一生難忘的異文化體驗，更是念念難忘的人文景觀。

## 結語

　　邇近以來，人文學術發展趨勢與關懷重心，逐漸走向多元文化的交互作用。各種因子的碰撞、衝突、調解與融合，都是文化新創階段不可或缺的過程。語言、文本、理論在流傳過程中的各種不同面貌的變異，都是驚心動魄的旅程。從多元文化的視角思考中國文學、哲學、經學的形成與演變，具有重要的意義不言可喻。從歷史來看，跨文化所帶來的重要事件，導致中國蛻變，佛教傳入中國、晚明的天主教、清末的基督教，無不對中國文化造成重大的衝擊；由於文化、地域、民族的差異，語言、文字等溝通方式也歷經種種融鑄新生的歷程；概念、人員交流、文化商品、書籍等物質性文明的流通，也有不容忽視的影響。對明清兩代的琉球冊封而言，出使異國的經歷不但是個人難忘的回憶，更是他們社會與知識生活中重要的文化資本。使節的文化書寫（包括詩、遊記、奏議等）不只是單純的旅遊見聞而已，更必須充分傳達背後政權的姿勢與聲調，使節文學書寫是複式聲調的展演，等待多重角度的詮釋與重塑。

　　本文從航海經驗、自然風物與人文景觀三個視角，分別探討中國冊封使眼中的琉球意象。《使錄》當中的航海經驗除了是海洋史的重要文獻之外，在中國文學史上亦極其珍貴，討論古典海洋文

學不容輕易忘卻。自然風物方面，本文列舉了鳳尾蕉（鐵樹）、芭蕉、海鷹、龍蝦等自然風物，藉以檢視冊封使對琉球王國自然環境的體會，及其營構文化特徵的表述方式，在中土與琉球兩國詩人文士聯手之下，鳳尾蕉成為具有國族文化精神特質的自然表徵，歷來吟詠不斷。明清的冊封使雖然在自然或宴席上遭遇異國的風土人情，對異國的文化藝術未必有所認識。琉球王國招待使臣觀賞的歌舞，從最初單純的「夷歌夷舞」演變成大型複合式的「笙歌縹緲綺羅場」，原本只是酒宴的餘興節目，日後演變成琉球文化的公開展演，幾乎可以說是冊封使接觸異國人文精神最重要的場合。除了演劇的內容、形式，演出者的社會階層與服飾裝扮也讓當時冊封使留下深刻的印象，特別是演出者多為貴戚子弟一事，與中國形成強烈的對比。來自中國的使節一方面在琉球王國對異國的山川草木有所體會，另一方面，也從外部觀察體會琉球王國文化變遷的軌跡，提供一種「他者的視角」。透過冊封使所留下的種種相關著作，不僅提供一個觀看琉球王國風土人情與自然風物的角度，同時也是一個重新檢討、反省自身價值觀念與思維樣式的絕佳機會。

# 第八章　琉球王國的滅亡

# 前言

　　1603年德川家康因被任命爲征夷大將軍，故而有德川幕府的誕生。此後一直到1867年10月第15代將軍德川慶喜將政權還給朝廷（大政奉還），才爲長達265年的封建幕藩體制畫上了休止符。1869年日本政府藉薩長土肥四藩聯合上奏奉還版圖之機，命令尚未提具表文之藩將版籍奉還，結果全國274個藩的領土和百姓都收歸中央。藩主改爲知藩事，列入華族，擁有租稅徵收權和藩兵統帥權，但割據一方的支配體制仍然存在，爲此，日本政府又於1871年7月發出「廢藩置縣」的詔書，免除了全國知藩事的官職，並下令移住東京。於是，分權式的幕藩體制完全解體，明治政府把全國統一在中央集權之下。

　　1609年琉球淪爲薩摩藩的附庸國，在德川幕府賜予薩摩藩領地判物（領地證明）下，成爲薩摩藩的領地。而在日本近代邁向統一國家的蛻變過程中，儘管有一連串重大歷史性的變革，但琉球仍歸鹿兒島縣管轄，改革潮流並未直接波及琉球。廢藩置縣後翌年，鹿兒島縣照舊任命福崎季連擔任那霸的在番奉行。又派縣吏伊地知壯之丞、奈良原幸五郎兩人爲傳事官，赴琉對琉球王府說明新政之變革。伊地知也就是後來《沖繩志》的作者伊地知貞馨，奈良原後來成爲第八任沖繩縣知事，改名爲奈良原繁，他的統治手段專制，外號「琉球王」。伊地知和奈良原對琉球所傳達的，是對琉球國政體不做特別的改變，以及免除對島津氏的5萬多圓負債和農民的3萬餘石欠租。[1]

---

[1] 松田道之，《琉球處分》，收入下村富士男編，《明治文化資料叢書》第4卷外交編（東京：風間書房，1972年），頁6。

# 一、明治維新大變革與琉球王國

　　1372年明太祖派遣楊載詔諭琉球，中山王察度以其弟泰期爲進貢使節開始入貢，之後歷代國王皆受中國冊封，以中國爲宗主國被編入其朝貢冊封體制中。當時東亞國際秩序是以中國爲中心的華夷秩序，琉球的定位是以中國爲宗主國的屬國，這種宗藩關係可以預知未來在領土確定時會造成很大的阻礙。但沒想到日本政府在廢藩置縣後，對與中國之間的琉球歸屬問題束之高閣，未先確定國家主權所及之領域，便與中國簽署了中日修好條規，內容如：「嗣後大清國大日本國倍敦和誼，與天壤無窮，即兩國所屬邦土，亦各以禮相持，不可稍有侵越，俾獲永久安全」[2]。就這樣擱置琉球的歸屬問題，使之處於曖昧的兩屬關係，爲將來中日之間的領土紛爭埋下了導火線。畢竟，日本政府不會放任琉球兩屬，明治初期在形成近代國家的過程中，將琉球歸屬問題與北方領土及小笠原問題同列爲領土確定之重要政治課題，就在翌年，決定改琉球國爲「琉球藩」，並封國王尙泰爲「藩王」，這項措施是爲了使琉球將來和本土的各藩一樣，在版籍奉還和廢藩置縣下，實現日本政府的一元化支配，這也是解決中日兩屬問題的一個布局。

　　1872年7月12日，鹿兒島縣參事大山綱良發送信函給琉球王府，命其派遣使節慶賀維新。王府接到消息後，命伊江王子尙健爲正使，宜灣親方朝保（向有恆）爲副使，並備好琉球國王慶賀表文的草案，交由鹿兒島縣權典事右松五助進行審查。審查中將「琉球國中山王」之對國王尙泰的稱號刪除，只留下「琉球尙泰」，正使的「王子」及副使的「親方」之類的琉球位階名稱，也予以省

---

[2]「日本換約」，〈清季外交檔案〉，中央研究院近代史研究所藏，典藏號50-51-1。

略，另將草案中之日期「壬申七月十九日」附加日本年號「明治五年」。草案修改琉球國為「琉球藩」及冊封國王為「藩王」，明確地反映明治政府的方針。[3]既然是派遣上京之慶賀儀禮，王府並未起疑，僅將其視為和以往德川襲位的慶賀為同一碼事。

「慶賀使節」經由鹿兒島上京，9月14日在外務省的安排下參加了皇宮的典禮。日本政府頒發了「冊封」的詔敕，在對尚泰領主權的認可下，改「琉球」為「琉球藩」，改「國王」為「藩王」，再列入華族。另為統一貨幣流通，下賜日幣3萬元和飯田町擒木坂的宅邸。琉球藩的設置使琉球的外交事務改歸外務省管轄。政府命伊地知貞馨以外務省六等職任職於琉球藩，廢止了在番奉行所，另設置外務省出張所。原在番奉行的福崎季連以外務省九等職直接任職於琉球藩。另為斷絕一直以來與鹿兒島之間的政治牽連，11月下令進駐鹿兒島琉球館的官員返琉。為配合外務省出張所的設立，翌年3月日本政府命琉球派員輪流就任東京藩邸，琉球藩於是派遣熟諳日語的與那原親方良傑（馬兼才）赴任東京藩邸的在勤親方。此後，東京藩邸除了在勤親方以外，還有屬使（屬吏）、隨從等，以一年替換一次派任。依例每逢新年、紀元、天長三個節日，需由在勤親方進宮進呈藩王賀表。對於派遣藩吏上京，王府起初視為在幕藩體制下，和在薩摩藩裡的琉球館就任相同，完全沒有察覺日本政府的用意。

1850年代琉球王府早與美、荷、法等國各自締結了友好條約。日本冊封琉球藩王後，美國公使德隆（Charles E. DeLong）問及美琉修好條約是否有效。日本政府照會公使表示，琉球於數百年前已是日本的屬國，現今封為內藩，故今後琉球與外國的一切交際

[3] 東恩納寬惇，《尚泰侯實錄》，收入琉球新報社編，《東恩納寬惇全集》2（東京：第一書房，1978年），頁332；松田道之，《琉球處分》，頁17。

事務統由日本外務省管轄。此後，外務省要求王府交出外交條約書的原本，並令久米、宮古、石垣、西表、與那國五島每天由日出到日沒懸掛國旗。伊地知貞馨對藩廳發出通告，指示舉凡有關中國事宜，日後都需用文書對外務省出張所提出詳細的報告。對於這項規定，王府不禁擔心，隨著廢藩的實現，王國會受到解體的威脅。於是赴任東京的與那原親方良傑到了外務省，提出「國體政體永不更改之請」的文書。對此，外務省回覆：「對朝廷若無抗衡，或以殘暴行爲致使庶民離散等發生，則萬無廢藩之處置」[4]安撫了王府的不安。

　　琉球與薩摩藩之間的關係，一向對中國採取隱蔽政策。雖仍維持進貢冊封之關係，但與薩摩間的種種都對中國極度地保密。藩王尚泰對中國漂流民的處置，曾令三司官浦添親方緊急上京，請求依照島津氏所認可的辦法以進貢船和護送船送返漂流民。對此要求，朝鮮和其他外國漂流民需由東京赴任官處理，但對中國漂流民特准在藩廳知會赴任官的原則下，依照舊例辦理。日本政府另賜與琉球藩印（銅印），變更租稅徵收方式，令其對鹿兒島繳納的「仕上世（貢租）」，改納大藏省的租稅寮（大坂公庫）。儘管如此，日本政府卻允許琉球使用中國皇帝下賜的「琉球國王印」，對進貢也持默認的態度。琉球王府在日本政府掌控下，因仍能維持中日兩屬關係，並延續「王國體制」，而大大地放下了心中一塊石頭。不過，在法令制度上有新律綱領的頒布，如下令重刑案件需向司法省報備，很明顯地介入琉球外交、租稅、司法等各個層面。

[4]《史料稿本》，《那霸市史》資料編第2卷の4所收（那霸：那霸市役所，1979年），頁126-127。

## 二、宮古島民臺灣漂流遇害事件與日本出兵臺灣

　　清代漂流到臺灣的案例至少有70件以上，其中被原住民殺害的事件也有數起。1871年10月18日，繳完年貢由那霸出航的宮古島春立船，在返航途中遇到暴風，11月6日漂流到臺灣南部的八瑤灣，船長仲宗根玄安以下66人中，有54人上岸後遭原住民殺害，被救助的12人乘船渡過臺灣海峽，被送到福州琉球館，自漂流日起經過7個多月，終於在翌年6月7日附搭接貢船返回那霸。以上事件比照舊例處理，對加以救助保護的中國也發出謝文，漂流事件很順利地落實下來。但，其後發生的漂流遇害事件卻演變成震撼近代琉球王國的一大事件。

　　關於臺灣遇難事件，1872年4月13日正逢中日修好條規改訂需要交涉，停留在天津的外務大丞兼少辦務使柳原前光，寄送《京報》刊載事件訊息向外務省報告，伊地知貞馨聽取附搭接貢船回國的仲本等人敘述事件本末後，也立即向鹿兒島縣參事大山綱良報告。接獲速報的大山就撰寫請求征討臺灣的建言書云：「皇威上張海外，下慰島民冤魂」[5]，此一建言書由伊地知貞馨在為接待慶賀使節準備而上京時，於8月14日面交外務卿副島種臣。另，擔任鎮西鎮臺第二分營長的陸軍少佐樺山資紀也緊急上京，8月9日對陸軍元帥兼參議西鄉隆盛報告，又對隆盛胞弟陸軍少輔西鄉從道提出意見書，請求對此事件採取因應措施。琉球藩的歸屬就在伊地知、大山、樺山等舊薩摩藩出身者積極地建議對臺出兵之中付諸實行。王府對此狀況卻一概不知。

　　1684年清朝在臺設置臺灣府，隸屬於福建省，將臺灣正式納入其統治領域下。外務卿副島種臣在設置琉球藩後，隨即就臺灣問

---

[5] 松田道之，《琉球處分》，頁9-10。

題與美國公使德隆會談。會談中，日本征臺得到德隆的支持，表示臺灣蕃地並未受中國實質支配，在國際法上是中國主權外的「無主之地」。另詳知臺灣情況的前廈門駐美領事李仙得（Charles William Le Gendre）對副島解釋說，「無主之地」是先占領者可獲得領有權，暗示占領「無主之地」的臺灣東南部，使其成爲殖民地之可行性，副島得到國際間對「蕃地領有」認可的把握，隨即接受伊地知、大山、樺山等人的征討臺灣提案，日本政府便依此開始進行「興師問罪」的準備。

　　征臺計畫雖說是起因於宮古島民遇難事件所採取的懲罰行動，然而，征臺後先行使「蕃地領有」的國權擴張，再知會中國其「琉球領有」的事實，藉此策略把日本領土範圍確定下來，以遂行其第二個目的。

　　王府擔心日本對臺強行出兵，會影響中琉宗屬關係，於是，1872年9月對在番奉行福崎季連提出中止出兵的請求。福崎季連表示，中央目前正爲征韓案議論紛紛，尚非考慮對臺報復之時機，拒絕了此一請求。但實際上征臺準備卻著實地進行中。1873年3月，日本政府爲中日修好條規批准書的交換和拜會同治帝親政，派任副島外務卿爲特命全權大使前往中國。此行主要目的是爲探查中國對琉球漂流民遇害事件的見解，找出對臺出兵的依據。6月21日，副島另派柳原前光和鄭永寧到總理衙門，探聽中國對琉球藩民遇難事件的看法，對此，總理衙門大臣吏部尚書毛昶熙表示，遇害之琉球國民已平安地受到撫卹與送返，此案與日本無關，且臺灣原住民分爲「生蕃」和「熟蕃」兩種，受王化歸服者是熟蕃（意指歸順中國的平埔族），已設置行政單位治理，此次殺害琉球國民的「生蕃」，是尚未歸順的「化外之民」，也是我國政教尚未推及的「蕃族」。柳原等人得知在中國版圖內，有未受教化「化外之民」的存在，依此就將遠征臺灣的行爲正當化，其中毛昶熙所說的「化外之

民」更成爲日本「征討蕃民」的藉口。副島在出發前接到敕旨云：
「清國政府若以其地爲政權所未及，非其屬地爲藉口，而未能接受
談判，則由朕處置之」，柳原奉旨在中國表示，若中國不追究此
事，日本將舉兵討伐，以此結束了當天和總理衙門的談判[6]。副島
也因柳原等人取得了中國形容蕃地爲「化外之地」之藉口，而將出
兵臺灣詮釋爲大義之舉。

　　副島爲籌備出兵臺灣，緊急歸國。歸國後正値政府內部以西鄉
隆盛爲中心，征韓論沸沸揚揚。國權擴張主義強硬派的副島與板垣
退助、後藤象二郎、江藤新平等一起支持征韓論。但征韓論受到海
外回國的岩倉具視、大久保利通、木戶孝允等人反對，造成10月
23日西鄉辭職離開東京，24日副島、板垣、後藤、江藤等人連袂
下野的情況。征韓論分裂後，引發了士族的不滿，各地暴動連連，
甚至有引發內爭的危機。政府爲撫平中央和地方政情，想到利用
「臺灣出兵」，讓士族的鬱憤有宣洩之處，並緩和國內的不安。征
臺計畫由岩倉和大久保等人接手，翌年1月政府命大隈重信（大藏
卿）和大久保（內務卿）進行臺灣蕃地處分調查，2月6日大隈與
大久保兩人聯名對內閣提出「臺灣蕃地處分要略」[7]，4月4日又設
置臺灣蕃地處分事務局，任命大隈爲長官，西鄉從道爲都督。「蕃
地事務局」英譯「Colonization Office（殖民地局）」，事務局長
譯爲「Minister of Colonization（殖民地大臣）」。日本政府認爲
將「蕃地領有」正當化是可行的。

　　日本起初以爲出兵臺灣與征韓不同，戰爭規模小，誘發國際糾

---

[6] 松田道之，《琉球處分》，頁24；外務省調查部編，《大日本外交文書》第6卷
　　（東京：日本國際協會，1939年），頁176-179。
[7] 外務省調查部編，《大日本外交文書》第7卷（東京：日本國際協會，1939年），
　　頁1-3。

紛的風險也小，不料，1874年4月13日，英國公使帕克斯（Harry Smith Parks）對外務卿寺島宗則以書信表示，關於征臺行為，英國人拒絕參與，並不提供船舶的借與，且通告若是中國政府判定明治政府的臺灣出兵是「侵略行為」，英國將居局外保持中立。接著18日，美國公使德隆的後任賓厄姆（John Bingham）斥責日本的征臺一半是屬於掠奪行為，與英國同樣，對美國船的借用和教唆美國人參與，表示抗議。這些抗議對依靠國外遠征軍輸送船的出兵計畫，帶來很大的阻礙。於是，日本政府一改既定方針，緊急終止出兵臺灣。然而，西鄉從道拒絕遵從中止令，他以熊本鎮臺兵為主力，加上鹿兒島縣士族徵集募兵約300人，共計3,650人的兵力，5月17日由長崎出發。

5月22日登陸臺灣社寮，6月開始對牡丹社、高士佛社展開攻擊，附近幾十個蕃社順次加以征服，軍事行動就此告終。企圖「蕃地占領」的日本軍在征討蕃地後，不顧中國的撤兵要求，直接占領了蕃地。

## 三、和議交涉與條款互換

7月12日，日本政府將琉球藩的管轄由外務省移往內務省，意即把琉球問題視為內政問題。15日，日本政府對即將代表進行和議交涉的柳原前光駐清公使發出訓令：「藉此機會斷絕琉球兩屬的淵源，也讓朝鮮能自立門戶，這是本朝廷所施的計策」[8]。

有關出兵臺灣的交涉焦點不是琉球問題，而是對臺灣的領有權。中國指責日本出兵違反了中日修好條規，並侵犯了中國的領土主權，要求遠征軍立即由臺灣撤退。對此，柳原公使強烈主張對

---

[8] 外務省調查部編，《大日本外交文書》第7卷，頁157。

「無主野蠻」地擁有先占權，不干中國主權的事，交涉便在雙方互不相讓下觸礁。然而事實上，日本政府在出兵後的交涉是處於不利狀態的，除了中國指責外，無視於英美公使的抗議而強行出兵的舉動，受到國內外嚴厲的批判，加上占據蕃地的遠征軍紛紛感染了來勢兇猛的瘧疾，已有560餘人病死，全軍陷於困境。

日本政府為了打開僵局，決定任命內務卿大久保利通為特命全權辦理大臣，賦予廣泛的權限，派遣至中國為和議進行交涉。大久保在赴清前，計劃在臺舉行宮古島被害遺族的慰靈祭，以示日本出兵臺灣的義舉，但大久保的要求遭到生怕日琉關係於中國面前暴露的琉球王府所拒絕。渡清後的交涉也和柳原公使一樣，就臺灣領有權問題僵持不下。大久保在陷入交涉中止的狀態中，最後在駐清英國公使威妥瑪（Tomas Wade）的仲裁下，施以計策達成妥協，使中國承認日本出兵的義舉，以便斷絕琉球對中國的屬國關係。10月31日就以底下內容簽署了「互換條款」。

1. 中國承認日本出兵臺灣是為日本國屬民保護的義舉。
2. 中國對遇難者支給撫卹銀10萬兩，以及遠征軍所設置的道路和建築物的讓渡費40萬兩，共計50萬兩，須於12月20日前支付，與此同時，日本也將撤軍。
3. 中國保證往後對生蕃加以管制。[9]

於是，藉由出兵臺灣的和議交涉，日本政府樹立了對琉球一元化的支配，這也為日後琉球處分埋下了伏筆。

日本政府在「互換條款」中要求支付撫卹銀兩的對象，不稱

[9] 外務省調查部編，《大日本外交文書》第7卷，頁316-317。

「琉球藩民」，而刻意巧妙地稱之爲「日本國屬民」。對中國而言，自不願放棄對屬國琉球的宗主權，但日本既爲宮古島民的遇害事件而出兵採取報復行動，則日本國屬民＝琉球藩民之意義是成立的，鑑此，可以理解中國單方面已承認琉球領土完全屬於日本國主權所及範圍下。

另一方面，當撤兵日期在即，西鄉從道突然在臺灣建造遇難者墓碑。石材的準備和石工的僱用都委託廈門領事福島九成辦理，石材由大久保歸國所乘的金川丸順路運送至臺灣。事件發生後，54具無頭屍體的遇難者遺體，曾由鄭天保、楊友旺、林阿九等暫時埋葬於雙溪口，出兵臺灣時墳墓又被移到了統埔。西鄉在墓碑上刻寫「大日本琉球藩民五十四名墓」，在琉球藩民之上冠上「大日本」三個字誇示琉球的日本歸屬，實現了「互換條約」中未能明言之處。蕃地鎮壓後，西鄉從蕃社收回44人的頭顱，但沒有合葬於統埔的墳墓，是用高砂丸送到長崎的蕃地事務局。犧牲者的身體，西鄉未收回，而在臺灣原墓地樹立了墓碑，刻意表明琉球藩民爲日本屬民。另把頭顱帶回是爲了證明已對琉球人的遇害完成了懲罰和報復。鹿兒島的琉球館雖已遭廢止，但卻准許以藏屋敷等名義配置二、三名官員。之後44個頭顱交給駐在鹿兒島的琉球藩官員本永里之子親雲上，以及久田里之子親雲上，王府將之埋葬於那霸若狹的「上之毛」。大久保、西鄉、柳原等人凱旋回京後，被視爲大功臣，天皇以御製銀杯並刻題聯頒贈三人，贈大久保之題聯爲「千古功名光史筆，一生忠義出天眞」；贈西鄉之題聯爲「玉節臨邊蠻霧靜，樓船橫海瘴眼煙清」；贈柳原之題聯爲「壯年具標格，秀氣衝星斗」[10]。

---

[10] 德富猪一郎，《岩倉具視公》（東京：民友社，1932年），頁221-222。

## 四、藩政改革處分和與宗屬關係之斷絕

正當日本政府積極準備對臺灣出兵時，王府對中國派遣了進貢使節（正使毛精長、副使蔡呈祚）。就在日本政府對併吞琉球問題進行討論的1875年3月裡，琉球國進貢使節突然在北京出現。這對處心積慮於「互換條約」中將琉球藩民定位爲日本國屬民，以及在對中外交上尋找法律根據併吞琉球的日本政府而言，琉球使節的進貢是種觸犯行爲。柳原公使對總理衙門提議召喚進貢使節入公使館，但被中國以屬國的進貢問題非日本所應干涉的，遭到拒絕。[11]日本政府對此事態絕對不能接受。

接著，傳來同治帝駕崩的消息，琉球對光緒帝即位的慶賀使派遣問題隨之而至。此時正致力於斷絕琉球兩屬關係，並徹底清算琉球對清外交權的大久保，便令琉球藩派遣一名三司官及有東京藩邸任職經驗的與那原親方良傑上京。琉球使者上京後，由內務省大丞松田道之負責接待，說明日本政府已爲琉球遇難者興師問罪討伐了生蕃，中國也承認此爲義舉，另傳達日本政府不僅對遇難者家屬發給撫卹米，並鑒於琉球沒有堅牢的船，常受風浪之災造成人財兩失，而決定對琉球藩下賜蒸汽船。同時，還指示藩王須親自上京謝恩，並告知往後內政措施將依照其他各府縣制度施行藩政改革，又爲保護琉球藩，將在藩內設置鎮臺支營等。琉球使節以無權裁決爲由予以拒絕，日本政府因此派遣松田道之直接對王府下達通告。7月14日松田在首里城正殿對代理藩王的今歸仁王子尚弼提出內容如下的「達書」。

[11] 外務省編，《琉球所屬問題關係資料》第8卷第1（東京：本邦書籍株式會社，1980年），頁86。

1. 禁止對中國進貢及皇帝即位時派遣慶賀使。
2. 不接受中國冊封。
3. 採用明治年號，全年各節慶皆遵照布告。
4. 爲施行刑法定律，選派負責人二、三人上京。
5. 藩制改革條項。
6. 爲修習學識、通達時情，選派少壯十人左右上京。
7. 廢止福州琉球館。
8. 藩王上京以謝征藩之恩。
9. 鎮臺分營的設置。[12]

所謂「達書」，是日本政府對琉球發出的通告，指示琉球藩斷絕與中國的宗屬關係與藩政改革（國內化）。其實，「達書」已違反先前「琉球藩政體國體不變」之承諾，琉球藩之管轄權當初由外務省移至內務省之際，內務大丞林友幸也曾應藩廳要求作維持「國體」、「政體」不變的保證。琉球王府在震驚之餘，除表示接受第四條、第六條、第九條，即施行刑法定律，派遣負責人上京；爲修習學識、通達時情派遣少壯者上京，以及設置鎮臺分營外，針對第一條、第二條、第七條皆表不服從，堅持拒絕遵奉「達書」。在中國進貢冊封體制下的宗屬關係，是維護琉球王國體制的主幹，所以日本政府以「達書」逼迫王府斷絕與中國的關係，對琉球而言，是要社稷解體，面臨王國滅亡的危機，王府首腦不斷地爲維持兩屬體制下的藩政而請願，並拒絕遵奉「達書」[13]。

在「達書」通告發布後，實際上琉球對中國的朝貢也遭停止，不僅迎接北京進貢使節的接貢船不得出航，預定於1876年派遣的

---

[12] 松田道之，《琉球處分》，頁105-107。
[13] 松田道之，《琉球處分》，頁118。

進貢船也被迫停航。正當王府爲藩政維持兩屬不斷地請願之際，福建布政使囑託由福建返國的漂流船帶回答文，詢問接貢船未到以及光緒帝即位未遣慶賀使的理由。[14]中國皇帝登基時，派遣王舅或正議大夫到北京慶賀，是全清一代例行的儀禮，對中國而言，也是誇示宗主國威信的國家典禮。王府對日本政府提出對中國發出回咨的請求而遭拒後，1876年12月，尙泰王的姐夫向德宏（幸地親方）、蔡大鼎（伊計親雲上）、林世功（名城里之主親雲上）等因那霸港被封鎖而祕密的從沖繩北部的小港口前往中國，計劃將日本阻貢之事告知中國。翌年4月12日向德宏等抵達目的地福州，對福建布政使司提出琉球國王密咨。密咨由布政使傳至閩浙總督何璟、福建巡撫丁日昌，一個多月後，爲報告阻貢之事及請示相關處置，6月24日何璟、丁日昌連名向皇帝提出了奏摺。[15]

皇帝下令將此交涉交給由總理衙門處理，並對翰林院侍講何如璋下達上諭，命其爲第一任駐日公使，派往日本與外務省進行交涉。而欲上京請願的向德宏等人，既無法如願上京，又接到命令他們歸國的上諭。

## 五、廢藩處分與王府士族的抵抗

就這樣，琉球問題的交涉，改由新上任的何如璋負責進行。對琉球問題十分生疏的何公使一行，1877年12月25日抵達東京後，琉球官員即屢次求見，面陳琉球危迫情況，哀請救援。[16]何如璋與

---

【14】松田道之，《琉球處分》，頁171-172。

【15】〈閩浙總督何璟等奏據情陳奏琉球職貢日本梗阻摺〉，光緒三（1877）年五月十四日，收入《清光緒朝中日交涉史料》卷1（臺北：文海出版社，1963年），頁21。

【16】〈總理各國事務衙門奏日本梗阻琉球入貢現與出使商辦情形摺〉，光緒四

琉球藩邸展開密切的聯繫，針對日本政府對琉施政措施蒐集情報
後，即往外務省拜訪外務卿寺島宗則，除傳達琉球對中國已提出訴
求外，還質問日本政府阻貢的理由，並對其一連串的措施，表示嚴
正的抗議。[17]另一方面，何如璋爲讓琉球問題受到國際矚目，命富
川親方盛奎（毛鳳來）、與那原親方良傑等人對曾與琉球締結條約
的美、法、荷公使提出請願書，請求干涉救援，以助「小琉球國」
脫離危機。

　　其實，兩屬體制並非琉球所獨有，如中亞的克薩布汗國也對
中國和俄國雙方進行朝貢。不過，美、法、荷三國沒有干涉琉球問
題，何如璋將琉球歸屬問題捲入歐洲各國意圖國際化的策略，最終
沒能實現。[18]其後何如璋仍堅持琉球兩屬的主張，進行了十多次的
談判，爲恢復進貢冊封而努力不懈，但寺島外務卿對琉球問題始終
主張日本有領有權，表示跟琉球有關的措施全屬日本內政問題，一
概拒絕何如璋的要求。何如璋不放棄抗議，10月7日要求琉球復舊
及維持進貢之照會文中寫道：「貴國禁止琉球進貢我國，我政府聞
之，以爲日本堂堂大國，諒不肯背鄰交欺弱國，爲此不信不義無情
無理之事」[19]。寺島責之爲狂言並要求撤回，何如璋則態度堅定地
拒絕，以「若貴國用書面發出絕交或義絕通知，我會攜之立即離開
日本」[20]，琉球問題至此觸礁，兩國政府無法進行正式交涉，陷入
了膠著狀態。

　　12月27日，日本政府再度派遣松田內務大書記官赴琉，並廢
止了1873年3月設在東京的琉球藩東京在番，對何如璋及曾與外國

　　（1878）年六月初五日，收入《清光緒朝中日交涉史料》卷1，頁24。
[17] 外務省編，《琉球所屬問題關係資料》第8卷第1，頁159-162。
[18] 喜舍場朝賢，《琉球見聞錄》（東京：至言社，1977年），頁109。
[19] 外務省編，《琉球所屬問題關係資料》第8卷第1，頁185。
[20] 外務省編，《琉球所屬問題關係資料》第8卷第1，頁211。

公使接觸過的琉球藩在京藩吏發出歸藩命令。[21]1879年1月，和在京琉球藩吏一同抵達那霸的內務大書記官松田道之，傳達以後上京或到藩地外旅行時，必須取得內務省出張所內務卿的許可，再度逼迫王府遵奉「達書」。王府堅持延續日中兩屬的藩政，一面拒絕遵奉「達書」，一面期待中國的救援。2月13日，從琉球返京的松田發出了「第二回奉使琉球復命書」，文中對太政大臣三條實美請求實施廢藩處分。[22]日本政府面臨王府拒絕遵奉，又演變成與中國的外交問題，造成其施政日程遲遲不進，便決定加速擬定處分琉球藩方案。

內務省內部設一「臨時取調掛」，由松田內務大書記官擔任首長。臨時取調掛負責琉球藩廢藩置縣之相關經費及其他各項調查，松田內務大書記官有隨行員9名，內務省出張所在勤官增員32名，警視補、警部、巡查160名，分遣隊增員300餘名，決定撥用經費4萬808日圓37錢5厘。[23]

對於何如璋的抗議，以及王府再三提出維持藩政的懇願，政府指派松田道之為處分官，率領警部、巡查和步兵大隊開始進行武力鎮壓，3月27日在首里城對琉球藩逐次發布「達書」，下令「讓出首里城」、「藩王上京」、「土地人民及其他各項官簿等的提交」等，任命木梨精一郎為「縣令心得（代行縣令）」，在內務省出張所設置了臨時縣廳。[24]

3月31日是藩王尚泰退出首里城的日子，當晚藩王和婦女們一同跨出久慶門，首里城隨後由日本政府接收，轉變為熊本鎮臺沖繩

[21] 松田道之，《琉球處分》，頁185。
[22] 松田道之，《琉球處分》，頁185。
[23] 松田道之，《琉球處分》，頁216。
[24] 松田道之，《琉球處分》，頁221-223。

分遣隊的駐紮地。4月4日廢止琉球藩，在全國中央集權體制中編入沖繩縣，並宣布「廢藩置縣」。松田道之在進行這項處分中，其同行警部、巡查等，連家信的收發都被禁止。對於尚泰王提出上京延期的請願，4月27日松田命令世子先上京，隨後尚泰王以生病為由，請求延期上京，但5月27日被迫上京，被賜予麴町區富士見町2,000坪的宅邸。[25]沖繩設縣後，為了避免琉球社會在此急速的變革下人心惶惶，日本政府發布維持琉球王國時代的土地制度、租稅制度及地方制度不變的縣政基本方針，對琉球實施舊慣溫存統治政策。

　　日本政府的舊慣溫存政策，除撫慰行政組織解體下喪失地位的舊王府支配層外，也是對「廢藩置縣」後嚴正抗議的中國，在外交上做一緩衝性的考量，另對有祿士族依舊支給金祿。5月18日鍋島直彬就任縣令，縣廳裡設置庶務課、學務課、租稅課、衛生課、紀錄課、出納課。此係依據1871年12月公布的縣政條例，並以其他府縣為準所定，另就沖繩特殊狀況加以考慮，而設有警察本部和審判所。5月中，益滿邦介大尉將沒收的武器運往首里城內，7月設置沖繩縣警察本署後，接連的在首里、那霸、久米島、宮古、八重山、羽地、東風平、美里等地設立警察分署。統治機構中樞雖然完整，但縣政機能未能立即啟動。首里、那霸、久米、泊、各間切及各村落的官員，仍可按舊的職稱執勤，王府官員對於處分官、縣令代理者的命令，則一概不從，拒絕任職，及拒絕交出租稅徵收文件等，各機關呈現門戶緊閉的狀態。王府官員的抵抗是推行縣治最大的阻礙，儘管不以武力抵抗，但簽下不服從縣政的血印誓約書，衝突擴大，示威抗議活動因而在各地不斷地展開。

---

[25] 松田道之，《琉球處分》，頁328-329。

中城御殿集結的王府舊支配層勢力，無視於縣廳的施政，照舊命地方官強收租稅，造成「雙重權力」的狀態。當局為停止雙重權力狀態，8月開始，除了王府官員以外，各間切的下知役、檢者、宮古八重山的在番、頭役等官員共有一百多人遭到拘禁。拘禁後開始進行糾彈，並用繩子綁住雙手懸掛在屋樑上，再以杖棒拷打訊問。[26]王府首腦在當局徹底彈壓下，終於對縣政做出妥協。同年9月14日，舊三司官浦添親方朝昭、富三親方盛奎等，以提出服從縣政的請願書做為交換，要求釋放被逮捕的王府及地方官員。[27]同年9月24日，浦添、富川等自就任沖繩縣顧問官以來，對縣政的抗議活動在表面上已告一段落，但反抗並未因此平息，隨後王府的支配層開始密航中國，積極地對中國展開請願運動，試圖尋求宗主國對藩屬國的庇護。

## 六、琉球復國運動的展開與脫清人

在福州擬向北京總理衙門及禮部直接請願不成，被命令歸國的向德宏、蔡大鼎、林世功等人，以及1874年琉球王國最後的進貢使節毛精長等均滯留福建。這些人的起居生活都僅限於福州琉球館，不可任意移動，他們只好在福州琉球館靜待駐日公使何如璋對日交涉結果。

日本政府斷然執行置縣處分一事，是由久米村士族湖城以正等人偽裝漂流民，密航福州對向德宏等人傳達的，6月6日在東京的世子尚典也委託福建商人傳送密書，告訴他們事情細節。[28]向德

---

[26] 喜舍場朝賢，《琉球見聞錄》，頁144。

[27] 喜舍場朝賢，《琉球見聞錄》，頁146。

[28]〈琉球國紫巾官向德宏初次稟稿〉，光緒五（1879）年五月十四日附，收

宏等人滿懷期待何如璋在東京對日交涉時，對王國的滅亡感到萬分
震驚，在向德宏眼中，尚泰被強制移居東京，實屬軟禁。世子尚典
於密函中指示，勿滯留福州，應即速北上向北京請願。於是向德宏
立刻剃髮，裝扮成中國人北上。由於中日修好條規和臺灣問題等有
關日本的外交事務，多握在具有相當影響力的直隸總督李鴻章（北
洋通商大臣兼務）手中。因此，7月3日向德宏對李鴻章提出救國
請願書，其內容已跳脫王府一貫主張的兩屬體制下的琉球復歸，而
改成反日的主張。進一步說，琉球在日本強行廢藩置縣下，雖然王
府首腦力求維持藩政時代的兩屬國體，但由事態的發展判斷，兩屬
的王國復舊已不可能實現，於是在請願書中明確地表明脫離日本，
但願本著東亞宗屬支配原理維持傳統華夷秩序的中國，能以保護屬
國的姿態，援助王國復舊。向德宏在第二次提出的請願書中寫道：
「如得興師問罪，即以敝國爲嚮導，宏願充先鋒使日本不敢逞其凶
頑。宏於日國地圖言語文字諸頗詳悉，甘願效力軍前，以洩不共戴
天之憤」，[29]請求中國以武力介入，協助王國的復國。福州琉球館
在向德宏北上後，又有尚弼（王弟）所派的向廷槐等，以及其他密
航者相繼而至，逐一報告廢藩處分後的琉球形勢。同年9月29日毛
精長、蔡大鼎、林世功等人率同中國通事謝維垣北上，10月19日
由沙鍋門進入北京，22日對總理衙門，24日對禮部提出請願書陳
述琉球之困境。禮部對於琉球人的請願運動，基於毛精長是1874
年的進貢正使，奏請將暫住正陽門外旅舍之毛精長等人安頓於四驛
館，視同進貢使節，豈料總理衙門卻上奏「若守候日久誠恐別生枝

入（清）李鴻章著、吳汝綸編錄，《李文忠公全集　譯署函稿》卷9（臺北：文海
出版社，1968年），頁20。

【29】〈琉球國紫巾向官德宏二次稟稿〉，光緒五（1879）年六月初五日附，收
入（清）李鴻章著、吳汝綸編錄，《李文忠公全集　譯署函稿》卷9，頁20。

節致多窒礙」，[30]唯恐北京已設日本公使館，事情變得複雜，而請
下賜毛精長等人路銀300兩，令其即刻出京，並用輪船由天津送還
福州。至於琉球請願之處置案，則因意見不一，最後在總理衙門
提案被採用下，10月27日由軍機處發下出京之上諭。不過，蔡大
鼎、林世功等人以毛精長生病爲由暫延出京，其後終未離京，而以
正陽門外之旅舍爲據點，不斷地對負責琉球問題交涉之總理衙門進
行請願運動。

　　琉球亡國後，舊王府士族密航中國接踵而至。沖繩當局對這
種爲復國而尋求中國庇護的請願運動，稱爲「琉球復舊運動」，密
航脫走到中（清）國從事復國運動的人，稱爲「脫清人」。松田道
之爲防止「脫清人」密航中國，派遣巡查到沖繩本島各要港，注意
船舶出入。[31]久米島和慶良間島是自古至今渡航中國者出帆必經之
島，同樣派遣警部、巡查嚴加戒備。又，派遣警部、巡查到宮古、
八重山加強取締密航中國，對於前往東京或是其他地方旅行的人，
爲防止是由該地密航中國，松田也特別提出了呈報書，提醒該地提
高警覺。另一方面，外務卿寺島宗則對廈門領事福島九成發出調查
脫清人動向的指令。同年6月，海軍少尉曾根俊虎和由上海召集而
來的吳碩等人，僱用三個中國人，對滯留福州琉球館的脫清人動向
展開了調查。但此任務被中國官憲識破，有兩名遭到逮捕，另一名
福州出身的黃成章向廈門領事尋求保護，曾根則逃入停泊中的日進
艦，這項特務活動受到中國嚴正的抗議。[32]至於向德宏的動向，天

[30]〈總理各國事務衙門奏琉球耳目官毛精長到京乞援摺〉，光緒五（1879）
　　年九月十三日，收入《清光緒朝中日交涉史料》卷1（臺北：文海出版社，1963
　　年），頁34-35。
[31] 松田道之，《琉球處分》，頁224。
[32]〈曾根・町田・清水・三名清國内地ノ視察一件〉，《外務省紀錄分類第5
　　門軍事5.1.10.3》（日本外交史料館藏）。

津領事竹添進一藉接近李鴻章之際，除窺伺中國對琉球問題的應對外，也對向德宏的行蹤加以掌握，並逐次向外務省報告。在北京有外務卿派遣的美國人約翰・皮特曼（John Pitman）負責蒐集琉球復國運動相關情報，另命公使館內僱用的巴茲爾・霍爾（Basil Hall）擔任有關琉球問題的「流言偵探」。又令公使館的「支那人總取締」喬文彬假扮「客商」，對滯留北京慶隆棧的脫清人展開動向調查。[33]

## 七、分島改約交涉與交涉的挫折

日本政府對琉球強制實施廢藩置縣，爲的是一元化的支配，絕不可能接受中國主張的兩屬論，因此琉球問題無論於東京或北京都難以尋得解決之道。此時中國正逢前美國總統格蘭特（Ulysses S. Grant）來訪，於是計劃趁機解決琉球問題。1879年5月，恭親王懇請格蘭特對琉球歸屬問題居間調停，李鴻章在格蘭特訪問天津督署時也做出同樣的請求，琉球問題浮上了檯面。1879年6月格蘭特訪日，琉球問題穿插在日本政府和歐美列強間的條約改正交涉中進行，日本政府任命在北京的宍戶駐清公使爲全權公使和總理衙門進行談判。[34]

在德川幕府末期，日本曾與歐美各國締結了治外法權、協定稅率、最惠國條款等不平等條約，對朝著近代主權國家方向發展的明治政府而言，條約改正是最首要任務。1879年9月就任外務卿的井

---

[33]〈在北京榎本公使機密信第21號寫〉，明治16年5月5日〈榎本武揚より井上外務卿あて機密信〉，收入外務省編，《琉球廢藩置縣處分4》（日本外交史料館藏）。

[34] 外務省編，《琉球所屬問題關係資料》第8卷第1，頁520。

上馨,一改由副島種臣和寺島宗則所展開且連連碰壁的國別交涉方式,而採各國合同的改約交涉方式。當時井上最擔心的是,在與歐美各國展開新條約改正時,原本於1871年與日本締結中日修好條規的中國,若以未到1883年之有效期限爲由拒絕改約的話,條約改正的交涉將會釀成爭議,也可能造成歐美各國認爲日本與中國之間所締結的「稅率」和「治外法權」尚在有效期限內而拒絕改約。基於以上考量,井上爲求條約改正交涉順利,便計劃先展開中日修好條規改約交涉,並有效利用和中國處理糾紛不斷的琉球問題。交涉始於1880年8月,日本政府提出割讓宮古、八重山,以換取中國追認中日修好條規中未受允諾的中國內地通商權與最惠國待遇,亦即所謂「分島改約案」。交涉案呈現前近代琉球對日中兩屬的型態未被日本政府強行處分徹底抹去,也呈現強制執行一元化統合的日本,在分島改約交涉上顯出以國家利益爲優先的政治矛盾。

當時中國正因新疆伊犁事件所簽訂的利伐第亞條約,與俄國對立,從而中國內部興起了俄羅斯威脅論。日本政府便藉中俄伊犁問題之領土糾紛,一邊對中國施壓,一邊探索簽訂日俄協約的可能性。10月21日,日本與主張日中提攜路線的洋務派總理衙門之間議定了「琉案條約專案」、「加約條約」、「條約憑單」,並約定十天後簽署,三個月後批准。[35]總理衙門之所以同意以交換條件取得宮古、八重山的理由,是爲了琉球王國的社稷在南島執政的話,可以再統合於朝貢冊封體制的華夷秩序中。於是,自琉球處分以來,一直在中日兩之國間紛爭不斷的琉球歸屬問題,將因這個條約案而達成妥協。

日本政府對於分島改約交涉雖視爲祕密外交進行著,但交涉內

---

[35] 外務省調查部編,《日本外交文書》第13卷(東京:日本國際協會,1955年),頁378-379。

容由李鴻章或東京中國公使館對琉球洩露了出去。對此分島案，在北京的毛精長、蔡大鼎、林世功等人，對總理衙門提出嚴正抗議的請願書，表示宮古、八重山是貧瘠荒地，不足以提供琉球復國，不該認同分島條件。

1870至1880年代，出現了一批俗稱「清流」或稱「清流黨」的官員，本著傳統儒教思想提倡強硬論，對政策決定每每帶來很大的影響。歸屬清流黨之一的詹事府右庶子兼起居注官的陳寶琛，提出與脫清人相同的理由，為反對分島而上奏。[36]另透過守候在東京尚家的舊三司官與那原良傑（馬兼才），何如璋將尚泰不接受分島案之意傳達到李鴻章處，在天津持續請願活動的向德宏也向李鴻章表示，在宮古、八重山復興王國之困難。於是，李鴻章便根據這些反對理由採取行動，提議若在三個月內與俄國的伊犁問題未解決的話，即使日方催促改約，也將推辭延期或來日再議，若在三個月內解決了伊犁問題，則以未能批准為由，對日本明示延期再議。[37]分島改約交涉問題，因有李鴻章的上奏，而使事態越發難以收拾。

在中國，有關國事重要決定所採用的辦法之一是，對各省總督及巡撫等相關地方官發出諮詢。對於分島改約問題也採用這項措施，亦即在各方覆奏未集中到中央以前，政策決定只得延後。外務卿井上馨對宍戶公使傳送了內訓狀，其內容表示，已約定簽署改約，倘若未能實現，不僅日本政府使臣蒙羞，對日本政府而言，也是一項恥辱，故要求總理衙門無論如何都要簽約，並告知中國如不接受日本要求，就馬上停止談判回國。然而，總理衙門在幾度催促

---

[36]〈右庶子陳寶琛奏倭案不宜遽結摺〉，光緒六（1880）年九月二十六日，收入《清光緒朝中日交涉史料》卷2（臺北：文海出版社，1963年），頁11。

[37]〈妥籌球案摺〉，光緒六（1880）年十月初九日，收入（清）李鴻章著、吳汝綸編錄，《李文忠公全集　奏稿》卷39，頁1-5。

下都未做出回應，宍戶只好對總理衙門發出最後通告，表示因為中國單方面不履行改約簽訂，以致造成毀約，並於1月20日離開北京，由上海搭乘軍艦金剛號返國。宍戶的離開使分島改約交涉案宣告決裂。

2月24日中俄兩國簽訂聖彼得堡條約，解決了伊犁問題，接著，3月5日光緒帝對總理衙門發出上諭，下令再度對琉球問題進行交涉。[38]光緒帝的上諭一下達，「脫清人」深恐分島案再現，而不斷地為反對分島案請願。總理衙門委託駐清德國公使勃蘭特（Von Brandt）調停，7月勃蘭特就向日本政府發出交涉再開勸告書。日本政府礙於面子，首先表示拒絕，但不久便採祕密外交的方式積極地策劃「琉球王國」在宮古、八重山的復國。妥協案已超出當初正式交涉時所設定的條件範疇，日本政府極機密地將此構想藉由香港總督軒尼詩（John Pope Hennessy）傳達，並以軒尼詩為仲介，與總理衙門及李鴻章展開交涉。

在軒尼詩的協助下，與李鴻章的談判出現了達成和議的希望，於是外務卿井上馨對天津領事竹添進一郎指示重啟祕密交涉。[39]1881年交涉再開，然而這次對象不是總理衙門，是李鴻章。李鴻章提出除了宮古、八重山以外，再割讓首里的要求，遠遠超出日本所構設的範圍，雙方僵持不下，因此祕密外交破裂。非正式交涉後，何如璋後任駐日公使黎庶昌與參議兼大藏卿松方正義之間也展開過協議，但日方主張除了宮古、八重山以外的日本領地絕不讓出的意念不變，琉球問題只得擱置成為懸案，直到1883年中日修

---

[38]〈上諭〉，光緒七（1881）年二月初六日上諭檔，收入《清光緒朝中日交涉史料》卷2，頁38。

[39]外務省編，《琉球所屬問題關係資料》第8卷第2（東京：本邦書籍株式會社，1980年），頁1089。

好條規期滿十年，面臨了改約之期。與各列強進行改約交涉之井上馨，3月開始進行中日間不涉及琉球問題的條約改正，但總理衙門在5月裡發出通告表示，琉球問題的解決是改約交涉的必要條件，兩個問題是一體不可分的，這項發言對改約的進行又造成了動盪。井上拒絕將糾紛不斷的琉球問題與改約交涉有所連結，再者，中日修好條規中並未明記改正期限，只規定在十年期滿的1883年4月30日以後，在兩國協議下可以進行改約，改約是以兩國同意為前提而進行的。不過，中國把琉球問題與改約交涉連結，既無法實現，也無法達成改約的協議，外務省只得放棄改約交涉。至此，琉球問題不再是促成條約改正的利器，反而成了一大阻礙。其後，日本政府對琉球問題置之不理，不再與中國進行交涉。

## 八、宗屬支配原理與中日甲午戰爭的爆發

近代中國飽受西方列強「外壓」之苦，鴉片戰爭後被迫簽下了不平等條約。惟，主導中國外交的洋務派基於華夷秩序，主張採二元化的外交政策，亦即宗屬支配體制既不適用於西洋諸國，對於歐美列強，就應採用近代國際法則，與亞洲各國關係則貫徹原有的宗屬支配原理，維持進貢冊封體制。

在分島改約交涉決裂，琉球問題遲遲未能進展中，向有德（按司奉行、浦添朝忠）、毛鳳來（三司官、富川盛奎）等王府中樞人物陸續密航加入請願運動。毛鳳來對禮部的請願書中寫道：「據情奏請，聖朝聲威亟賜天討，復國復君，永為中朝一屬，仍修貢職以守封疆而奉宗社」，[40]其中所謂「永為中朝一屬」，表達琉球為維

---

【40】陳龍貴主編，《清代琉球史料彙編》，軍機處檔奏摺錄副（下），（臺北：國立故宮博物院，2016年），頁336-337。

持中華世界中之傳統宗屬關係，而與日本完全脫離之構想。琉球復
國運動展開之時，與琉球同爲禮部管轄的屬國越南和朝鮮也發生了
抗爭事件。1882年7月23日，朝鮮首都漢城爆發了士兵和市民反政
府、反日暴動的朝鮮京城兵變，中國命北洋軍隊提督丁汝昌率軍討
伐；另，1884年獨立黨對事大黨發動政變，史稱「甲申之亂」，
由吳兆有、袁世凱率領中國駐留軍鎭壓下來。越南方面，向爲越南
宗主國的中國與企圖將越南納爲殖民地的法國對立越演越烈，法國
進軍到越南北部的東京時，宗主國中國也出兵反抗，於是發展成
1884年的「中法戰爭」。中國對屬國的軍事介入，並非只出於宗
屬觀念，其中也有立基於國防及戰略上的考量，中國能否繼續維持
東亞朝貢冊封體制，對琉球復國運動的影響很大。此期舊王府支配
層頻繁地密航中國進行請願活動，執意請求中國以武力干涉琉球問
題。請願書的提交對象除總理衙門及外交中心人物李鴻章以外，還
有八旗駐屯軍指揮官之福州將軍穆圖善，壬午事變後主張集結南洋
艦隊以速戰速決處理琉球問題之鴻臚寺卿鄧承修，以及中法戰爭時
在北京提倡主戰論的左宗棠等人。中法戰爭時，左宗棠以欽差督辦
福建軍務被派遣到福州，此時脫清人毛有慶（龜川盛棟）所詠的一
首詩「聲鼓六師催，風雲八陣開，礮鎗震轟處，驚起臥龍才」，[41]
反映對武將左宗棠期待很大。據沖繩縣令西村捨三對政府提出的
「脫清人明細表」人數統計，至1884年爲止已達124人。[42]請願書
集中於清末朝貢冊封體制中，與琉球、朝鮮、越南外交問題有直接
相關的人物，而且都屬於強硬論者，由此可見請願書提交對象是經

---

[41] 上里賢一，〈毛有慶《竹蔭詩稿寫》〉，《日本東洋文化論集》5號，1999年3
月，頁54。

[42] 〈脫清人明細表〉，收入琉球政府編，《沖繩縣史》第13卷，資料篇3《沖
繩縣關係各省公文書2》（那霸：國書刊行會，1966年），頁274-82。

過審慎考量其政治地位後決定的。[43]（見表8-1）

表8-1　琉球復國運動者送交請願書一覽

| | 日期 | 收文者 | 請願者 | 史料名 | 備註 |
|---|---|---|---|---|---|
| 1 | 光緒5年5月14日<br>1879.07.03 | 李鴻章 | 向德宏 | 《李文忠公全集》，譯署函稿9卷，頁19-22 | |
| 2 | 光緒5年6月5日<br>1879.07.23 | 同上 | 同上 | 《李文忠公全集》，譯署函稿9卷，頁22-23 | |
| 3 | 光緒5年9月8日<br>1879.10.22 | 總理衙門 | 毛精長<br>蔡大鼎<br>林世功 | 沖繩縣立圖書館東恩納寬惇文庫藏「（福州琉球館藏）北京投稟抄」 | 《清季外交史料》收錄 |
| 4 | 光緒5年9月10日<br>1879.10.24 | 禮部 | 同上 | 同上 | 《清光緒朝中日交涉史料》收錄 |
| 5 | 光緒5年9月15日<br>1879.10.29 | 總理衙門 | 同上 | 同上 | 不受理 |
| 6 | 光緒5年9月27日<br>1879.11.10 | 同上 | 同上 | 同上 | 同上 |
| 7 | 光緒5年11月21日<br>1880.01.02 | 同上 | 同上 | 同上 | 受理之後退還 |
| 8 | 光緒6年7月8日<br>1880.08.13 | 同上 | 同上 | 同上 | 受理與否不詳 |
| 9 | 光緒6年8月4日<br>1880.09.08 | 同上 | 同上 | 同上 | 同上 |
| 10 | 光緒6年8月24日<br>1880.09.28 | 同上 | 同上 | 同上 | 同上 |
| 11 | 光緒6年10月16日<br>1880.11.18 | 同上 | 同上 | 同上 | |
| 12 | 光緒6年10月18日<br>1880.11.20 | 同上 | 林世功 | 同上 | 受理與否不詳 |
| 13 | 光緒7年1月24日<br>1881.02.22 | 許景澄 | 毛精長<br>蔡大鼎 | 同上 | |

---

[43] 赤嶺守，〈琉球士族の反抗〉，收入沖繩縣文化振興會史料編集室編，《沖繩縣史》各論編5近代（那霸：沖繩教育委員會，2011年），頁87。

| | 日期 | 收文者 | 請願者 | 史料名 | 備註 |
|---|---|---|---|---|---|
| 14 | 光緒7年2月16日<br>1881.03.15 | 左宗棠 | 同上 | 同上 | 未提出 |
| 15 | 光緒7年9月26日<br>1881.11.17 | 李鴻章 | 同上 | 同上 | |
| 16 | 光緒8年3月14日<br>1882.05.01 | 總理衙門 | 同上 | 同上 | |
| 17 | 光緒9年6月27日<br>1883.07.30 | 不明 | 向德宏<br>蔡德昌<br>蔡錫書 | 島尻勝太郎，〈我如古仁屋漂流記をめぐる史料〉，《八重山島を中心とした古文書調查報告書》，第35集，頁9 | 受理與否不詳 |
| 18 | 光緒9年11月4日<br>1883.12.03 | 禮部 | 向文光<br>魏元才 | 《清季外交史料》37卷，頁2-4 | 外務省外交史料館藏《清國外交秘史卷3》收錄 |
| 19 | 光緒10年11月 | 左宗棠 | 向德宏<br>向有德<br>蔡德昌<br>鄭輝煌<br>金德輝 | 國立中央研究院近代史研究所藏《清季外交檔》（「琉球檔」·球案文桌鈔存） | |
| 20 | 光緒11年2月24日<br>1885.04.09 | 同上 | 向德宏<br>向有德<br>蔡德昌<br>鄭輝煌<br>蔡以讓 | 同上 | |
| 21 | 同上 | 同上 | 向德宏<br>向有德 | 同上 | |
| 22 | 光緒11年2月 | 穆圖善 | 向龍光<br>向德宏<br>向有德<br>蔡德昌<br>鄭輝煌<br>鄭輝柄<br>蔡以讓<br>楊紹榮 | 同上 | |
| 23 | 光緒11年3月 | 左宗棠 | 同上 | 同上 | |

| | 日期 | 收文者 | 請願者 | 史料名 | 備註 |
|---|---|---|---|---|---|
| 24 | 光緒11年4月 | 錫珍<br>鄧承修 | 向德宏<br>向文光<br>魏元才 | 同上 | |
| 25 | 光緒11年5月 | 總理衙門 | 毛鳳來<br>蔡大鼎<br>王大業 | 同上 | 故宮博物院（臺北）藏「軍機處檔案」 |
| 26 | 光緒11年5月 | 李鴻章 | 向德宏<br>魏元才 | 《河北第一博物院畫報》第70期 | |
| 27 | 光緒11年5月 | 同上 | 向德宏 | 同上第71期 | |

　　另一方面，在琉球復國運動展開時，中國正受到來自西洋的衝擊，原在華夷秩序下做為緩衝地帶的朝貢國一個個喪失，「中華帝國體制」也面臨了崩潰的命運。東有朝鮮，南有越南、緬甸，西有中亞的「朝貢藩屬」被解體，各列強國同時發起對中國周邊國家的殖民地化。1884年中法戰爭後簽訂了天津條約，中國承認法國對越南的保護權，並放棄對越南行使外交及軍事的宗主權。又，1886年緬甸成為英國殖民地。如此情勢，顯現中國的朝貢國逐漸喪失，在東亞進貢冊封體制中，所謂的屬國只留下形骸，宗主權實際所及的只剩下朝鮮，至此傳統東亞國際秩序面臨了全面崩潰的危機。以宗主國中國為中心的「中華帝國體制」瓦解，威信墜落時，出現了一批背離琉球復國運動的士族，復國運動也開始走下坡。特別是，到了80年代後半，毛精長、毛鳳來、向德宏等人陸續客死中國，復國運動漸漸地失去了向心力。其實，「脫清人」所主張的「復國」、「復君」，意味著封建王制的復活，在長期復國運動中，隨著日本同化及皇民化教育，沖繩社會漸次產生時代思想的轉換，首里門閥子弟高嶺朝教、護得久朝惟、太田朝敷等到東京求

學，成為年輕知識分子的中心，1893年以「國民同化」為目的，
創辦了《琉球新報》，嚴正批判琉球復國運動為「時代錯誤」的產
物，迫使該運動陷入了困境。

　　但有些舊士族相信只要本著宗屬支配法則的中國，維持東亞
朝貢冊封體制，琉球仍有復舊的可能，因此即便復舊運動失利，還
是執意地堅持著。之後，日本為擴張國權，否定了中國對朝鮮的宗
主權，在雙方攻防抗爭中，爆發了中日甲午戰爭，這也是王國滅亡
15年來，琉球復國運動所面臨的最高潮時期。對從事琉球復國運
動者而言，在禮部管轄最後一個維持宗屬關係的朝鮮，能否得到中
國的保護，左右了琉球復國運動的命運，亦即中國對日本軍事衝突
的勝利，將直接與琉球王國的復舊有所連結。鑑此，中日甲午戰爭
的意義並不止於對朝鮮的抗爭，對琉球的將來也有決定性的影響。
究竟沖繩要繼續日本政府的縣政，還是實現王國的復興，中日甲午
戰爭的結果成了琉球命運的分歧點。

　　甲午戰爭一開始，不知從何而來的謠言，流傳福建馬尾的南
洋艦隊要將琉球奪還，然後襲擊九州，船體有黃色的龍圖，並懸掛
著黃龍旗的南洋艦隊，被稱為「黃色艦隊」。「黃色艦隊」可能來
襲，在本土新聞中也有報導，所以不能完全排除其可信度。實際上
中國代表性的日刊《申報》，在1894年8月22日社論〈天誅篇〉中
也論及琉球的奪還，主戰論的都察院江南道監察御史張仲炘，以及
翰林院侍講學士瞿鴻機，上奏建議從福州對琉球進行襲擊。[44]畢竟
脫清人及琉球復國運動支持者一直對中國寄予強烈的期待。

---

[44]〈江南道監察御史張仲炘奏倭患方張籌度戰守事宜摺〉，光緒二十（1894）
　　年七月十八日，收入《清光緒朝中日交涉史料》卷17（臺北：文海出版社，1963
　　年），頁14-17；〈翰林院侍講學士四川學政瞿鴻機奏不可輕與倭人言和摺〉，光
　　緒二十（1894）年九月十八日，收入《清光緒朝中日交涉史料》卷25（臺北：文
　　海出版社，1963年），頁8-10。

　　琉球復國運動的支持者在每月1日和15日，舉行「百人御物
參」，亦即穿上古琉球的大禮服，前往弁之嶽、圓覺寺、弁財天
堂、圓比屋武御嶽、觀音堂等處參拜，祈求舊國王尙泰健康和中國
勝利。[45]對此，琉球新報做了激烈的批評，蔑稱琉球復國運動者爲
「頑固黨」，並對戰局一一展開報導。其中南洋艦隊襲擊沖繩的謠
傳四處紛飛，使得縣內緊張氣氛高漲。在擔任縣學務要職並兼任沖
繩尋常中學師範學校校長兒玉喜八的提倡下，各中學和師範學校職
員、學生組成「義勇團」，以便遇有緊急狀況時，能在熊本鎭臺沖
繩分遣隊的指揮下採取軍事行動，爲此實施了實彈射擊演習、野外
演習等嚴格的軍事訓練。另外來自本土的居留商人們以麓純義爲團
長，組織了同盟會，聚集370多名團員，每天集合於那霸區的南洋
館進行武鬥訓練，妻兒們則被安排返鄉。當時沖繩社會人心惶惶，
充滿了不安的氣氛，有些那霸市民甚至將家具和家財都搬往鄉下去
避難。就這樣，沖繩社會一直受到「黃色艦隊」來襲謠言的震盪，
直到中日甲午戰爭結束。

## 九、戰爭的終結與琉球社會的轉變

　　中日甲午戰爭最後是以日本戰勝收場的。1895年4月17日在下
關簽訂的中日馬關條約之第一條，規定朝鮮朝貢冊封的中國承認放
棄對朝鮮的宗主權。對於琉球問題則未言及，中國在條約中雖未放
棄對琉球的宗主權，但卻落到割讓自己領土臺灣的悲慘下場。隨著
中國戰敗，關係到琉球復國運動命運的中國朝貢冊封體制完全瓦
解。爲締結講和條約，擔任中國全權大臣被派往日本下關的，是

---

[45]伊波普猷，〈中學時代の思出〉，《伊波普猷全集》第7卷（東京：平凡
　　社，1975年），頁367。

「脫清人」最寄予厚望，也對其提出最多請願書的李鴻章。中國的敗北使王國復興的可能性完全破滅，至此復國運動不得不面對決定性的挫折。此後，放棄琉球復國運動的脫清人相繼回國，運動也終歸瓦解。毛精長、毛鳳來、向德宏等人死後，中心人物向有德（浦添按司朝忠）也於1896年1月離開了運動的據點福州琉球館。

中國在甲午戰爭中戰敗，不只是親中派士族，連一般琉球人在心理上也起了很大的變化，時代的象徵反映在剪去髮辮和就學率的提升上。琉球男女就學率一下子各自升到45%和17%，1907年就學率更升到93%。日本在軍事上的勝利，使琉球歸屬順理成章，完全沒有外交問題的顧慮，此外也成功地將舊王府支配層的琉球復國運動徹底瓦解，從而開始實施和本土制度一體化的改革。1896年3月5日公布沖繩縣區制及郡編制敕令，將全縣劃分為首里、那霸兩區，和島尻、中頭、國頭、宮古、八重山五郡，翌年3月29日公布「沖繩縣間切島吏員規程」，將王國時代的間切、島番所改稱為役場，廢除地頭代以下的地方官職，大幅刪減了官員人數。因考慮造成民情不安而延期的徵兵制，則從1898年開始實施（宮古八重山於1902年實施）。另，1899年3月10日公布沖繩縣土地整理法，並從4月1日開始實行土地整理事務。此一事務包括所有權的確認和地價的查定，即將以往對間切和村落所課的稅，改為依地租條例及國稅徵收法對土地所有者徵收。地價查定的2.5%為地租。又實施秩祿處分（金祿公債處分），取消1910年無期限延長之有祿士族的金祿支給。以後在日本內地法的陸續採用下，日本政府對琉球和本土同樣行使了一元化的中央集權政策。與此同時，琉球人民開始脫出舊王國時代的影子，而以「日本國民」的經驗參與日本社會中新的歷史的一頁。

# 第九章　戰後沖繩臺灣經貿關係

# 前言

1945年4月1日美軍登陸沖繩本島後，隨即佈告終止日本帝國的施政權，設立軍政府，市場交易禁止使用通貨，實施以物易物的方式交換物資，此外，居民所需糧食、衣服都由美國軍政府無償配給，但必須義務提供勞動力。1946年3月，軍政府宣布法定通貨為美軍發行的B圓和日本銀行發行的新日本圓，4月恢復通貨經濟，5月恢復工資制度，無償配給的日常生活物資改為有價核算，8月宣布軍票B圓與新日本圓兌換只限於沖繩本島，離島繼續使用B圓。1948年7月，軍政府公告B圓為沖繩全島唯一的法定通貨，11月宣布實施自由經濟政策。[1]

1949年中華人民共和國成立，1950年韓戰爆發，美軍為與太平洋諸國建立反共同盟關係，強化沖繩防禦系統，因而展開永久性的軍事基地建設工作。永久性基地建設對於沖繩經濟復興來說具有意義，占領地救濟基金從1948年的1,400萬美元，1950年一口氣追增到5,000萬美元（美軍將其中一部分用於經濟復興的長期貸款）。1950年美援額度達到高峰，其後大幅度的減少，取而代之的是，基地收入的增加以及日本經濟高度成長，為收回沖繩殘餘主權而給予巨額的援助。[2]

沖繩自配給時代到貨幣經濟時代，地方產業開始啟動，民間企業也漸漸抬頭。1950年12月，美軍廢除軍政，改行民政，軍政府

---

[1] 新崎盛輝著、胡冬竹譯，《沖繩現代史》（北京：生活、讀書、新知三聯書店，2010年），頁19、24-26。那霸商工會議所編集，《那霸商工會議所五十五史》（那霸：國場幸太郎發行，1983年），頁123-125。古波津清昇，《沖繩產業史自立經濟の道を求めて》（那霸：文教圖書株式會社，1983年），頁380-386。

[2] 日本政府自1962年起援助沖繩，援助額度逐年增加，1967年起超過美援，比重約占沖繩歲入總額百分之二、三十。參見前引古波津清昇著作，頁403。

改爲美國駐琉球民政府（United States Civil Administration of the Ryukyu Islands，簡稱USCAR）。1952年在美國民政府的監督下，成立了統轄沖繩人民的「琉球政府」。1958年美國民政府爲了吸引外資、擴大內需，公告法定通貨B圓改成美元，並取消外匯管制，貿易自由化和美元經濟市場的複合作用，有效地促進區域貿易和國際貿易的蓬勃發展。[3]

　　戰後臺灣爲沖繩對外貿易的重要對象之一。有關20世紀後半葉沖臺經貿關係的研究，較少受到大家關注，[4]本文有鑑於此，擬以中琉文化經濟協會文書、沖繩地方文獻爲基礎，針對：（一）沖繩政界領袖與臺灣；（二）沖繩工商界菁英與臺灣；（三）沖繩經貿訪華團；（四）沖臺經貿交涉議題等項，做一具體的分析，藉以彌補既往研究領域的不足。

# 一、沖繩政界領袖與臺灣

　　沖繩、臺灣在1895至1945年間，同屬於日本帝國支配下的無國境地區，沖繩人基於公私兩方面的需求，渡臺就業、旅遊、研習或考察者絡繹不絕。[5]1945年飽受地面戰蹂躪的沖繩，一片焦土，百廢待興。重新出發的沖繩菁英在經濟復興大業中，如何發展沖臺

---

[3] 那霸商工會議所編集，《那霸商工會議所五十五史》，頁146-156。伊志嶺惠徹，〈米國民政府〉，沖繩大百科事典刊行事務局編，《沖繩大百科事典》下卷（那霸：沖繩タイムス社，1983年），頁412-413。

[4] 回顧戰後中琉（臺沖）方面的研究，大多偏重於政治領域的研究，聚焦於臺沖經貿的研究較少。與本文相關的研究，參見朱德蘭，《臺灣沖繩交流史論集》（臺北：遠流出版公司，2015年）；張殊曼，〈戰後中華民國與琉球經貿交流之研究（1945-1972）〉（中壢：國立中央大學歷史研究所碩士論文，2017年1月，指導教授朱德蘭、吳振漢），頁1-111。

[5] 朱德蘭，《臺灣沖繩交流史論集》，頁78-85、114-121。

經貿關係？何人參與？互動實況如何？頗需加以探討。

## （一）屋良朝苗

屋良朝苗，1902年出生於讀谷村，1925年自沖繩縣師範學校畢業，從事教職數年後，進入廣島高等師範學校深造，1930年畢業，先後任教於沖繩縣女子師範學校、縣立第二中學。1938年調任臺南第二中學（今臺南一中），1943年任教臺灣總督府臺北師範學校（今臺北市立教育大學）。1946年返鄉，1947年2月就任田井等高等學校教官，4月調任知念高等學校校長。1950年就任琉球群島政府文教部長，1968年擔任第五屆琉球政府行政主席。1972年琉球歸還日本，當選第一屆沖繩縣知事。[6]

戰後中華民國與琉球政府沒有邦交，儘管如此，位居政壇要津的方治卻在增進中琉友好關係中，扮演了關鍵性的角色。

方治，號希孔，安徽人，1895年生，1989年歿，1925年畢業於東京高等師範學校升格的文理科大學，一生歷任：安徽省政府委員兼教育廳長、上海市黨部主任委員、福建省政府代理主席、中國國民黨中央評議會委員、總統府國策顧問、國民大會代表兼國民大會主席團主席、中國大陸災胞救濟總會總幹事兼祕書長（任期1950-1964年，1965-1972年副理事長）、中琉文化經濟協會理事長（任期1958-1987年）等要職。[7]

方治為推展民間外交工作，獲悉屋良朝苗曾經在臺執教八年後，即請其得意門生宋泉璋（臺灣區製藥公會理事長）代表訪沖。1969年2月26日，宋泉璋由臺灣省商會聯合會駐琉商務辦事處專員

---

[6] 平山源寶編，《沖繩名鑑》（那霸：沖繩名鑑發刊社，1954年），頁280。
[7] 朱德蘭，《臺灣沖繩交流史論集》，頁203。

徐經滿陪同，以師生之誼拜訪屋良主席。據徐經滿報告，宋泉璋致贈一座鑲滿青玉珊瑚圖案的珍貴屏風，及攜帶昔日同學寫給屋良老師的致敬書，和屋良主席傾談多次。屋良主席對宋君的尊師情誼十分感動，除了親切長談、歡宴外，還鄭重地表示要和中華民國敦睦聯誼。屋良主席公務纏身，本人不克訪臺，特別派遣副主席代表出訪。[8]

1969年8月4日，副主席知念朝功偕同通產局長砂川惠勝及其夫人等，應中琉文經協會、行政院新聞局之邀蒞臺。8月10日知念一行舉行酒會答謝各界人士熱誠接待，知念向來賓告白：「願以畢生精力爲中琉關係奮鬥」。[9]

屋良朝苗主政時期，沖臺關係發展順暢。1972年初，屋良主席爲解決沖繩製糖業缺工問題，通過中琉文經協會向臺灣聘僱700名季節工，此事經方治向主管機關斡旋，當局同意選派工人赴沖支援。[10]


## （二）大田政作

大田政作，1904年出生於國頭村地主之家，從小立志做大官爲國家效力。1928年自早稻田大學法學部畢業後，即入司法省擔任判事、檢事官。1929年參加日本行政與司法高考及格，先後在長崎、那霸、熊本等地任職審判官。1938年調任臺北地方法院檢

---

[8] 〈臺灣省商會聯合會駐琉球商務代表辦事處徐經滿致函中琉文化經濟協會方治理事長〉，1969年3月10日，琉貿經字第794號，《民國51年5月～58年8月琉球政情》；〈方治致函總統府張羣祕書長報告琉球人士對復歸日本運動之感想與現政府屋良朝苗政治趨勢〉，1969年3月17日，《民國51年5月～58年8月琉球政情》。
[9] 〈中琉文化經濟協會58年工作簡要報告〉，《民國54～61年度工作紀要》。
[10] 〈中琉文化經濟協會61年度大事記〉，《民國54～61年度工作紀要》。

察官，1940年擔任臺灣總督府事務官兼警察官及司獄官練習所教官，1942年就任澎湖廳長。1946年臺灣總督府廢止，寄居熊本縣八代市。戰後八代市由海外遣返回來的難民約計1萬人，大田政作開辦律師業兼任沖繩人會會長，常爲被檢舉走私的沖繩人出庭辯護，以及爲失業者謀職、申請配給與創業貸款，在當地擁有很高的聲望。1957年，琉球政府行政主席當間重剛得知大田政作爲人正義，兼有豐富的臺灣行政經驗，就請他出任副主席。1959年大田被選任行政主席，1964年退休，1965年改營商業，1970年當選自民黨沖繩縣支部聯合會長，1974年榮獲勳二等瑞寶章。[11]

　　方治熟悉大田政作和臺灣關係深遠，爲加強經貿往來，故請經濟部具函邀請大田副主席訪臺。1958年9月19至29日，大田副主席偕同6名團員：西銘順治（琉球政府經濟局長）、新里善福（琉球政府工務交通局長）、金城清輝（琉球政府貿易科長）、國場幸太郎（那霸商工會議所代表、國場組社長）、與世山巖（沖繩機械株式會社總務部長），及3名陪行人員：琉球華僑林伯鑄、王德立（經濟部參事，臺灣駐琉代表）、高重翔（經濟部專門委員）訪臺11天。如表9-1所見，大田一行除拜會政界首長、經貿機構主管外，還參加經濟部主辦的經貿促進座談會。大田在會中提出諸多問題，經雙方磋商，最後決議：1.琉球政府和臺灣簽訂購買1萬噸蓬萊米草約，解決沖繩糧食困難。2.促請臺灣航運界赴沖考察。3.在沖舉辦臺灣產品展覽會。4.推展中琉文化交流等，取得了具體的交流成果。[12]

---

[11] 沖繩タイムス社編，《現代沖繩人物三千人》（那霸：沖繩タイムス社，1966年），頁734；大田政作，《回想錄―わが半生の記》（東京：白鳥社，1978年），頁71-72；琉球新報社人名鑑刊行事務局編，《沖繩縣人名鑑》（那霸：琉球新報社，1991年），頁175。

[12] 〈中琉文化經濟協會函〉，1960年1月5日，琉總字第013號，《民國47年～54年工

表9-1　大田政作訪問團1958年來臺日程

| 日期 | 時間 | 訪問對象 | 接待方式 | 住宿地點 |
|---|---|---|---|---|
| 9月19日 | 16:30 | 西北班機抵達松山機場 | | 圓山飯店 |
| | 19:30 | | 經濟部王次長晚宴 | |
| 9月20日 | 09:00 | 拜會經濟部長 | | |
| | 09:45 | 拜會總統府祕書長 | | |
| | 10:20 | 拜會外交部長 | | |
| | 10:50 | 拜會交通部長 | | |
| | 11:30 | 拜會外貿會主任委員 | | |
| | 11:50 | 拜會中信局理事主席 | 中信局午宴 | |
| | 12:30 | | | |
| | 14:00-16:00 | 自由拜會 | | |
| | 16:30 | 拜會副總統陳誠 | 副總統茶會 | |
| | 17:30 | | 訪琉團體聯合晚宴 | |
| | 19:00 | | | |
| 9月21日 | 10:40 | 乘特快車赴高雄 | | 圓山飯店 |
| | 17:40 | 抵達高雄 | | |
| | 19:00 | | 鋁業公司晚宴 | |
| 9月22日 | 09:00 | 拜會高雄市長 | | |
| | 09:30 | 參觀鋁業公司 | | |
| | 10:50 | 參觀火力發電廠 | | |
| | 11:20 | 參觀唐榮鐵工廠 | | |

商互訪交流》；1960年1月19日，琉總字第029號，同上；〈中琉文化經濟協會47年度大事紀〉，《民國47～68年度工作紀要》。

| 日期 | 時間 | 訪問對象 | 接待方式 | 住宿地點 |
|---|---|---|---|---|
| | 12:30 | | 唐榮公司便餐 | |
| | 15:00 | 參觀復興夾板廠 | | |
| | 16:00 | 參觀澄清湖自來水廠 | | |
| | 17:00 | 參觀高雄港 | | |
| | 19:00 | | 高雄市長晚宴 | |
| 9月23日 | 09:00 | 參觀煉油廠 | | |
| | 10:00 | 參觀嘉新水泥廠 | | |
| | 11:10 | 參觀臺南紡織廠 | | |
| | 12:40 | | 新營酵母廠便餐 | |
| | 14:00 | 參觀酵母廠 | | |
| | 14:40 | 參觀新營紙廠 | | |
| | 16:30 | 參觀鳳梨公司員林廠 | | |
| | 17:00 | 參觀彰化臺糖加工廠 | | |
| | 19:30 | | 臺糖公司晚宴 | |
| 9月24日 | 09:10 | 拜會臺灣省政府主席 | | |
| | 11:30 | 參觀中國人造纖維廠 | | |
| | 12:40 | | 新竹玻璃廠午宴 | |
| | 14:30 | 參觀新竹玻璃廠 | | |
| | 16:00 | 參觀嘉禾麵粉廠 | | |
| 9月25日 | 09:30 | 參觀臺肥六廠 | | |
| | 10:40 | 參觀基隆港 | | |
| | 11:10 | 參觀造船廠 | | |
| | 13:00 | | 谷正綱理事長午宴 | |

| 日期 | 時間 | 訪問對象 | 接待方式 | 住宿地點 |
|---|---|---|---|---|
| | 14:30 | 參觀大同工廠 | | |
| | 17:30 | | 經濟部長酒會 | |
| | 19:30 | | 糧食局晚宴 | |
| 9月26日 | 09:30 | 經濟座談會 | 物資局午宴 | |
| | 15:00-18:00 | | 中琉文經協會茶會 | |
| | 19:30 | | 工商界聯合公宴 | |
| 9月27日 | | 自由活動 | | |
| 9月28日 | | 自由活動 | | |
| 9月29日 | 11:00 | 乘西北班機離臺 | | |

資料來源：〈經濟部函〉，1958年9月17日，發文經臺(47)參字第14832號，
收入《民國47年～54年工商互訪交流》。

　　1963年大田主席除委託徐經滿、方治安排，再度率團訪臺
外，還函介政府官員赴臺考察研修。[13]1965年大田致方治一信寫
道：

　　我琉球與貴國地理上一衣帶水，共同濟舟（同舟共濟），並藉
本人戰前就任澎湖廳長關係，與貴國官民素有特別之親近及敬慕之
念，今後倍加為中日琉之親善，文化之交流，經濟之提携，貿易之
推進，投身其內，獻我餘生為此努力。敬請閣下惠予繼續指教及支
持，尤其對於貴國臺灣省特產品，例如：香茅油、青果、洋菇、檜
木、米穀、砂糖、手工藝品等物資之向日琉輸出，及中日琉間之觀
光等業務之推進及合作，荷蒙閣下之特別賜情，鼎助指引，本人願

[13]〈臺灣省商會聯合會駐琉球商務代表徐經滿致函方治〉，1963年7月27日，琉貿經
字第103號，《民國47～58年度政府人員互訪》；〈琉球政府行政主席大田政作致
函方希孔〉，1963年11月2日，同上。

不惜一切以赴，以便達成使命。[14]（見圖9-1）

　　1964年初，臺灣對外貿易發展協會（簡稱外貿協會）因有大田政作、大城鎌吉（詳後述）的協助，得在那霸舉辦頗具規模的臺灣產品展覽會，此一商展盛會不但使沖繩人對臺灣產品增加許多認識和興趣，也吸引各界紛紛組團訪臺，擴大了沖臺人士的交流。[15]

## （三）西銘順治

　　西銘順治，1921年出生於與那國島，1935年在沖繩縣立二中讀書時，因好讀《俾斯麥傳》、《拿破崙傳》，而立志將來要做一名政治家。1942年考進東京帝大政治學科，才就讀二年級就投筆從戎參加學徒出陣，進入海軍館山砲術學校學習，次年畢業，以海軍少尉的職銜被派往爪哇擔任高射砲指揮官，1945年戰敗被俘。1946年離開印尼收容所返鄉復學，1948年東京大學畢業，入外務省管理局經濟課任職，但只工作八個月，即辭官返鄉參加地方復原事業。西銘在鄉期間，深感以言論確立民主政治的重要性，因此改辦報紙。1954年西銘33歲，當選琉球政府立法院議員，開始大展政治抱負。1958年擔任琉球政府經濟局長，1961年改任琉球政府計畫局長。1962年當選那霸市長並連任兩屆，1968年當選沖繩自由民主黨總裁，同年首次舉辦琉球政府行政主席選舉，他和二中時代的老師屋良朝苗一同參選，結果敗給推行復歸日本運動的屋良朝苗。1970年西銘參加國政特別選舉，當選眾議院議員且連任三屆。1978年代表保守派角逐沖繩縣知事，打敗革新派候補者，

【14】〈大田政作致函方治〉，1965年11月11日，《民國47～58年度政府人員互訪》。
【15】〈琉球現況簡報〉，1966年5月，《民國51年5月～58年8月琉球政情》。

當選縣知事並連任三屆。1990年意圖連任，但被大田昌秀擊敗。1993年重任眾議院議員。1996年在任期中病倒，1997年自政界引退。[16]

西銘順治在經濟局長任內曾隨大田政作訪臺，對臺灣經濟留下深刻的印象。1969年徐經滿函告方治，西銘參選琉球政府首長失敗，但仍擁有強大的影響力，徐、方二人建議行政院新聞局邀請西銘訪臺。[17]新聞局欣然同意。同年9月16日西銘一行抵達機場，受到臺灣各界首長的盛大歡迎，西銘在記者會上暢談中琉合作關係時，懇切地說：「目前琉球的製糖業和鳳梨業，完全是在中華民國政府協助下成長的。希望中華民國政府能繼續給予大量的人員與技術協助。」[18]

西銘對推進沖臺交流極為重視，1969到1990年至少來臺七次。相對於此，方治每次率團訪沖，也得到西銘首長親切的接待。如，1980年2月24日《沖繩時報》報導：

昨（23）日臺灣政、官、財、學界高階人士一行15人訪問縣知事及本縣重要人員，對有關經濟文化交流交換意見。自認「臺灣派」的西銘知事心情很愉快，力主與臺灣交流的重要性，並透露近期有訪臺的意向。西銘知事說：「本縣可以從臺灣輸入更多的物品，盼我方在自由貿易區完成時，臺灣給我們更多的協助。」方治訪問團長回答：「臺灣與沖繩文化根源相同，血濃於水，經濟交流

【16】久高則夫編，《沖繩の英傑、百人の顏》第5集（那霸：セイケイ新聞社，1987年），頁44-45。
【17】〈行政院新聞局從政黨員函〉，1969年7月21日，（58）局景黨際丙字第267號，《民國58～70年度政府人員互訪》。
【18】〈西銘順治總裁盼我續協助琉球製糖業〉，《中央日報》，1969年9月18日，版3。

方面，今後可盡量給予協助，希望提出具體的方案。」表現出大國的風範，且同情沖繩現狀。至於能否破除國際政治硬牆，使西銘外交開花結果，則寄予莫大的關心。[19]（原文為日文，筆者中譯）

　　1972年琉球歸併日本，成為沖繩縣後，西銘順治仍以一貫親華的立場經常訪臺。如，1980年4月率領官員、工商界領袖共44名，參加蔣公（蔣介石）逝世5週年暨中正紀念堂落成典禮。1982年1月16日，組織200餘名訪華團到臺南祝賀「中華民國建國70年全國工商展覽會」，17日西銘應邀主持臺南工商展覽會舉辦的「琉球日」活動，18、19日由方治陪同晉見行政院院長孫運璿及各有關機關首長。1983年4月西銘視察東南亞，順道訪問臺灣。[20]1986年1月23日，西銘偕夫人及隨員13人來臺做親善友好訪問，中琉文經協會致贈一幅國畫，畫作上有詩一首云：

　　西雨東雲又再逢　銘懷風義在琉中　順將一幅春花祝　治績勳猷并紫紅[21]（見圖9-2）

這首以西銘順治四字起頭的七言詩，寓意西銘知事與中琉文經協會之間有相當篤厚的交情。

【19】〈「台灣派」知事わが意得たり〉，《沖繩タイムス》，1980年2月24日。
【20】中琉文化經濟協會，《民國62～75年度工作紀要》。
【21】〈中琉文化經濟協會致函財政部基隆關〉，1986年1月25日，（75）中琉文字第19號，《民國74～76年度政府人員互訪》。

## 二、沖繩工商界菁英與臺灣

　　向來，區域與區域之間欲發展長期經貿關係，須經雙邊政府或法人資源各自盤點其產業特性，通過對話、協商，方能建立良性互動及互惠互利的合作關係。戰後沖繩為摸索自立經濟之道，除了由政界首長領頭推動外，如下所述，工商界鉅子也積極地向臺灣借鏡，從而使沖繩產生由上而下，由點而面的經濟轉型作用。

### （一）傳奇人物國場幸太郎

　　國場幸太郎，1900年出生於國頭村，父母生育八男一女，身為長男的他，小學畢業就做學徒打工賺錢。1921年國場幸太郎參加熊本工兵大隊，兩年除役後獨闖東京，先後入建築大企業安藤組、大林組、鹿島組做土木工多年，1931年和弟弟幸吉、幸裕在鄉創設「國場組」，開始承包校舍建築、架橋等工程。1941年日、美兩國開戰，國場組參加縣內機場建設整備工程。1945年美軍攻占沖繩，國場組被迫解散，1946年重新開張，承攬戰後公共設施復原工事。1951年國場組擴大組織為合資會社國場組（KOKUBA-GUMI Co, Ltd），資本額1,000萬B圓（1美元＝120B圓），並於東京、鹿兒島開設營業所。國場組擁有22間關係會社，除承攬：琉球大學本館及校舍設施、沖繩住宅公社外人住宅區、琉球政府廳舍、那霸航空隊大格納庫等大型工程外，另也經營：火藥販賣所及商事部、沖繩通運株式會社、石材加工場、沖繩水泥工業株式會社、沖繩モータース株式會社、映畫部、三夾板製造廠、港運部等事業。1968年成立株式會社國場組，資金10萬美元，又收購合資會社國場組全部股份，資金增加到110萬美元。

1969年興建國場大樓，1970年完工。1972年新設石油事業部。[22]

　　國場幸太郎只有小學學歷，戰後能夠創造輝煌的事業，躍居工商界領袖，實為罕見的傳奇人物。國場幸太郎一生擔任：國場組、沖繩配電會社、沖繩水泥會社、沖繩建設工業會社、國映興業會社、沖繩東急飯店等各社社長，及國和會會長、那霸商工會議所會長（連任九屆）、琉球商工會議所會長、自衛隊協力會會長、琉球建設業協會會長、沖繩國際海洋博覽會協會副會長等十餘種要職。國場幸太郎經常訪問臺灣尋求各方面援助，很早就和方治建立了友好交流關係。[23]

　　1972年7月日華斷交、斷航，日本本土各民間組織和工商界人士受到政情變化的影響，紛紛前往中國大陸訪問。相形之下，沖繩各界在國場幸太郎發動，宮城仁四郎、稻嶺一郎（參議員）、大城鎌吉（大城組社長）、仲田睦男（分蜜糖工業會長）及國場幸昌（眾議員、青嵐會員，國場幸太郎胞弟）、有村喬（那霸商工會議所副會長、有村產業會社社長）等有力人士支持下，一致反對背棄中華民國。1974年國場幸太郎以那霸商工會議所會長名義，不僅組織龐大的訪華團向行政院長蔣經國、總統府資政張羣致敬，還持續參加蔣公壽誕、蔣公逝世紀念會、中華民國總統暨副總統就職大典等重要節日活動。[24]

---

[22] 朱德蘭，《臺灣沖繩交流史論集》，頁206-207。

[23] 〈中琉文化經濟協會致函國場幸太郎〉，1968年7月12日，《民國57～63年度工商互訪考察》；松川久仁男編，《現代沖繩の百人》（那霸：ヤラフォトサービス，1975年），頁144；久高則夫編，《沖繩の英傑、百人の顏》，頁30-31。

[24] 中琉文化經濟協會，《民國57～79年度工商互訪考察》；〈遠東貿易服務中心沖繩辦事處徐經滿報告〉，1974年5月24日，琉貿經字第63157號，《民國57～63年度工商互訪考察》。

## （二）「產業界之父」宮城仁四郎

　　宮城仁四郎，1902年出生於大宜味村，幼年家境清寒，他在父母的薰陶下，努力向學，以優異成績獲得獎學金，先後畢業於沖繩縣立農林學校及鹿兒島高等農林學校。1926年他以技師身分任職臺南製糖會社。臺南製糖會社本社設於臺北，沖繩有四個場，1930年宮城仁四郎任西原場工務股長，1933年任嘉手納場工務股長，1935年任臺南製糖會社課長，1938年任宮古場場長，曾經赴臺研習製糖技術7次。[25]

　　1942年日軍占領爪哇，宮城仁四郎受命前往爪哇負責製糖、軍需事業。1945年日本戰敗，次年返鄉。1946年12月就任美國軍政府工業部副部長，日夜構思戰後產業復興問題。1948年辭去公職重返產業界，創立沖繩機械製鹽所並自任社長。宮城鑒於繁榮地方經濟，發展工業至為重要，因而活用在地資源與地方農業關聯性高的農業，1950年設立大東糖業株式會社，1951年開辦琉球菸草株式會社，連續帶動製糖、製菸、鳳梨罐頭、食品、紙張、畜產加工、飼料、肥料、洋酒、香料、水泥製造、成衣、合成清潔劑等一系列製造加工業的興起。[26]

　　宮城百忙之中也熱中參加各種社會工作。如，官廳組織方面，曾代表民間擔任政府統轄的經濟審議會委員、琉球物產輸出協會會長、糖業審議會委員、鳳梨產業審議會委員、農林業振興審議會委員、重要產業育成審議會委員、中小企業振興對策審議會委員、輸

[25] 沖繩タイムス社編，《私の戰後史》第5集（那霸：沖繩タイムス社，1981年），頁225-229。
[26] 〈中琉協會會長宮城仁四郎之功績履歷介紹〉，1989年8月17日，（78）華字第186號附件，《民國78年宮城仁四郎文書》。

出振興會議議長等要職。工商界方面，歷任琉球工業連合會會長、琉球商工會議所會長、琉球經營者協會會長、日本通產省琉球電氣事業協議會委員、沖繩縣能源對策協議會委員等職務。農業方面，曾任琉球糖業研究會會長、琉球分蜜糖工業會會長、琉球鳳梨罐頭協會會長、琉球外銷鳳梨罐頭同業公會理事長等。此外，還經常代表業界與日本政府交涉，謀求產銷措施的合理化。[27]

教育一項，宮城曾任琉球大學財團理事15年，琉球歸併日本後，擔任沖繩縣人材育成財團首任理事，並於其自營的琉球菸草會社設置獎學金，盡心培育人材。體育方面，宮城喜好網球、棒球，成立軟式網球聯盟，擔任網球協會會長，大力支援網球運動，另擔任沖繩業餘棒球聯盟會長、業餘拳擊聯盟會長，致力於業餘棒球、拳擊運動的發展。宮城栽培眾多選手中，有多人曾參加奧林匹克世運會比賽，揚名國際。公益活動方面，除擔任公眾衛生協會會長、社會福祉振興基金會理事外，並自行成立社會福祉法人「仁愛會」，擔任理事長，熱心從事社會福利工作。[28]

值得一提的是，沖繩產業界為促進琉中（沖臺）交流，1957年成立了一個名稱為「中琉文化經濟協會」的民間組織（以下簡稱琉中協會，以便與臺北中琉文經協會有所區別）。1965到1989年，宮城仁四郎擔任琉中協會會長期間，推介農漁工商業、經貿、文教、旅遊業等各界人士，約計4,300餘人赴臺參訪、考察、研修。又為發展沖繩農業，從臺灣輸入甘蔗、鳳梨之種苗、蔬菜種籽、熱帶果樹及季節性勞工，使沖繩農業邁向多樣化，成為1972年後日本國內別具特色的農業地區。[29]

---

[27] 前引〈中琉協會會長宮城仁四郎之功績履歷介紹〉。

[28] 前引〈中琉協會會長宮城仁四郎之功績履歷介紹〉。

[29] 前引〈中琉協會會長宮城仁四郎之功績履歷介紹〉。

宮城仁四郎一生獻身社會，獲得榮譽如下：

① 1957年7月，榮獲第一屆沖繩時報產業賞。

② 1962年4月，琉球政府成立10週年紀念，頒授「產業功勞者」榮勳。

③ 1972年4月，因對經濟振興有功及重視栽培後進，琉球政府授勳三等瑞寶章。

④ 1977年，因對地方產業發展及運動振興有功，琉球新報社頒予琉球新報賞。

⑤ 1978年3月，因對地方社會發展及提高縣民福址有功，沖繩縣政府頒予功勞賞。

1984年10月，因擔任沖繩縣日韓親善協會會長，熱心領導對外友好親善活動，韓國國際文化協會頒授功勞賞。[30]

## （三）百貨業名流大城鎌吉

大城鎌吉，1897年出生於大宜味村，幼年家貧，小學中輟即學習土木工技術，24歲左右開始承包建築業，30餘歲擔任沖繩土木建築工業株式會社社長。1945年大城事業被戰爭破壞，變得身無分文。1946年大城受任政府住宅建築作業隊長，開始重建「大城組」，並以大城組為基礎，成立關係企業組織「大扇會」，擁有：土木建築、琉球映畫貿易、那霸港灣運送、國際物產、那霸機場航站、沖繩纖維、大豐不動產、大寶證券、沖繩三越百貨、沖繩輪胎等十餘種事業。大城鎌吉歷任那霸市會議員、那霸商工會議所顧問、琉中協會顧問，座右銘為：「社會的財產是人，人的財產是

---

【30】前引〈中琉協會會長宮城仁四郎之功績履歷介紹〉。

信用和健康」。[31]

　　大城鎌吉自1964年起和外貿協會合作舉辦臺灣產品展覽會以來，每年都在那霸舉辦臺灣產品展售會。1972年日本政府和中共建交，大城意圖訪中，然經徐經滿勸說而改變主意，1974年不僅隨同國場幸太郎訪臺，洽購臺灣產品，還和工商界人士繼續參加對臺經貿交流活動。[32]

## （四）啤酒大王具志堅宗精

　　在沖繩，具志堅宗精和宮城仁四郎、國場幸太郎、大城鎌吉有「工商界四大金剛」、「財界四大天王」的美譽。具志堅宗精，1896年出生於那霸，1921年畢業於內務省警察講習所（警察大學），歷任與那原、嘉手納、宮古、名護、首里、那霸等地警察署署長，戰後擔任知念區警察署署長、宮古群島政府知事，1950年離開公職，獨資創設「具志堅味噌醬油合名會社」，並擔任獵戶星啤酒會社、琉球工業連合會、沖繩社會福祉協議會、沖繩護國神社復興期成會等各會會長，另兼任沖繩戰歿者慰靈奉贊會副會長、災害對策審議委員長、沖繩青少年問題協議會委員。1962年琉球政

[31] 松川久仁男編，《現代沖繩の百人》，頁145；久高則夫編，《沖繩の英傑、百人の顏》，頁12-13；〈1965年度中琉協會定時總會報告書〉，《民國55～57年度工商互訪交流》。

[32] 〈中琉文化經濟協會60年度大事記〉，《民國54～61年度工作紀要》；〈遠東貿易服務中心沖繩辦事處徐經滿報告〉，1974年5月24日，琉貿經字第63157號，《民國57～63年度工商互訪考察》；〈那霸商工會議所會長國場幸太郎致函方治〉，1986年3月17日，那商工議發第315號，《民國77年3月經貿促進小組》；〈中琉文化經濟協會致函中華民國對外貿易發展協會〉，1990年6月23日，（79）華字第173號，《民國79年度第七次中琉貿易促進會議》。

府建立10週年，頒授社會福祉、消防、產業功勞賞。[33]

　　啤酒製造業爲沖繩重要產業之一。具志堅宗精爲拓展啤酒市場，1966年6月專程來臺推銷啤酒，結果成功銷臺兩萬打。[34]

　　1974年中共在沖繩指定11家企業爲其友好商社，並以中琉友好貿易株式會社、株式會社琉球貿易（琉貿百貨公司）及琉球銀行爲重點商社，3家商社負責人分別是具志堅宗精、宮里辰彥（琉球商工會議所副會長）、崎濱秀英（琉球銀行總裁），均應邀訪中。三巨頭認爲政治歸政治，經濟歸經濟，採取務實主義，和臺灣依舊維持友好往來關係。[35]

## 三、沖繩經貿訪華團

　　戰後臺灣正式訪沖經貿團體有：中央信託局理事會主席何墨林率領的琉球貿易考察團、方治領導的中琉文經協會、中華民國工商界東北亞貿易考察團、臺灣省工商協進會、臺北市商會、臺北市進出口商業同業公會、行政院國軍退除役官兵輔導委員會榮民工程事業處、中華民國全國商業總會、臺灣省商業會、基隆市進出口商業同業公會、臺中市進出口商業同業公會、臺中縣工業會等。相對於此，沖繩全島也有許多民間團體訪臺。如將沖臺交流團體做一比較，則以琉中協會、那霸商工會議所、中琉文經協會的互訪次數居多，組團規模較大。

【33】松川久仁男編，《現代沖繩の百人》，頁145；沖繩タイムス社編，《現代沖繩人物三千人》，頁406。

【34】〈中琉文化經濟協會55年度大事紀〉，《民國47～68年度工作紀要》。

【35】〈遠東貿易服務中心沖繩辦事處徐經滿報告〉，1974年5月24日，琉貿經字第63157號，《民國57～63年度工商互訪考察》。

## （一）沖繩琉中協會

1950年代沖繩政界領袖、工商界代表為加強沖臺貿易，曾多次組團訪臺。1957年臺灣當局為答聘其親善之意，特派中央信託局理事主席何墨林網羅20名工商界領袖及政府機構代表，於10月7日訪沖一週，成為中華民國建國以來首度率團訪問沖繩之盛舉。[36]

何墨林一行返國後不久，琉球政府副主席神村孝太郎、經濟局長瀨長浩、琉球海運株式會社社長渡嘉敷真睦、國場組社長國場幸太郎等，為促進雙方交流，隨即於1957年11月7日成立「中琉文化經濟協會」（琉中協會）。琉中協會的顧問、會員來自各業界領袖，會中推選琉球銀行總裁富原守保為會長，沖繩興信所所長大宜味朝德為副會長，沖繩機械株式會社總務部長與山世巖擔任事務局長，臺灣省琉球人民協會理事長蔡璋擔任駐臺連絡所長。1958年琉中協會舉行會員大會，由蔡璋報告近一年會務，內容包括：促使中華民國結成相應組織「中琉文化經濟協會」、救助臺灣沿海遭難沖繩船、與臺灣交涉如何解決在臺沖繩漁民生計問題、接待沖繩各界訪華團、協助琉球政府採購臺灣米、協助交換留學生、聯繫琉中事務等項。[37]

蔡璋，沖繩人，本名「喜友名嗣正」，頭銜有：臺灣省琉球人民協會理事長、琉球國民黨涉外部長、琉中協會駐華聯絡所長、亞洲人民反共聯盟琉球總會代表、臺北中琉文經協會常務理事、琉球革命同志會會長。（見圖9-3）蔡璋中文說寫流暢，筆鋒銳利，經常在報章雜誌上投稿，發表反對歸還日本、琉球獨立及反共方面的

---

[36] 朱德蘭，《臺灣沖繩交流史論集》，頁198-202。

[37] 〈中琉文化經濟協會會務報告〉，1958年12月，《民國64年6月～76年6月琉球政情》。

言論。惟，蔡璋的政治思想並非當時社會主流，加以性格高傲，人力、財力也不足，所以發揮不了作用。[38]

1965年琉中協會修改章程，明訂該會是以沖繩全境為範圍，唯一與中華民國交流並以親善為目的之民間團體，同年2月8日在那霸舉行創立總會時，蔡璋已不在組織名單內。琉中協會會員共計79名（含法人會員29名，個人會員50名），多屬工商界領袖，首任會長宮城仁四郎，兩名副會長為與世山茂、松川久仁男。[39]

1965年7月7日，琉中協會組織第一次中華民國友好訪問團來臺，方治安排行程如下：

7月7日中午抵達松山機場，住宿國賓飯店，下午拜會中琉文經協會、亞洲反共聯盟中國總會、臺灣省商會聯合會、臺灣省進出口商聯合會、臺北市商會、臺北市進出口商公會、臺灣鳳梨公司、生產力中心、貿易中心等單位，由中琉文經協會招待晚餐。

7月8日上午拜會經濟部、外匯貿易審議委員會、國際經濟合作發展委員會、味全食品工廠、臺灣區製藥工業公會等單位，由臺灣區製藥工業公會招待午餐。下午參觀永豐藥廠、中國化學製藥公司、信東藥廠，由味全食品公司招待晚餐。餐畢搭乘夜快車南下，7月9日清晨抵達高雄，住宿圓山飯店。

7月9日上午拜會高雄市長戴良慶，參觀中油公司、臺灣鋁業公司、臺灣水泥廠、臺灣鳳梨公司鳳山廠，由臺灣鳳梨公司招待晚餐。

7月10日上午搭乘觀光號特快車到臺中，參觀臺中青果合作

---

[38] 〈中國國民黨中央委員會第三組致函中琉文化經濟協會方治理事長〉，1966年9月16日，海四（55）字第7818號，《民國53～74年度辦理出入境規則、案件》；〈1966年中琉文化經濟協會工作概況〉，《民國54～61年度工作紀要》。
[39] 〈1965年度中琉協會定時總會報告書〉，《民國55～57年度工商互訪交流》。

社，由該社招待午餐。下午參觀博物館，赴日月潭，住宿涵碧樓。

7月11日上午遊覽日月潭，中午自臺中乘觀光號特快車北上，住宿國賓飯店，由中琉貿易業者聯合招待晚餐。

7月12日上午拜會總統府祕書長張羣及行政院長嚴家淦，由臺灣省商會聯合會、進出口商聯合會、臺北市商會、臺北市進出口商公會聯合招待午餐。下午於國賓飯店舉行座談會，沖方人員希望臺灣協助解決：沖繩生產啤酒、海產品銷售臺灣；核准中古汽車售臺及從寬課徵對臺輸入各項產品關稅等問題。晚餐由國賓飯店董事長黃朝琴招待。

7月13日上午分組參觀傳播事業公司、五順自行車廠、裕隆汽車廠，中午舉辦答謝酒會。晚餐由臺灣罐頭食品工業公會理事長謝成源招待。

7月14日上午自由活動，下午搭機返沖。[40]

琉中協會訪問團和臺灣各界首腦及工商人士認識交流後，很快地，吸引了臺灣省工商協進會的回訪行動。進一步說，該會會員20名在1965年10月訪日途中，先於4日飛往那霸，5日拜會琉球政府並參加琉中協會、那霸商工會議所聯合舉辦的歡迎會。6日參加貿易懇談會，討論貿易問題，7日上午考察北部產業，中午與琉球水泥業、啤酒業舉行懇談會，下午搭機前往東京。[41]

據現存文獻反映，1965年改組、擴大組織的琉中協會，與臺灣方治領導的中琉文經協會，互爲沖臺各界團體組織的重要交流橋樑。有關文化交流情形，容於第十章做一詳細論述。

---

[40]〈臺灣省商會聯合會理事長謝清雲函〉，1965年7月1日，商聯清業字第166號，《民國57～63年度工商互訪考察》。

[41] 前引〈1965年度中琉協會定時總會報告書〉。

## （二）那霸商工會議所

那霸商工會議所是1927年那霸市長照屋宏發起，爲發展地方經濟而創立的工商團體，該組織營運數年，受到日本本土爆發金融恐慌、長期景氣低迷、戰時經濟統制的影響，機能幾乎麻痺，等到1945年日本戰敗也就化爲烏有了。[42]

1948年琉球銀行總裁池畑嶺里爲振興產業，創設一個以復興全島經濟爲宗旨的互助性組織「沖繩商工會議所」。沖繩商工會議所規定，會員資格須具有營業登記的工商業、製造業、交易業、金融業者及其團體。1950年2月舉行創立大會時，與會名流有：山田親德、具志頭得助、宮里辰雄、高良一、大城鎌吉、國場幸太郎、宮城仁四郎等工商界鉅子。大會推選池畑嶺里爲會長，山田親德、具志頭得助爲副會長。同年12月召開全琉協議會，由於奄美大島、宮古和八重山群島的工商業者都想入會，所以改名稱爲「琉球商工會議所」，並在名瀨、石垣市各設一個支部。[43]

值得留意的是，1959年3月誕生了只以那霸市商工業者爲對象的「那霸商工會議所」。琉球商工會議所因沖繩商工會議所與那霸商工會議所相互競爭，時起磨擦，加上會員多有重複，會費負擔頗重，幾經檢討，便於1963年8月整合成一個「那霸商工會議所」，以及充當聯合體組織的「琉球商工會議所」。組織改造後的新「琉球商工會議所」，會長推選「那霸商工會議所」會長竹內和三郎兼任，3名副會長爲：船越尙友、仲田睦男、安座間實；那霸商工會議所的3名副會長是：船越尙友（同時兼任琉球商工會議所副會長）、山內康司、山田親度，兩所事務局長皆由松川久仁男兼任。

---

[42] 那霸商工會議所編，《那霸商工會議所五十五年史》，頁102-105。
[43] 那霸商工會議所編，《那霸商工會議所五十五年史》，頁195-198，203。

1965年兩所進行改選，推選宮城仁四郎擔任會長，平田忠義、當銘由金、山內康司擔任副會長。1967年改選會長，推選國場幸太郎領導兩所。1972年日本收回沖繩後，琉球商工會議所人數遽減，為此，1975年新設「沖繩縣商工會議所連合會」，會員涵蓋那霸、琉球、宮古三個商工會議所的會員，連合會會員推選國場幸太郎擔任會長，宮里辰彥、久場長文、我仁古盛榮、下地博擔任副會長，喜陽安春擔任事務局長。國場幸太郎自1967年起到1986年為止，連選連任那霸商工會議所會長九屆。[44]

國場幸太郎精力充沛、商才橫溢，年年率領商工會議所會員出訪臺灣，受到方治盛情接待。有關那霸商工會議所組團訪臺情形，以1968年為例，方治刻意安排的行程為：

5月1日中午抵達松山機場，於貴賓室舉行記者招待會後，入宿國賓飯店。下午拜會中琉文經協會、亞洲反共聯盟中國總會、中國大陸災胞救濟總會、僑務委員會，由中琉文經協會招待晚餐。

5月2日上午拜會經濟部、外貿協會、經合會，由臺北市商會招待午餐。下午拜會行政院、中央信託局、臺灣省物資局，由臺北市進出口公會招待晚餐。

5月3日上午乘觀光號特快車南下高雄，參觀高雄進出口加工區，由臺灣水泥公司招待晚餐。

5月4日上午參觀臺灣水泥公司高雄廠、中國石油公司高雄煉油廠、遊覽澄清湖，由永來公司、永安船務行招待午餐。下午搭機返回臺北，由新竹玻璃公司招待晚餐。餐後，觀賞國軍文藝活動中心戲劇表演。

---

[44] 那霸商工會議所編，《那霸商工會議所五十五年史》，頁212-213、316；〈中琉文化經濟協會駐琉代表辦事處商情撰譯剪貼報表〉，1986年12月2日，(75) 琉字第1777號，《民國75年3月～75年4月經貿促進小組》。

　　5月5日上午參觀中山紀念樓、陽明山公園，由臺灣鳳梨公司招待午餐。下午參觀故宮博物院，由訪問團舉行答謝酒會。

　　5月6日上午自由活動，下午搭機賦歸。[45]

　　1982年那霸商工會議所成立55週年，中琉文經協會理事長方治率團前往祝賀。7月9日方治一行抵達那霸機場時，前來歡迎的有西銘順治縣知事代表、國場幸太郎、宮城仁四郎、大城鎌吉、有村喬等工商界領袖，及華僑代表70餘人。當晚那霸商工會議所會長國場幸太郎與工商界人士舉行歡迎會，並安排藝能團表演琉球舞蹈助興。方治代表中華民國總統府資政張羣、陳立夫致贈祝賀題字，代表中琉文經協會致贈匾額、賀禮時，全場人士熱烈鼓掌，氣氛顯得十分熱絡。7月10日方治訪沖團應邀參加那霸商工會議所成立55週年紀念大會，蒞會者有一千餘人。1988年國場幸太郎辭世，那霸商工會議所繼任會長仍和臺灣維持良好的交流關係。[46]

## 四、沖臺經貿交涉議題

　　沖繩天然資源缺乏，產品有限，1972年回歸日本以前，主要是靠基地收入和日本援助，藉以填補貿易逆差。所謂基地收入，是指：美軍僱用者所得、基地建設相關收入、美軍和其眷屬的消費支出、軍用地租收入。日本援助是指：對沖輸日產品給予特別優惠措施、1962年開始每年提供琉球政府援助金、通過對話與協商加強

[45]〈歡迎琉球商工會議所中華民國訪問團日程表〉，1968年4月24日，《民國57～63年度工商互訪考察》。

[46]〈方治率團赴琉賀商工會議所五十五週年〉，《中央日報》，1982年7月11日，版3；〈中琉文化經濟協會致函財政部〉，1990年6月23日，（79）華字第168號，《民國79年度第七次中琉貿易促進會議》。

日、沖經貿關係。[47]有關日、沖經貿交流，茲闡述於後。

　　1952年，日本政府為聯繫、協調經貿問題，在那霸設置「南方連絡事務所」，同年琉球商工會議所為交換情報，以特別會員身分加入「日本商工會議所」。1957年，琉球商工會議所應邀參加東京國際樣品展、佐賀產業觀光博覽會，日本議員團及實業家訪問團連袂赴沖考察。1962年，那霸商工會議所與日本調查團舉行兩次經濟懇談會，討論經貿問題。1965年，日本佐藤榮作首相與經濟調查團訪沖。1966年，日、沖經濟代表成立「日琉經濟懇談會」，於東京舉行第一屆沖繩經濟振興懇談會，同年，日本政府發表1967年度對沖援助103億5,000萬日圓。1967年，日、沖代表於那霸舉行第二屆沖繩經濟振興懇談會。1968年，日、沖代表於東京舉行第三屆沖繩經濟振興懇談會，日本政府組織沖繩經濟視察團訪沖。1969年，日、沖代表在那霸舉行第四屆沖繩經濟振興懇談會。1970年，日、沖代表於大阪舉行第五屆沖繩經濟振興懇談會，決定設置沖繩海洋博覽會推進協議會。1971年，日、沖代表於那霸舉行第六屆沖繩經濟振興懇談會，琉球政府公布「沖繩振興開發特別措置法」、「沖繩振興開發金融公庫法」。1972年，日、沖代表於東京舉行第七屆沖繩經濟振興懇談會，決定海洋博覽會會場設於沖繩縣本部町，開展觀光休閒產業經濟。[48]

　　據琉球政府統計，1960、1970年代沖繩貿易進口大於出口，每年均有鉅額的入超。沖繩主要貿易對象為：日、美、英、臺、其他地區（指南韓、義大利、澳洲、東南亞等地）。在日、沖貿易額

---

[47] 古波津清昇，《沖繩產業史　自立經濟の道を求めて》，頁403。鳥山淳，〈さとうきびの戰後史〉，「沖繩を知る事典」編集委員會編，《沖繩を深く知る事典》（東京：日外株式會社，2006年），頁114-116。新崎盛輝著、胡冬竹譯，《沖繩現代史》，頁48-49。
[48] 那霸商工會議所編，《那霸商工會議所五十五年史》，頁452-459。

之中，沖繩對日輸出占其總輸出額的70%餘，出口大宗為鳳梨、食糖；由日輸入占其總輸入額的90%餘，進口大宗為食品、衣料、建材、電器。琉球政府基於經濟援助和政治理由，對日美兩國產品無法管制，對其他國家、地區則分別展開交涉，力求改善貿易逆差情況。[49]

## （一）1972年以前沖臺交涉議題

　　戰後臺灣經濟成長迅速，許多產品因可供沖繩民生所需，貿易形成大幅度出超，長久成為沖繩社會關注的焦點，因此每當沖繩工商團體訪臺，就向中琉文經協會提出改善貿易失衡問題。大體而言，1972年以前沖臺代表交涉經貿議題如下。

### 1. 商品交換

　　據資料統計，1964年沖繩輸臺價額43萬5,650美元，臺灣輸沖價額468萬美元，逆差424萬4,350美元。1965年琉中協會經濟視察團訪臺，提出臺灣對輸入實施高關稅政策是造成沖臺貿易逆差的因素，為求貿易平衡，希請臺灣輸入啤酒、鮮魚、中古車，並對輸臺各項產品從寬課稅。臺灣主管機構回應，臺灣自產啤酒、海產品、汽車已夠國內市場消費需要，從寬課稅一節，則因關係整體稅制法規，牽涉範圍廣大，而需雙方多多聯繫，詳加考慮研究。[50]

---

[49]〈徐經滿報告琉球政情簡報〉，琉政情字第5號，1967年10月14日，《民國51年5月～58年8月琉球政情》；琉球政府總務局涉外廣報課編集，《琉球要覽》第9卷1967年版（東京：不二出版，2014年復刻），頁288；〈琉球現況簡報〉，1966年5月，《民國51年5月～58年8月琉球政情》。
[50]〈邀請琉球中琉協會友好訪問團座談會紀錄〉，1965年7月12日，《民國57～63年度工商互訪考察》；朱德蘭，《臺灣沖繩交流史論集》，頁198-202。

## 2. 啤酒銷臺

1966年6月，獵戶星啤酒（ORION BEER）會社老闆具志堅宗精來臺洽商啤酒銷臺事情，臺灣同意進口兩萬打。其後要求每年都能輸臺，獵戶星啤酒經中琉文經協會多方斡旋，1969年臺灣省政府同意採購6萬打。[51]

## 3. 蔬果輸沖

1969年6月，那霸商工會議所副會長真榮城玄明等9名來臺，洽商臺產蔬果輸沖問題，中琉文經協會邀請相關單位協商，結果妥善的解決了問題。[52]

## 4. 臺鹽輸沖

臺鹽供應沖繩100萬居民及美軍暨眷屬10萬人食用，銷售沖繩已有十餘年歷史。1971年，沖繩製鹽株式會社社長石原昌淳赴臺商談續約，結果圓滿地完成簽約手續。[53]

## 5. 勞工輸沖

1960年代沖繩社會圍繞著回歸日本、提高工資待遇、提高蔗糖價格、反對美軍基地貯存毒氣與配置核子武器等問題，不斷地展開集會遊行、示威抗議活動。製糖、食品加工、土木建築、畜產、紡織等產業受到社會運動高昂、勞工短缺的影響，亟需臺灣予以支援。[54]

---

【51】〈中琉文化經濟協會55年度大事紀〉，《民國47～68年度工作紀要》；〈中琉文化經濟協會58年工作簡要報告〉，《民國54～61年度工作紀要》。
【52】〈中琉文化經濟協會58年工作簡要報告〉，《民國54～61年度工作紀要》。
【53】〈中琉文化經濟協會60年度大事記〉，《民國54～61年度工作紀要》。
【54】田篦健，〈琉球人的真正心情〉，《週刊時事》，1971年3月13日，《民國51年5月～58年8月琉球政情》。臺灣勞動力充沛，工人工作認真勤奮，且無罷工事件，為沖繩各企業樂意聘僱的對象。參見朱德蘭，《臺灣沖繩交流史論集》，頁243。

　　然而，1949-1987年臺灣實施戒嚴令，勞工應聘出國，各部會關卡重重，極費周章。概要地說，沖繩僱主須先向中華民國僑務委員會提出申請，並向琉球政府勞動局提出導入雇工申請書，取得勞工入境許可證。臺灣方面，僑委會經中琉文經協會和有關單位聯繫，包括：中國國民黨中央委員會第六組、臺灣省警備總司令部、中國大陸災胞救濟總會（救總），由救總召集成立「專案小組」，展開一系列作業：遴選工人→思想安全調查→按照申請人身分（義士、義胞、歸僑、臺籍）及人數比例分配勞務。等待勞工書類（含入境許可證、履歷書、照片，僱傭契約書、健康診斷書）備齊，再由中琉文經協會檢送名冊一份及人民出國許可證申請書函送外交部護照科，護照科頒發護照，並於出國前舉行講習訓練，安排船隻運輸出境，勞工輸出業務才告完成。[55]如表9-2所見，1966至1972年臺灣輸沖勞工總數9,155人，對沖繩發展地方建設多有貢獻。惟，1972年臺灣受到沖繩歸併日本，接著日本政府宣布日華斷交，沖繩勞協反對輸入勞工，以及臺灣本身開展十大建設，需要使用大量勞動力的影響，勞務援沖政策至此不得不畫下句點。[56]

表9-2　沖繩各企業聘僱臺灣勞工人數

| 年度 | 會社名稱／產業別 | 聘僱人數 | 性別 | | 聘僱期限 | 沖繩企業在臺連絡員 |
|---|---|---|---|---|---|---|
| | | | 男 | 女 | | |
| 1966 | 合資會社國場組 | 75 | 75 | | 一年 | 李雪峰 |
| | 鳳梨收割工 | 126 | | | | 許哲夫 |

[55] 朱德蘭，《臺灣沖繩交流史論集》，頁209-212。
[56] 朱德蘭，《臺灣沖繩交流史論集》，頁243。

| 年度 | 會社名稱／產業別 | 聘僱人數 | 性別 | | 聘僱期限 | 沖繩企業在臺連絡員 |
|---|---|---|---|---|---|---|
| | | | 男 | 女 | | |
| | 甘蔗收割工 | 250 | | | | 許哲夫、陳炳松、邱厔旺 |
| | 搬運木工 | 75 | | | | |
| 1967 | 合資會社國場組 | 103 | 103 | | 一年 | 李雪峰 |
| | 中央混凝土會社 | 14 | 14 | | 一年 | |
| | 大和混凝土會社 | 39 | 39 | | 一年 | |
| | 松岡貿易會社 | 5 | 5 | | 二年 | |
| | 亞細亞畜產會社 | 9 | 9 | | 一年 | |
| | 黑森產業會社 | 24 | 24 | | 一年 | |
| | 沖繩酸素工業所 | 10 | 10 | | 一年 | |
| | 鳳梨收割工 | 378 | 50 | 328 | 五個月 | 許哲夫 |
| | 甘蔗收割工 | 852 | 83 | 769 | 五個月 | 許哲夫、陳炳松、邱厔旺 |
| 1968 | CHIP株式會社 | 20 | 20 | | 一年 | |
| | 鳳梨收割工 | 718 | 50 | 668 | 五個月 | 許哲夫 |
| | 國場組 | 72 | 72 | | 一年 | 李雪峰 |

| 年度 | 會社名稱／產業別 | 聘僱人數 | 性別 | | 聘僱期限 | 沖繩企業在臺連絡員 |
|---|---|---|---|---|---|---|
| | | | 男 | 女 | | |
| | 黑森產業會社 | 13 | 13 | | 一年 | |
| | 甘蔗收割工 | 1,310 | 376 | 934 | 五個月 | 許哲夫、陳炳松、邱尻旺 |
| | 沖繩紡織會社 | 31 | | 31 | 一年 | |
| 1969 | 甘蔗收割工 | 1,441 | 275 | 1,166 | 五個月 | 許哲夫、陳炳松、邱尻旺 |
| 1970 | 鳳梨收割工 | 700 | 50 | 650 | 五個月 | 許哲夫 |
| | 甘蔗收割工 | 1,441 | 464 | 977 | 五個月 | 許哲夫、陳炳松、邱尻旺 |
| 1971 | 甘蔗收割工 | 1,200 | 216 | 989 | 五個月 | 許哲夫、陳炳松、邱尻旺 |
| 1972 | 甘蔗收割工 | 700 | 160 | 540 | 五個月 | 許哲夫、陳炳松、邱尻旺 |
| | 共計 | 9,155 | 2,103 | 7,052 | | |

資料來源：中琉文化經濟協會編，《中琉文化經濟協會簡報》（臺北：中琉文化經濟協會，1980年）附表。

## （二）1972年以後交涉議題

　　1972年沖繩為紀念回歸日本，連續開辦：紀念植樹祭（1972年11月）、沖繩特別國民體育大會（1973年5月）、沖繩國際海洋

博覽會（1975年7月-1976年1月）等三大事業。[57]但是萬萬沒有料
到，1973年中東爆發第四次戰爭，石油輸出國組織（主要成員國
為伊朗、伊拉克、科威特、沙烏地阿拉伯、委內瑞拉）為打擊以色
列及其支持者，宣布石油禁運，並將其積存原油價格抬高，掀起了
全球性的石油危機（Oil Crisis）。1979年伊朗革命爆發，引起第
二次石油危機。1990年波斯灣戰爭爆發，引起第三次石油危機。
石油危機頻發，使渴望能源的日本生產力下降，整體經濟步入低成
長狀態，其影響所及，對沖繩追求發展自立經濟，縮小日沖經濟差
距帶來不少的阻礙。[58]

　　相形之下，1950-1960年臺灣當局致力於改善農業經營環境，
1966年興建亞太地區第一個加工出口區（特殊工業區），藉此增
加就業，引進技術，創造外匯。1973、1979年兩次能源危機，臺
灣正值大力推動十項建設及十二項建設，為減輕進口能源負擔，
1979年實行獎勵發展資本與技術密集、預期市場潛力大、附加價
值高、產業關聯大的高科技產業政策。1980年新竹科學園區的設
置，提升了產業研發水準。此後，隨著環境變化，相繼推行「經
濟自由化、國際化與制度化」政策（1984年）、降低關稅並解除
外匯管制措施（1987年）、頒布「促進產業升級條例」（1990
年），這一系列策略使臺灣經濟發展順利，成為舉世矚目的「臺灣
奇蹟」。[59]表9-3為1978至1985年沖臺貿易成績，顯而易見，臺灣
對沖出超額很大。

---

[57] 新城俊昭，《教養講座 琉球・沖繩史》（糸滿：東洋企畫，2015年），頁
　　 379。

[58] www.twword.com/wiki/石油危機，2017年6月27日瀏覽。

[59] 孫克難，〈臺灣賦稅制度與經濟發展〉，于宗先、李誠主編，《經濟政策
　　 與經濟發展──臺灣經濟發展之評價》（臺北：財團法人中華經濟研究院，1997
　　 年），頁95、137-138。

表9-3　沖繩對臺灣輸出入貿易額

單位：100萬日圓

| 年 | A沖繩輸出額 | B沖繩輸入額 | A÷B% | 沖繩入超額 | 入超對前年比率% |
|---|---|---|---|---|---|
| 1978 | 1,025 | 6,522 | 15.7 | 5,497 | 138 |
| 1979 | 793 | 10,119 | 7.8 | 9,326 | 170 |
| 1980 | 1,518 | 8,467 | 17.9 | 6,949 | 75 |
| 1981 | 2,530 | 10,057 | 25.2 | 7,527 | 108 |
| 1982 | 1,250 | 11,984 | 10.4 | 10,734 | 143 |
| 1983 | 1,262 | 11,578 | 10.9 | 10,316 | 96 |
| 1984 | 1,031 | 12,881 | 8 | 11,850 | 115 |
| 1985 | 969 | 10,751 | 9 | 9,782 | 83 |

資料來源：引自有村產業企畫部，〈1985年中琉貿易概況〉，《民國75年3月拓展貿易》。

　　沖繩當局為發展自立型經濟，一方面派遣官員來臺研習：農業試驗、水利灌溉設施、栽培技術、品種改良、農產品運銷制度、水產試驗、都市綠化、市街再開發等專業知識與技術，及參觀考察加工出口區、新竹科學園區，向臺灣借鑒，選擇興建以臨海型工業區、內陸型工業區為中心的工業化發展路線；[60]另一方面，還以對話、磋商的方式，力求改善雙方貿易逆差。大體來論，1972年以後沖臺雙方代表主要交涉經貿項目如下。

[60]〈中琉文化經濟協會工作報告〉，1981年10月31日，《民國62～75年度工作紀要》；〈中琉文化經濟協會工作報告〉，1982年8月1日至1983年6月30日，同上；〈最近一年中琉文化經濟協會交流合作重要業務簡報〉，1986年5月3日，同上。

## 1. 續購沖繩啤酒

1980年4月，西銘順治率團參加由中琉文經協會及有關機構代表舉行的擴大經貿會議。西銘指出沖繩本地產品有限，僅賴啤酒、漆器及手工藝品等出口外銷，臺灣曾經多次購買啤酒，但1972年後停止進購，啤酒對沖繩經濟收入及貿易逆差關係甚大，希望臺灣能夠繼續採購。

有關啤酒銷臺，中琉文經協會請臺灣省政府及菸酒公賣局按照以往成例予以輸入，1980年省主席林洋港同意1982年度進口5萬打，方治即將此信息告訴西銘順治。但沒想到李登輝接任省主席後，依據公賣局研議，函覆方治表示，進口各國啤酒發生滯銷，證明國內消費者不習慣飲用進口啤酒，若只進購沖繩啤酒，恐將引起其他地區要求援例辦理，造成困擾，以及公賣局為求國內菸酒產銷平衡，已經大量投資擴充生產設備，省產啤酒量已敷市場需要，為免造成投資閒置及民間不良反應，因此決定本案還是「以不進口為宜」。[61]

對於省政府的裁示，方治頗感錯愕，為了兌現承諾，維護對外信譽，方治懇請公賣局尋求補救辦法。幾經交涉折衝，行政院決議從政策考量，以「專案」處理方式，核請國防部進口1萬打。1985年9月，中琉文經協會代表獵戶星會社與聯勤總部物資署辦妥議價訂購手續，10月4日該會總幹事親赴基隆港十七號碼頭倉庫驗收（報價每打4.86元，總價美金48,600元），在辦理擔保提貨後，立即送交外島服務處運往金門、馬祖、東引等地。[62]（見圖9-4）

---

【61】〈中琉文化經濟協會致函臺灣省主席李登輝〉，1982年2月3日，（71）琉治字第0135號，《民國61年8月～74年9月拓展貿易》；〈臺灣省政府李登輝致函方治理事長〉，1982年3月21日，（71）府財一字第140485號，同上。

【62】〈國防部福利總處函〉，1985年9月27日，（74）利教字第4803號，《民國61年8月～74年9月拓展貿易》；〈聯合勤務總司令部物資署採購軍品收貨暨驗收

## 2. 增購沖繩製品

1985年，沖繩貿易考察團與臺灣有關單位舉行拓展貿易會議，沖方建請臺灣多多採購啤酒、水泥、麵粉、鋼筋，降低貿易逆差。[63]

啤酒一項，國防部已經承購1萬打，可以暫不處理。水泥一項，中琉文經協會建請榮民工程處承購3,000噸，榮工處處長嚴孝章函覆：

本處承辦各類工程，使用水泥均經業方指定品質較高廠牌，目前主要工程均在施工中，不宜中途更換水泥廠牌，更難邀業方同意。本處施工所用水泥除裝修及零星工程使用袋裝水泥外，主要工程均為散裝，如大量進口袋裝水泥，不易消化，如放置日久恐將變質，自琉球進口水泥經詳加核算，每噸較國內同品質水泥價格高出約一千元，三千噸約超出三百萬元，勢必影響施工成本，殊不經濟。[64]

中琉文經協會斡旋失敗，改請中國國民黨中央委員會海外工作會購買。海工會轉達經濟部，經濟部交榮工處辦理。榮工處的指導單位行政院國軍退除役官兵輔導委員會主任委員鄭為元函覆方治云：「榮工處係屬自給自足單位，基於施工計畫成本等因素，考量進口昂貴水泥確有困難。」未允採購。[65]

---

單〉，1985年11月15日，（74）聘喃第911號，同上。

[63] 〈經濟部部長李達海函〉，1985年6月25日，經（74）貿字第26296號，《民國71年1月～74年8月拓展貿易》。

[64] 〈榮民工程事業管理處嚴孝章致函中琉文化經濟協會〉，1985年9月6日，《民國71年1月～74年8月拓展貿易》。

[65] 〈行政院國軍退除役官兵輔導委員會鄭為元致函方治〉，1985年9月20日，

　　麵粉方面，沖繩製粉株式會社社長竹內和三郎是西銘順治的親信，他請臺灣幫忙每月銷售麵粉400噸，價格可以商酌。但經濟部回覆中琉文經協會：「麵粉與稻米可相互替代，目前我國稻米生產過剩，且遭受外銷困難，請查照婉復。」也未同意採購。[66]

　　鋼筋一項，據琉中協會探查，沖繩近十年來不斷地從臺灣進口鋼錠，進口金額年平均達美金150萬元，約占臺灣出口沖繩總額的十分之一，對臺經貿多有貢獻，沖繩鋼鐵業界要求臺灣允許廠商從沖繩進口該地產製的鋼筋，進口金額以能占臺灣出口沖繩鋼錠金額的百分之二、三十，藉少量回銷達成雙方貿易互惠之目的。但1981年3月30日國際貿易審議委員會第346次大會決議案中，列有國外鋼筋與中鋼公司產製者如屬同一類不准進口，以符保護中鋼公司之決策。有鑑於此，方治請沖繩廠商先與臺灣業者訂立鋼錠委託加工契約，並報請國貿局核備，這樣才可避免牴觸上述決議及符合沖方需求。[67]

## 3. 擴大沖繩轉口貿易功能

　　1972年沖繩回歸日本後，因受日本資本大量流入及貿易制度改變的影響，致使商業、服務業發展迅速，沖、日、臺區域貿易越來越盛。舉例言之，1985年沖繩從臺灣進口總值107億51萬日圓，輸臺總值9億6,930萬2,000日圓，入超97億8,198萬8,000日圓。

---

《民國71年1月～74年8月拓展貿易》。
[66]〈竹內和三郎致函中琉文化經濟協會〉，1984年12月25日，《民國71年1月～74年8月拓展貿易》；〈中琉文化經濟協會致函經濟部〉，1984年12月31日，（73）琉治字第0622號，同上；〈經濟部函〉，1985年2月7日，經（74）貿字第05352號，同上。
[67]〈琉中協會宮城仁四郎致函方治〉，1982年5月11日，《民國71年1月～74年8月拓展貿易》；〈中琉文化經濟協會致函琉中協會〉，1982年5月24日，（71）琉治字第0198號，同上。

同年，日本自臺輸入總值454億61萬日圓，輸臺總值825億54萬日圓，出超370億93萬日圓。沖繩認為邁向自立經濟之道，是充分利用當地地理特性，以其豐富的亞熱帶海洋自然景觀及特有的傳統文化與史蹟，建設國際規模的貿易轉運站及觀光休閒地。[68]依此構想，興建自由貿易加工區，並加強沖臺合作，成為西銘縣政時代（1978-1990）的重要施政方針。

1986年4月1日那霸商工會議所以西銘順治為名譽團長、國場幸太郎為團長，率領龐大的貿易促進團來臺商討擴大貿易問題。4月3日中琉文經協會和政府有關機構、公會團體代表及業者於世貿中心舉行第一屆「中琉貿易促進會議」。沖方人員提出：

(1) 舉辦產品展示商談會。

(2) 接受沖方小額訂單。

(3) 加強品質管理、改善產品品質，以減少貿易糾紛。

(4) 改善進出口貨物港口工作。

(5) 簡化運輸器材流通手續。

(6) 雙方每年定期舉辦貿易促進會議。

(7) 繼續進口啤酒及泡盛酒。

(8) 派遣適當人員前往沖繩熟習海關通關作業。

(9) 擴大一次及二次加工產品的流通貿易。

(10)在臺設立商務聯絡辦事處。[69]

---

【68】有村產業企畫部，〈1985年中琉貿易概況〉，《民國75年3月拓展貿易》；中琉文化經濟協會駐琉球辦事處編，〈琉球與中琉關係簡介〉，1997年12月15日，《民國86年9月～87年3月琉球政情》。

【69】〈中琉貿易促進座談會紀錄〉，1986年4月3日原稿，《民國75年3月～75年4月經貿促進小組》；〈那霸商工會議所會長國場幸太郎致函方治〉，1986年4月10日傳真電報，同上；〈中琉貿易促進座談會紀錄〉，1986年6月27日，同上。

沖繩訪問團回國後，中琉文經協會分別聯繫各有關單位開會，積極
處理可以解決的問題。

1987年4月6日沖臺雙方定期舉辦中琉貿易促進會議，第二屆
會議主題爲如何互惠合作，發揮沖繩轉口基地功能。沖方人員提
出：

(1) 中繼貿易之擴大（臺灣─沖繩─日本）。
(2) 在臺、沖兩地鼓勵合資企業之興起。
(3) 籲請中華民國工商業者積極利用沖繩加工區（FREEZONE）。
(4) 歐洲、美國、東南亞各國與臺灣、沖繩、日本本土間之海空
中繼運輸之擴大。
(5) 在臺北、臺中、高雄分別設立「琉球館」，長期展出沖繩產
物，並提供雙方投資及商貿服務。
(6) 沖繩產品輸臺，希望簡化通關手續。[70]

1987年臺北世貿中心設立了「琉球館」，展示沖繩泡盛酒、
啤酒、食品及傳統手工藝品。1988年7月沖繩自由貿易區（加工
區）開始營業，經營方針爲：沖繩組團來臺採購農、牧業初級產
品，加工後轉銷日本本土，或從東南亞輸入農、礦、漁、牧業初
級產品，加工後轉售臺灣。有關沖繩轉口貿易成績，據1996年統
計，沖繩對臺輸出以化學品及機械爲主，金額高達129億7,000萬日
圓，自臺輸入以食品、砂石、機械及家具爲主，金額71億300萬日
圓，顯而易見沖繩已經對臺灣出超，且已轉型成以加工出口爲導向

[70]〈第二屆中琉貿易促進會議第一次會議議程〉，1987年4月6日，《民國77年3月經貿促進小組》。

的產業經濟結構。[71]

# 結論

　　戰後沖繩在歷史光和影的交錯下，國際環境方面，經歷了冷戰到來、大陸中共政權執政、韓戰與越戰爆發、日本本土經濟高度成長等目不暇給的鉅變。沖繩內部則經歷了1945-1950年美國軍政府干預、1952-1972年琉球政府自治、1972年歸併日本等三階段政治變化，以及1945-1958年B圓通貨（外匯管制）時期、1958-1972美元經濟（自由貿易）時期、1972年日圓通貨（納入日本經濟體制）時代等三階段經濟變革。

　　相形之下，臺灣當局爲建立強而有力的自由反共基地，在比較穩定的政治環境下，循序漸進的執行制度改革、經濟建設，1970、1980年代整體經濟高速成長，其發展歷程成爲沖繩積極對臺交流，觀摩學習的模範。

　　言及經貿交流，屋良朝苗、大田政作、西銘順治與方治等政界領袖，皆屬促進沖臺交流的推手。此外，組織性的交流窗口有：琉中協會、那霸商工會議所、中琉文經協會、臺灣省商會聯合會駐琉商務辦事處、琉球華僑總會、中央信託局駐琉商務辦事處等，其中，琉中協會會長宮城仁四郎、那霸商工會議所會長國場幸太郎、中琉文經協會理事長方治，對交流的深度和廣度貢獻尤多。

　　值得指出的是，沖繩資源缺乏，相當依賴基地經濟與日美兩國援助，以補其鉅額的貿易入超。臺灣爲沖繩重要貿易對象之一，長

---

【71】〈中琉文化經濟協會會議紀錄〉，1988年5月7日，（77）華字第181號，《民國77年3月經貿促進小組》；中琉文化經濟協會駐琉球辦事處編，〈琉球與中琉關係簡介〉，1997年12月15日，《民國86年9月～87年3月琉球政情》。

久以來，輸沖總值和自沖進口總值，約為十比一。沖繩工商界為改善貿易逆差，除透過中琉文經協會洽請臺灣當局採購沖繩產品，舉辦雙邊貿易會議外，還頻頻來臺考察加工區產業，力圖從中找出建設自由貿易區的方向，發揮其轉口貿易站之功能。

　　方治在處理沖臺經貿問題時，曾向有關機構言：「中琉關係密切，同為太平洋上阻遏共產主義，維護自由民主之重要基地，目標一致，禍福相同，應該加強合作。」[72]明確地指出沖臺經貿關係的維繫，臺灣比較注重政策性的支援；沖繩比較關心經濟利益的取得，正因目的分殊，各取所需，所以才能維持沖臺長期親善友好、互惠互利的交流關係。

─────────────

[72]〈琉政府副主席知念朝功訪華強調增進中琉友誼〉，《中央日報》，1969年8月5日，版3。

# 第十章　戰後沖繩臺灣文化交流

# 前言

所謂文化，籠統地說，是一種社會現象，一方面指不斷創新的當代文化，另一方面也是一種歷史現象，指一群人在特定的地理、歷史、經濟、政治環境中進行交流，長期創造構成：風土人情、生活方式、文學藝術、行為規範、思維方式、價值觀念等，社會歷史的積澱物。[1]

明清兩代500餘年，琉球從屬於中國，在朝貢、冊封體制下，王國的政治、經濟、文化頗受中國影響。1879年日本廢除琉球王，設置沖繩縣後，經過長時期推行同化教育的結果，沖繩人的語言、文字、生活習慣幾乎都已日本化。等到1945年第二次世界大戰結束，沖繩歸為美軍統治後，美軍允許各級學校繼續使用日本教科書，四家報社中，琉球新報、沖繩時報為日文版，其餘兩家為英文版，廣播、電視、電影也大部分使用日本語，從日本語成為沖繩人的共通語裡，應可發現語言背後所隱含的日本文化，散見於社會各層面。[2]

沖繩、臺灣一衣帶水，地理位置接近，戰後雙方為了加強交流，各界人士互訪頻繁。沖臺交流類別分為：（一）專業性的互訪。如：「產業經濟考察團」、「促進經貿訪問團」、「港灣設施考察團」、「農業考察團」、「水產養殖業考察團」等。（二）結盟性的交流。如：沖繩國際大學與臺中東海大學、沖繩大學與逢甲大學互為姊妹校，每年師生定期交流；與那國町和花蓮市、石垣市

---

[1] 〈文化的意思 百度知道 全球最大中文互動〉。https://zhidao.baidu.com/question/25312269.html。2017年7月20日瀏覽。

[2] 〈中琉文化經濟協會工作概況〉，1967年，《民國54～61年度工作紀要》；〈琉球現況簡報〉，1966年5月，《民國51年5月～58年8月琉球政情》。

和蘇澳鎮締盟爲姊妹市，浦添扶輪社與蘇澳扶輪社、那霸扶輪社與彰化扶輪社締結爲姊妹社，沖繩律師公會和臺北律師公會、沖繩赤十字會和臺北紅十字會締結爲姊妹會，互有交流活動。（三）文教性的交流。如：官方與民間企業提供獎學金，鼓勵大學生交換留學；藝能界組織交響樂團、弦樂團、合唱團、舞劇團等，相互演出鑑賞；體育界組織桌球隊、籃球隊、棒球隊、保齡球隊、空手道、劍道、柔道等，互做友誼賽；沖繩婦人連合會與臺北中琉文化經濟協會婦女委員會締結爲姐妹會，互做友好訪問；學術界人士互訪、互贈圖書資料，並舉辦國際學術研討會。（四）觀光性的親善訪問。如：沖繩觀光協會組織「觀光考察團」訪臺，臺灣教員組織「琉球海之旅」訪沖。（五）青少年、兒童交流活動。如：那霸青年會議所成員來臺參加國際青年商會；沖繩女童軍總會支部邀請臺灣女童軍赴沖參加夏令露營活動；臺中商專、育達商職、文化大學、淡江大學應豐見城村村長之邀，遴選學生31名，組織「中華民國青少年琉球友好訪問團」，前往「玉城青少年自然之家」，與豐見城村青少年共同研修。[3]

　　沖、臺兩地人來人往，文化使節絡繹不絕，但令人感到遺憾的是，相關研究頗爲缺乏。有鑑於此，本文擬以臺北中琉文化經濟協會（簡稱中琉文經協會）文書爲中心，針對：（一）沖繩訪華研習團；（二）臺灣訪沖考察團；（三）藝術界交流案例；（四）臺灣協助沖繩修建古蹟等項，做一實證性的分析。

---

[3] 中琉文化經濟協會駐琉球辦事處編，〈琉球與中琉關係簡介〉，1987年12月15日，《民國86年9月～87年3月琉球政情》；楊仲揆，《現代中琉關係史》（臺北：中琉文化經濟協會，1997年），頁307-309；中琉文化經濟協會編，《中琉四十年交流紀要》（臺北：中琉文化經濟協會，1998年），頁7、26、37。

# 一、沖繩訪華研習團

　　1949年毛澤東領導的共產黨贏得國共內戰，拿下江山後，中國大陸起了很大的變化。具體而言，中華人民共和國於1950年派軍參加韓戰，1957年開展全黨整風運動（一整主觀主義、二整宗派主義、三整官僚主義），1958年開啟「大躍進」及農村「人民公社」化運動；1964年參加「抗美援越」戰爭；1966年全面發動「文化大革命」。可以說，在80年代末鄧小平制定改革開放總方針前，中國大陸對外關係受到內部鬥爭不斷，經濟發展遲緩，破四舊（破除舊思想、舊文化、舊風俗、舊習慣）運動如火如荼等，冤案遍地，問題成山的影響，鮮有國際文化交流活動。[4]

　　反觀60、70年代的臺灣，經濟成長迅速，蔣氏政權為向世人證明正統中華文化在臺灣，因推行中華文化復興運動不遺餘力，所以吸引了許多仰慕中華文化的外國人紛紛來臺觀光或研修。

## （一）中國語俱樂部

　　琉球大學創設於1950年，在校學生為研究中國習俗、中琉歷史文化，成立了一個「中國語俱樂部」，每年該部都利用寒暑假組團赴臺學習華語。依據臺灣當局規定，中國語俱樂部研習團來臺，須經臺灣省商會聯合會駐琉商務辦事處代表、那霸琉中協會會長致函中琉文經協會，並有學校或校長的推薦書，中琉文經協會方可受理。[5]有關中國語俱樂部對臺交流實況，茲以1966年研習團為例，

---

[4] 何沁、張靜如、肖超然、周承恩、聞立樹共編，《高等學校文科教材　中共黨史講義》（北京：中國人民大學出版社，1986年），頁260-261、342、401-405、443。

[5] 〈方治致函毛豐翔〉，1974年6月28日，《民國53年8月～76年7月琉界人士來華短

將其訪臺情形說明於後。

中國語俱樂部研習團來臺以前，必須先交一份申請研習計畫書，內容記載：1.研習目的：實地接觸正確的中國語，增進研究實力；努力蒐集資料，擴大社會視野；廣泛和人交流，理解中國風俗。2.團體代表及人數：1966年第九回訪華研習團團長津波眞一，副團長伊禮嘉一，連同團員共計22名。3.研習期間：1966年7月29日出發，9月28日歸島，為期62天。4.研習日程。（見表10-1）5.研習時段：週一至週五每日，週六晚間休息，週日全天休息。平日6:30起床、洗臉、早餐，8:00開始學習4小時。12:00午餐、午休，14:00開始學習3小時。17:00晚餐、洗衣、洗澡，19:30使用錄音帶學習2小時。21:30休息，23:00就寢。6.其他要求事項。（見表10-2）

表10-1　1966年琉球大學中國語俱樂部第九回訪華學習團活動日程表

| 月／日／星期 | 活動事項 | 月／日／星期 | 活動事項 |
|---|---|---|---|
| 7/29/五 | 自那霸搭機到臺北 | 9/18/日 | 赴中南部旅行 |
| 7/30/六 | 拜會關係機構 | | 旅行期間8天 |
| 7/31/日 | 參觀市區、認識環境 | 9/25/日 | 結束旅行返回臺北 |
| 8/1/一 | 學習活動開始 | 9/26/一 | 辭謝機關首長 |
| | 學習期間共48天 | 9/27/二 | 自由活動 |
| 9/17/六 | 學習活動結束 | 9/28/一 | 離臺返回那霸、解散 |

資料來源：〈1966年夏期琉球大學中國語俱樂部第九回訪華學習團計畫書〉，1966年7月12日，收入《琉界人士來華短期研習》，民國53年8月～76年7月。

---

期研習》。

表10-2　琉球大學中國語俱樂部第九回訪華學習團提問事項

| | 困難事項 | 請求解決事由 |
|---|---|---|
| 1 | 住宿 | 去年、前年使用師大學生宿舍，這次也想免費借用（男12人、女9人）。 |
| 2 | 學習場所 | 去年使用國語實小3間教室，這次想用師大教室。此因師大9月開課，交通、食宿均便。 |
| 3 | 教師 | 與去年相同，從國語實驗小學徵選三位教師。 |
| 4 | 手續 | 入境簽證及短期居留手續，請外交部、警察局等協助，並允帶進帶出錄音機、收音機等學習工具。 |
| 5 | 參觀 | 請協助安排參觀大學、產業機構。 |

資料來源：〈1966年夏期琉球大學中國語俱樂部第九回訪華學習團計畫
　　　　　書〉，1966年7月12日，收入《琉界人士來華短期研習》，民國53
　　　　　年8月～76年7月。

　　有關研習團入境手續，中琉文經協會備齊申請方之研習計畫
書、臺灣駐琉代表與琉中協會會長和琉球大學的推薦書，以及理事
長方治擔任全體學生的保證人等資料後，分函外交部、警察局、教
育部、國語實小、國立師範大學語言中心，洽請各機構查照會辦，
等待外交部核准入境，再由教育部指示國語實小開班，由國際文教
處負擔經費。[6]

　　值得留意的是，1966年中國語俱樂部第九回訪華研習團名單
中，有一名叫城間源一的學生，方治因他有赴中國大陸觀光考察的
計畫，被臺灣治安單位注意，唯恐惹出什麼麻煩，故函覆津波眞一

---

[6]　〈中琉文化經濟協會55年度大事紀〉，《民國47～68年度工作紀要》；〈中琉文
化經濟協會致函教育部〉，1969年8月5日，（58）琉總字第845號，《民國53年8
月～76年7月琉界人士來華短期研習》。

團長，請他規勸城間暫緩同來。[7]

　　言及城間源一，中國語流利，是琉球大學中國語俱樂部的核心人物，曾經來臺七次，態度親華，然而1961年琉球大學成立馬克思主義研究會，1963年那霸成立「日中（中共）友好協會」沖繩分會，城間源一受到影響，思想逐漸地轉成左傾。1965年他到東京向日中友好協會申請訪中手續，已經取得沖繩分會的推薦書，但中共方面以他來臺次數過多，未予核准。[8]

　　1966年城間參加中國語俱樂部研習團訪華被拒，爲向中共邀功，就以臺沖貿易爭議爲由，利用學生自治會成立「臺灣香蕉對策委員會」，強烈地抨擊駐琉商務代表徐經滿有貪汙罪嫌。1967年2月13日城間煽動學生襲擊臺灣駐琉辦事處，引起了一場軒然風波。[9]

　　城間策動襲擊事件，後經有關部門調查，查明並無貪汙事實，洗刷了徐代表的清白。中琉文經協會方面，則爲使琉大學生積累學習經驗，對沖繩的中國語教育有所貢獻，故仍積極地協助中國語俱樂部來臺學習華語計畫。[10]

[7]　〈中琉文化經濟協會方治致函津波真一〉，1966年7月15日，《民國53年8月～76年7月琉界人士來華短期研習》。

[8]　〈于景明意見書〉，1967年1月24日中國國民黨中央委員會第六組代電，（56）中六戌字第000263號，收入《民國51年5月～58年8月琉球政情》。

[9]　〈中國國民黨中央委員會第三組致函中琉文化經濟協會方治理事長〉，1966年9月16日，海四（55）字第7818號，《民國54～74年度辦理出入境規則、案件》。

[10]　〈中琉文化經濟協會55年度大事紀〉，《民國47～68年度工作紀要》；〈中琉文化經濟協會致函教育部〉，1969年8月5日，（58）琉治字第845號，《民國53年8月～76年7月琉界人士來華短期研習》；〈中華民國華僑總會致函中琉文化經濟協會〉，1974年6月26日，琉華總（63）字第027號，同上；〈中琉文化經濟協會致函教育部〉，1984年1月31日，（73）琉治字第0452號，同上。

## （二）警政人員研修團

1958年臺灣中央信託局和省商會聯合會在那霸設立商務代表辦事處，兩單位以協調臺沖貿易爲主，其他事務較少涉獵。中琉文經協會爲補其文化交流之不足，1966年5月理事長方治特邀文教界重要人物一同訪沖。方治訪問團在沖期間，與各界人士廣泛地接觸，從中獲悉沖繩被美國管理，雖有「琉球政府」自治性組織，但朝野人士有親美、親日、親華、左傾之分。方治認爲中琉歷史關係悠久，地理環境密接，除了經貿合作以外，還應傳承歷史情誼，加強文化交流。[11]

值得一提的是，沖繩戰前高等官員大多來自日本本土，低階職員由沖繩本地人擔任。1952年琉球政府成立後，由於缺乏處理國家事務的人才，頗需依靠日本政府給予支援、指導，或派員出國觀摩研習，才能順利地推展行政工作。因此，冷戰時期在中美合作訓練計畫下，中華民國成爲琉球政府派員研習：港灣設施、都市計畫、道路交通建設、國際機場設施、警政考察等，汲取產業技術與行政經驗的對象。[12]有關琉球政府官員來臺研習實況，茲以1969年爲例，闡述於後。

1969年琉球政府第五次派遣高級警官來臺，5位警官職銜分別爲：警察局警察本部保安部巡邏課長警視大宜味朝善（56歲）、警察局警察本部普天間警察署長警視大城宗正（56歲）、警察局

【11】〈中琉文化經濟協會琉球友好訪問團報告書與建議事項〉，1966年6月15日，《民國55年4月～63年6月文化界赴琉訪問》。

【12】沖繩タイムス社編，《私の戰後史》第5集（那霸：沖繩タイムス社，1981年），頁65。〈五位琉球官員明起接受我公務員講習〉，《臺灣新生報》，1969年8月12日，版2；中琉文化經濟協會編，《中琉四十年交流紀要》，頁31、45、46、57、62、71、76、91。

警察本部刑事部搜查第一課長警視安田勇（51歲）、警察局警察
本部駕駛執照課長警視浦添朝助（56歲）、警察局警察本部保安
部保安課長警視村山盛輝（52歲）。

　　中琉文經協會依據行政院國際經濟合作發展委員會暨農復會
聯合技術協助委員會函示，負責安排5位警官研習12天，即自6月
18日起至29日為止，研習期間由內政部警政司科長王景漳陪同聯
絡，兼做日語翻譯，研習資料由內政部及擬參訪機關提供。[13]

　　大城宗正等一行結束在臺研習活動後，提出了一份中譯報告
書，內容如下。

考察項目：一般警政概況、警察外勤、交通管制、少年犯罪及
其他有關措施。

一、考察研習計畫方面

（一）警察人員之紀律方面：各級警察人員規律嚴正，並在私
生活方面能確保良好品格，足堪做民眾之指導者。公務
員紀律之嚴正與否直接影響政府威信，中華民國警政當
局禁止所屬警察人員進入警察取締對象之特定營業場所
之措施，對於（實施戒嚴令）國家總動員體制下之中華
民國警察確屬一獨特之完善方針。

（二）警察公共關係方面：臺灣警察專設有其獨自的廣播電台
宣傳解釋警察法令、災害預防救助，民警一家，並在其
他諸方面發揮其高度親民作用，確屬一項難得之設施。

（三）戶口查察制度方面：建立良好之戶口查察制度，員警執
行認真，故能掌握管區居民之動態、生活狀況、不良份

---

子之去向等，不僅可做為犯罪預防及促進福利行政等之基礎，而且能藉此防止匪諜之滲透，以及破獲匪諜之活動。

（四）安全業務方面：警察負責民間保密防諜之教育，並能貫徹執行，故在每一角落能徹底表現反共思想，尤無像琉球所發生公務員、學生或勞動人員等示威遊行之情況，真正表現國民對警察充分合作之態度。

（五）其他：各級警察機關設有福利委員會，大多數警察人員均配有宿舍，並能獲得公保免費醫療、子女獎學金、托兒所以及其他員警福利優待措施等頗值得參考。

二、考察節目有無不適合研修目的之處？

交通狀態：

（一）市區內計程車司機似欠道德，故對司機道德教育及取締工作似有加強必要。

（二）一般行者（行人），似亦缺乏交通道德觀念，如騎腳踏車者擅自橫斷汽車前方等頗為危險。

（三）看到機器腳踏車後面載有橫坐之婦女等情形尤認為危險，故似有加以指導或戴安全帽之必要。

（四）對農村地區之道路使用，似亦應對悖民實施必要之交通指導。

三、……

四、考察觀感

（一）有關機關人員對本團考察研習人員懇切接待說明，使研習人員能安適進行考察。

（二）考察研習日程周密確實，毫無浪費之處，內容亦極為充分。

（三）有關機關人員懇切講解接待，以及資料均甚妥適充實，

　　衷心表示謝意。

（四）陪同人員在考察研習中，寸步不離研習人員，並予研習
　　人員以誠心誠意之服務接待，俾得過著愉快而有意義之
　　此次考察，衷表謝意。

（五）經過本考察研習過程，無論在日程、內容、待遇、接待
　　以及研習效果各方面均甚良好，考察研習人員均覺得非
　　常滿意。……[14]

　　這份報告書如實反映臺灣當時的社會樣貌。1969年7月4日大
城宗正等人致方治一信云：「在同文同種的寶島臺灣考察研習警
政，特別是和其祖先緣分深厚的中華民國接觸，深深佩服中華民國
盡心盡力，把臺灣建設成一個熱愛自由、反共精神的基柱」。對中
華民國的施政表現給予很高的評價。[15]

## 二、臺灣訪沖研習考察團

　　1949年以前，臺灣島內有原住民、河洛人、客家人，1949年
中國共產黨掌權後，約有100餘萬不同省籍的大陸人隨同國民政府
退居臺灣。臺灣在多族群互助，共同促進經濟發展下，相互學習接
納異文化的結果，形成了內容豐富的多元文化。

---

【14】〈內政部長徐慶鐘致函中琉文化經濟協會〉，1969年8月16日，臺內警字第331356
　　號，《民國47～58年政府人員互訪》。

【15】〈內政部函〉，1969年8月16日，臺內警字第331356號，《民國47～58年政府人員
　　互訪》。

## （一）傳統工藝研修團

　　1981年由實踐家政經濟專科學校美術工藝科師生22名組成的「琉球傳統工藝研修旅行團」，經臺北中琉文經協會和那霸琉中協會聯繫，安排於8月10日啓程，該團抵沖當天，即往沖繩縣立博物館及首里城參觀。11日上午該團先到牧港參觀玻璃工廠，再赴讀谷山參觀陶器工藝村。11日下午拜會大嶺實清、金城次郎、花織事業協同組合、芭蕉布專家平良敏子。12日全天參訪沖繩本島北部。13日上午前往南風原拜會琉球事業協同組合，轉赴眞玉橋參觀伊差川洋子紅型工房。13日下午返回那霸，拜會壺屋事業協同組合，並參觀新垣製陶所。14日歸國。[16]

　　1982年沖繩政府商工觀光部傳統工藝課致函中琉文經協會，表明沖方可以提供實踐家專兩個名額，免費供應膳宿，贊助該校派員赴沖研習傳統工藝，以資文化交流。實踐家專得知此信息，隨即推薦家政科工藝老師簡玲亮、馮瓊珠赴沖研習傳統染織手工藝，時間自1982年6月15日起至9月15日止，爲期三個月。[17]

## （二）歷史文物考察團

　　1987年8月中琉文經協會與政府有關部門及工商農業團體協調，9月底組成一個148人的訪問團，由時任理事長張希哲（立法院立法委員）擔任總團長，常務理事李團居擔任副總團長，下分：

---

[16] 〈實踐家政經濟專科學校校長林澄枝函〉，1981年6月5日，（70）琉字第28801007號，收入《民國53年8月～76年7月琉界人士來華短期研習》。

[17] 〈實踐家政經濟專科學校美術工藝科主任顏水龍致函中琉文化經濟協會〉，1982年5月25日，收入《民國53年8月～76年7月琉界人士來華短期研習》。

文化、經貿、農業、觀光旅遊、婦女、馬祖青年文化等6個團體，一同於10月8日赴沖，進行友好訪問活動。[18]

　　中琉文經協會下轄文化訪問團為探訪留存沖繩之中華文化遺產、遺跡，了解中琉歷史淵源、中華文化對當地的影響，訪沖期間訂為8日至17日，為期九天。文化訪問團分為甲乙兩組，甲組由劉立民（行政院文化建設委員會第一處處長）、劉寧顏（臺灣省文獻委員會副主任委員）、曹永和（中央研究院三民主義研究所兼任研究員）、莊伯和（輔仁大學教授）、楊仲揆（中國廣播公司研究委員）、莊芳榮（行政院文化建設委員會參事）、陳寶來（中琉文化經濟協會祕書）組成，考察行程如下：

　　10月8日抵沖。9日上午於太平洋飯店舉行中琉文化人士座談會。下午曹永和、楊仲揆、陳寶來赴那霸市政府文化振興課閱覽歷史文物相關資料。

　　10日上午由時任沖繩文獻委員會副會長又吉盛清陪同，參觀程順則及蔡溫頌德碑、臺灣遭害者墓碑、孔子廟、天尊廟、天妃宮、明倫堂等史蹟。（見圖10-1、10-2）崇聖會理事長具志堅以德在明倫堂解說該地建設至聖廟經過，並引導參觀明倫堂內圖書室典藏文物資料。接著，轉赴久米町天妃國小附近，探訪天妃宮遺跡、天使館遺跡、戰前孔子廟遺址。中午赴泊港附近外國人墓地考察，墓地內有6座清代中國人墳墓。據碑文記載，時間最早者為「康熙年間清故浙江寧波府定海鎮百總王拱之墓」。再往那霸港，聽取鄉土史學家崎間麗進講述明清時代冊封使來往琉球概況。午後直接到糸滿港參觀，沿途屋宇多設有石獅子裝飾，相傳此一習俗來自福建，流傳至今。又參觀一個家族的共同墓地「幸地門中墓」後，返

---

【18】《（中琉文化經濟協會）76年中華民國琉球友好訪問團報告書》。

回那霸。

11日上午搭機赴八重山石垣島考察，由華僑總會八重山分會會長陳清龍接待，首站到唐人墓，附近有八重山研究之父「喜捨場永珣顯彰碑」。下午赴八重山博物館，參觀該館保存唐人墓之瓦片。隨後拜訪華僑王能通經營的「樹庭夢農園」，及當地人意指土地廟的「名藏御嶽」後，返回石垣市。

12日從石垣機場搭機飛往那霸，轉機赴久米島，由仲里村教育委員會的太田喜功陪同參觀冊封使節遭難漂流至「藏元蹟」所在地，又參觀位於眞謝的菩薩堂（媽祖廟）、島尻石墓、上江洲家等古蹟，傍晚返回那霸。

13日由沖繩縣立圖書館史料編集室主任專門員渡名喜明陪同，上午探訪崇元寺下馬碑、觀音堂（萬歲嶺記）、玉陵（琉球國王陵墓）、守禮門、久慶門、龍潭、圓覺寺、弁財天堂、園比屋武御嶽（琉球國王祈福的地方）、放生池、天女橋等史蹟。下午參觀縣立博物館，先聽取館長大城宗清簡報，說明該館典藏中琉關係文物資料，再由高良倉吉引導，參觀該館保存珍貴史料，並轉赴那霸市內紅型工場、漆器工場、壺屋參觀。（見圖10-3）

14日上午經國際通、蔡溫橋到琉球大學圖書館，由館長米須興文帶領參觀館藏資料，並拜會校長東江康治，對明年（1988）在沖舉辦第二屆中琉歷史關係學術會議計畫交換意見。

15日上午參觀名護市博物館，由館長島袋正敏簡介，陪同參觀程順則銅像、三府龍脈碑文（蔡溫提示治水事業及王城遷都之條文）。接著，前往名護城跡、今歸仁城跡（世界遺產）考察。訪問團在今歸仁城跡巧遇沖繩電視公司拍攝「中華民國專輯」，將臺灣全團考察活動攝入鏡頭。

16日上午到沖繩縣立圖書館，由奉仕課長宮城保引導參觀。

文化訪問團乙組是由總團長張希哲、谷玄生（中琉文化經濟

協會祕書長）、周少左（周光斗，臺灣新生報社長兼中琉文化經濟協會理事）、張文仁（中琉文化經濟協會駐琉辦事處代表）組成。11日由沖繩臺灣同鄉會會長陳哲雄陪同，參觀崇元寺下馬碑、玉陵、園比屋武御嶽、弁財天堂、圓覺寺、守禮之門、觀音堂（萬歲嶺記）、國際公墓、中村家、中城城跡、名護市博物館、程順則銅像、三府龍脈碑文等歷史古蹟。[19]

文化訪問團返國後，由甲組人員撰寫中華文化在琉球暨琉球歷史文物考察報告，內容包括：考察琉球歷史文物紀感、中華文化對琉球建築物之影響、中國名家手蹟在琉球、琉球村落的石獅子、屋頂獅子、華人在石垣島發展情形、石垣島所見之中華文化。[20]（見圖10-4）

## 三、藝術界交流案例

如表10-3所示，戰後臺灣藝能界組團訪問沖繩的有：合唱團、民俗藝技團、陶器藝術展示團、交響樂團、當代美術交流團、國畫書法及南管古樂演奏訪問團等。有關藝術界人士赴沖交流實況，茲舉例說明於後。

---

【19】《（中琉文化經濟協會）76年中華民國琉球友好訪問團報告書》。
【20】〈中琉文化經濟協會中琉文物考察團座談會〉，1987年11月11日，《民國76年中華文化在琉球——琉球歷史文物考察》。

表10-3　臺灣藝能界人士訪沖交流活動（1976-1994）

| 團體名稱 | 領隊／人數 | 活動摘要 | 文件 | 檔案／文獻 |
|---|---|---|---|---|
| 愛之聲合唱團 | 陳德聰等55名 | 1976年7月14日應沖繩琉中協會邀請於琉球新報社禮堂演唱 | 中琉文化經濟協會65年度大事紀 | 民國54-61年度工作紀要* |
| 玉里民俗藝能團 | 17名 | 1983年6月24日應八重山南島民俗藝能交流會邀請赴沖公演 | 中琉文化經濟協會72年度大事紀 | 民國69-73年度工作紀要 |
| 雙園區婦女會、光武合唱團 | 王本富等23名 | 1984年2月11日赴沖親善友好訪問 | 中琉文化經濟協會73年度大事紀 | 民國69-73年度工作紀要 |
| 中華民國琉球友好訪問團 | 張希哲等75名 | 1986年10月9-13日於那霸舉辦中華現代陶藝書畫展 | 沖繩時報（剪報）1986.10.10 | 民國75年3-10月民間互訪 |
| 臺北市交響樂團 | 陳秋盛等110名 | 1992年2月28日參加首里城復元落成紀念「中琉文化交流慈善演奏會」 | 西銘順治函1991.12.25 | 民國80年度中琉文化教育交流 |
| 周華健EZ合唱團 | 周華健等一行 | 1992年3月14-15日參加沖繩國際交流會中心主辦第四屆亞洲音樂節 | 周華健參加「琉球民族音樂祭」巧遇翁倩玉 | 中琉雜誌創刊號，1992.07，頁15 |
| 臺中縣美術協會 | 詹益秀等40名 | 1994年8月16-21日在那霸市民畫廊舉行臺中縣美術家中琉文化交流美術展 | 中琉文化經濟協會駐琉代表辦事處函1994.08.19 | 民國83年8月我國各類訪問團赴琉交流業務 |

| 團體名稱 | 領隊／人數 | 活動摘要 | 文件 | 檔案／文獻 |
|---|---|---|---|---|
| 中華民國文化藝術訪問團 | 張希哲等14名 | 1994年5月26日赴沖，27-29日於那霸舉行國畫書法展覽及南管古樂演奏 | 中華民國文化藝術訪問團琉球展演交流紀要1994.05.26-05.30 | 臺北中琉文化經濟協會出版1994年11月 |

備註：＊指表中第1項文件收入《工作紀要》，民國54～61年度，應屬分類錯誤，應當列入《工作紀要》，民國62～75年度。囿於篇幅，臺灣藝能界人士1994年以後的訪沖交流活動，有待他日增補。

## （一）臺灣書畫南管藝術訪沖團

　　1993年12月沖繩地區選出日本國會眾議員西銘順治、1994年1月沖繩縣知事大田昌秀先後率團訪臺，兩人在拜會李登輝總統及有關部會首長時，均提及沖臺各項交流的必要性，其中又以文化、經濟、觀光等項為要。中琉文經協會為回應沖方的期待，隨即籌組「文化藝術訪問團」，邀請臺灣藝術教育館館長兼中國美術協會理事長張俊傑、漢唐樂府南管古樂團創辦人兼團長陳美娥等會商，分別向僑委會、教育部、文化建設基金管理委員會、文化復興運動總會申請補助，在諸單位同意贊助經費下，決定由中琉文經協會理事長張希哲擔任名譽團長，劉立民任團長，張俊傑與陳美娥任副團長，規劃國畫書法、南管古樂展演事宜。[21]

　　1994年5月26日張希哲訪問團一行14人赴沖，進行為期五天的文化藝術交流活動。27日上午依序拜會：琉球新報社、沖繩時報

---

[21] 中琉文化經濟協會，《中華民國文化藝術訪問團琉球展演交流紀要》（臺北：中琉文化經濟協會，1994年），頁15-16。

社、琉球電視台、沖繩電視台、沖繩縣議會、琉中協會。下午南管古樂團人員赴沖繩縣立藝術大學,參觀該校學生的舞臺動作示範演出,並由訪問團祕書長曾永義(臺灣大學中文系教授、財團法人中華民俗藝術基金會執行長)做南管古樂學術示範講演。講演從樂器製作、樂隊組織、樂曲結構、咬字吐音中,一邊分析南管古樂的歷史地位,一邊配合樂團的演奏和歌唱示範,讓聽眾了解南管古樂的音樂特色。與此同時,書畫展覽人員赴縣立劇場六樓「縣民畫廊」布置展品,準備開幕相關事宜。[22]

28日上午十時在那霸市東町會館舉行開幕典禮,參加者有500餘人。國畫書法展覽展品一共精選15位名家70件作品。其中畫家10位,即:吳文彬、徐谷菴、李可梅、孫家勤、胡念祖、陳丹誠、張俊傑、沈以正、熊宜中、趙松筠;展出畫作包括:白衣大士、絲竹合韻、仕女、群雞圖、芭蕉玫瑰、雁子、枇杷麻雀、荷花、富貴平安、蘭竹、雙鯉、東坡詞意、菊花野趣、紅荷蜻蜓、秋壑鳴泉、野渡無人舟自橫、秋泉、飄零霜葉點溪洲、芙蓉雙鷺、紅荷戲鴨、雞、魚蝦、野渡、山水、花鳥、松下老人、扁舟仕女、水鄉、松巖高士、潑彩山水、松鶴長春、清涼世界露生香、苦瓜雙雞、雙犬松雀、牡丹松雀、秋園小友、清供圖等40幅。書法家5位,即:陳其銓、王靜芝、戴蘭村、薛平南、杜忠誥;展出書體包含:行書、隸書、草書、綜合書體、楷書、篆書等,統計對聯、詩文共30幅。[23]

書畫展覽的高潮在書畫家現場即席揮毫演出。28、29兩天由

[22]中琉文化經濟協會,《中華民國文化藝術訪問團琉球展演交流紀要》,頁19-20、39。

[23]中琉文化經濟協會,《中華民國文化藝術訪問團琉球展演交流紀要》,頁28-32。

訪問團3位畫家張俊傑、熊宜中（臺灣藝術教育館編輯）、趙松筠
（中國畫學會理事、中國美術協會監事）即席進行山水、花鳥、
書法的示範作畫，即席畫作分贈相關人士與機關團體。書畫展展
出期間，大約吸引3,000名民眾前來欣賞中國藝術中的水墨書畫之
美。[24]

　　南管音樂爲中國古代宮廷音樂系統之一，其樂風典雅悠揚，流
傳於閩南地區。這次南管古樂團以南管的傳統排場「上四管合奏」
演出。所謂上四管，是指：琵琶、洞簫、三絃、二絃等四種樂器，
加上執拍板者，共計5人演奏三種南管樂曲。古樂裡的專業術語
「指」，是指有塡詞的純演奏；「曲」，是指唱曲；「譜」，是指
無曲詞的純樂器演奏之意。

　　28日晚間七時南管古樂演奏會於鄉土劇場舉行首場表演，團
員身穿仿唐服飾，演出曲目：1.你因勢（指，上四管合奏），曲
牌：短中滾，太子遊午門（佛唱曲調）；2.感謝公主（曲，演唱，
上四管伴奏），曲牌：福馬郎；3.出漢關（曲，獨唱），曲牌：
長潮；4.梅花操（譜，上四管合奏）；5.八駿馬（譜，上四管合
奏）；6.嶺路崎斜（曲，獨唱），曲牌：短相思；7.冬天寒（曲，
演唱，上四管伴奏），曲牌：太師引；8.四時八節（譜，上四管合
奏）。

　　5月29日晚間七時舉行第二場演奏會，曲目：1.南海觀音讚
（指，上四管合奏），曲牌：寡北，照由泉兜勒聲（佛曲）；2.冬
天寒（同前）；3.出漢關（同前）；4.陽關三疊尾聲（譜，上四
管合奏）；5.你因勢（同前）；6.感謝公主（同前）；7.嶺路崎斜
（同前）；8.五湖遊（譜，上四管合奏）。南管古樂團的表演，樂

聲優美和諧，博得琉球新報以頭版刊登演奏畫面。古樂團演奏完畢，有聽眾獻花，縣知事夫人上台致賀，僑胞和樂團團員合影，為沖臺文化交流留下值得紀念的歷史見證。[25]

　　相形之下，沖繩地區書法家、合唱團、管弦樂團、交響樂團、古典舞蹈團等也和臺灣藝能界互有交流。（見表10-4）有關沖繩藝能界赴臺實況，茲以1997年為例，將宜野灣市舞蹈團表演琉球舞蹈情形說明於後。

表10-4　沖繩藝能界人士訪臺交流活動（1965-1991）

| 團體名稱 | 領隊／人數 | 活動摘要 | 文件 | 檔案 |
|---|---|---|---|---|
| 琉球書法家 | 謝花雲石等 | 1965年5月15日來臺訪問10天，與書法界廣泛接觸交換意見 | 中琉文化經濟協會54年度大事記 | 民國47-68年度工作紀要 |
| 琉球文化使節藝能團 | 27名 | 1970年10月27日至11月1日來華祝賀蔣總統84歲壽誕 | 中琉文化經濟協會函1960.10.24(59)琉總字第896號 | 民國57-63年度工商互訪考察 |
| 琉球藝能訪華團 | 23名 | 1976年6月24日來臺表演琉球民間舞蹈 | 中琉文化經濟協會65年度大事紀 | 民國54-61年度工作紀要* |
| 藝術界訪華團 | 宜保榮治郎等15名 | 1978年12月4日來臺參觀國立復興劇校 | 中琉文化經濟協會67年度大事紀 | 民國62-75年度工作紀要 |

[25] 中琉文化經濟協會，《中華民國文化藝術訪問團琉球展演交流紀要》，頁45-54。

| 團體名稱 | 領隊／人數 | 活動摘要 | 文件 | 檔案 |
|---|---|---|---|---|
| 宜野灣市少年少女合唱團 | 20名 | 1983年8月12日來臺與光武仁愛合唱團14日於實踐堂舉行聯合公演 | 中琉文化經濟協會72年度大事紀 | 民國69-73年度工作紀要 |
| 青少年交流協會 | 小嶺郁子等38名 | 1984年3月23日來臺做音樂交流演奏 | 中琉文化經濟協會73年度大事紀 | 民國69-73年度工作紀要 |
| 管弦樂團 | 數和子等95名 | 1984年8月2日來臺舉行親善演奏會 | 中琉文化經濟協會73年度大事紀 | 民國69-73年度工作紀要 |
| 少年少女合唱團 | 大舛敏彥等127名 | 1984年8月14日來臺舉行親善演唱會 | 中琉文化經濟協會73年度大事紀 | 民國69-73年度工作紀要 |
| 宜野灣市文化協會琉球舞蹈團來華親善公演 | 與那源一率團共55名 | 行政院文化建設委員會補助中琉文化經濟協會辦理「琉球舞蹈臺灣公演團」，1987年12月20日來華親善演出經費10萬元 | 中琉文化經濟協會函1987.01.23 (76)華字第019號 | 民國86年8月-87年2月琉球宜野灣市文化協會來華公演 |
| 國頭地區吹奏樂連盟 | 金城秀樹等108名 | 1991年12月28日在臺中商業專科學校舉行演奏會 | 中琉文化經濟協會函1991.12.13 (80)華字第257號 | 民國80年度中琉文化教育交流 |

備註：同表10-3。

## （二）琉球舞蹈團訪臺公演

　　琉球舞蹈簡稱「琉舞」，舞劇、樂曲、服裝相當獨特，是琉球王府傳承各地村落的民俗舞蹈，又稱「古典舞蹈」。琉球舞蹈進入18世紀，發展出別具風格的「組踊」（組舞）。組踊也稱為「琉球國劇」，是統合琉球古典音樂、古典舞蹈、台詞，一種有故事內容的音樂劇、舞劇。值得一提的是，1879年明治政府實施「廢藩置縣」後，失去俸祿的下級武士中，具有才藝的人為了糊口，就到那霸港邊搭屋賣藝，漸漸地，此一以庶民為主人翁的新舞比起宮廷的古典舞蹈，越來越受觀眾歡迎。新舞俗稱「雜踊」（雜舞），舞姿活潑、劇情多樣化，經由玉城盛重、玉城盛義、伊良波尹吉等人陸續發表新作後，很快的流行於全島各地。[26]

　　1997年6月宜野灣市文化協會欲使臺灣文化界了解琉球舞蹈的特質，並加強沖臺聯誼，會長與那原一函請中琉文經協會安排赴臺公演事情。中琉文經協會向有關單位洽商，經行政院文化建設委員會同意補助經費，在不售門票的前提下，決定於同年12月20日在復興劇校大禮堂公演。

　　「琉球舞蹈臺灣公演團」配合沖繩獨特的鼓、鑼、笛、箏、琴等樂器，有樂師、舞者40餘人參加演出。有關該團公演節目內容，茲介紹於後。

　　1.風節（Kagiyade）：於琉球王前獻舞，慣例為祝宴上的前奏

---

[26] 宜保榮治郎，〈琉球舞踊〉，沖繩大百科事典刊行事務局編集，《沖繩大百科事典》下卷（那霸：沖繩タイムス社，1983年），頁918-919。宜保榮治郎，〈組踊〉，沖繩大百科事典刊行事務局編集，《沖繩大百科事典》中卷（那霸：沖繩タイムス社，1983年），頁608。當間一郎，〈組踊〉，沖繩大百科事典刊行事務局編集，《沖繩大百科事典》上卷（那霸：沖繩タイムス社，1983年），頁972。

舞蹈。[27]

2. 上口說（Nubuikuruchi）：此舞之意是，琉球國在薩摩藩的支配下，王府人員晉見藩主，從首里城拜觀音堂開始北上到鹿兒島為止，詠嘆沿途所見山川景物的情形。[28]

3. 綛掛（Kasekake，定情衣舞）：古典舞之一。「綛掛」指織布工具。舞者一手拿紡錘，一手拿線框，織成美麗的衣服送給戀人，表現少女內心對戀人的愛慕。[29]

4. 濱千鳥：雜舞。源於1887年左右，玉城盛義根據當時流行的濱千鳥民謠所創作的舞蹈。劇情是說，遠離家鄉的遊子，將思鄉情懷寄託於海濱難計其數的海鳥。[30]

5. 貫花：雜舞。女舞者一手拿著四節竹板，一手拿著一串美麗的花環，一邊敲打悅耳的竹板聲，一邊將花環掛在愛人的胸前。[31]

6. 前之濱：雜舞。男舞者身穿黑衣，頭綁白色條帶，以黑白條紋布捆著綁腿，腳穿白鞋套，為表現男性威武的舞蹈。[32]

7. 谷茶前：雜舞。一男一女對舞。劇情是說，沖繩本島中部恩那村的谷茶海岸聚集了大量的小魚，男子勤於出海捕魚，婦女裝入簍中，高興地邊走邊賣魚，表現活力十足的漁村生活情景。[33]

8. 四個竹板：琉舞使用的器具，竹板長約10公分，寬約5公分。女舞者頭戴花笠，身穿紅型衣裝，兩手各拿兩個竹板，一邊敲

[27] 阿波根朝松，〈かぎやで風節〉，《沖繩大百科事典》上卷，頁682。

[28] 〈中琉文化經濟協會駐琉球辦事處致函中琉文化經濟協會〉，1997年9月4日，琉球（86）字第394號，《民國86年8月～87年2月琉球宜野灣市文化協會來華公演》。

[29] 宜保榮治郎，〈かせかけ〉，《沖繩大百科事典》上卷，頁708。

[30] 宜保榮治郎，〈濱千鳥〉，《沖繩大百科事典》下卷，頁253。

[31] 宜保榮治郎，〈ぬちばな〉，《沖繩大百科事典》下卷，頁145。

[32] 宜保榮治郎，〈前の濱〉，《沖繩大百科事典》下卷，頁499。

[33] 宜保榮治郎，〈谷茶前〉，《沖繩大百科事典》中卷，頁145。

打竹聲，一邊跳舞，表現男女交歡之情。[34]

9.高平良萬歲：源自田里朝直作研發的組舞「萬歲討敵」。故事是說，古代有一位忠臣被奸臣陷害，有兄弟二人裝扮成滑稽藝人，一面四處賣藝，一面追尋仇人，結果找到仇人並在仇人面前獻藝，趁其不備予以擊殺，一舉報了父仇。[35]

10.鳩間節：流傳於八重山鳩間島的民謠，雜舞。20世紀初伊良波尹吉向來自日本本土的女歌舞伎專家學習日本舞後，另以活潑、花俏的動作創作了此一舞蹈。[36]

11.加那yo－天川（Kanayo－Amakawa）：雜舞。Kanayo是指心愛的人。劇情前段是說，相愛的男女相互交換象徵愛情的碎花手巾和麻織腰帶；後段是說，女子在泉水邊洗髮，男子手拿杓子幫忙取水沖洗，細膩地表現男女交遊的情景。[37]

12.御緣節：琉球古典音樂之樂曲之一，雜舞。故事大意是，今日見了久違的兄弟或像兄弟一樣親近的人，彼此心情歡欣無比。[38]

13.Mamido－ma：八重山民謠。詞首的Ma是「真」，mido是「女孩」，語尾的ma是暱稱，指「好女孩」之意。劇情是說，女孩汲水遇到一個男子，男子幫忙拿水甕，女子想送一塊織布表達謝意，男子卻認為與其送布，倒不如為他航海平安祈福來得好。[39]

14.揚作田節：琉球古典音樂之樂曲之一。故事大意是，緊抱牢固岩石的松枝，經過幾年歲月，漂亮的發芽，長出了兩片葉

[34] 島袋光史，〈四つ竹〉，《沖繩大百科事典》下卷，頁808。

[35] 宜保榮治郎，〈高平良萬歲〉，《沖繩大百科事典》中卷，頁685。

[36] 宜保榮治郎，〈鳩間節〉，《沖繩大百科事典》下卷，頁232。

[37] 宜保榮治郎，〈加那よ天川〉，《沖繩大百科事典》上卷，頁739。

[38] 城間繁，〈御緣節〉，《沖繩大百科事典》中卷，頁90。

[39] 石垣博孝，〈マミドーマ〉，《沖繩大百科事典》下卷，頁531。

子。[40]

　　宜野灣市文化協會爲使民眾鑑賞演藝精湛的舞者，表演格調很高的傳統藝能，其實，每年都在當地市民會館舉辦「藝能祭」。但這次在臺公演比較可惜的是，臺北藝術表演場所少，因爲市中心場地已被人訂定，復興劇校距離市區較遠，交通不便，加上事前宣傳做得不夠，表演節目也無中文翻譯，所以前來欣賞的觀眾人數不多。[41]

## 四、臺灣協助沖繩修建古蹟

　　1945年在太平洋戰場中，沖繩島之戰是規模最大的美軍登陸戰，也是傷亡人數多，歷史文獻、古蹟遺址遭受嚴重破壞的一場戰爭。飽受戰火摧殘的沖繩，戰後歷經20餘年努力，在產業經濟振興後，地方政府開始意識到修復古蹟，整建觀光資源，是復興文化與保存地方文化資產，以及增加觀光收入的重要課題。

### （一）唐人墓

　　石垣島的唐人墓是由富崎原一帶許多野墳遷移合葬而成的墓地。起初野墳散布於山丘或田邊，大約建於1852-1854年間。1969年石垣市爲發展離島經濟和顧念中琉傳統情誼及人道精神，在當地人士倡議下，擬將野墳遷移集中合葬，以便祭祀並美化環境。1970年石垣市組成「唐人墓興建委員會」，由市長石垣喜興擔任

---

【40】大山一雄，〈揚作田節〉，《沖繩大百科事典》上卷，頁41。
【41】〈行政院文化建設委員會致函中琉文化經濟協會〉，1998年2月12日，（87）文建參字第00827號，《民國86年8月～87年2月琉球宜野灣市文化協會來華公演》。

會長，當地僑領林發（本籍臺灣）擔任副會長。唐人墓興建工程在沖、臺雙方熱心人士支援下，1971年順利落成，建築物有中華民國總統蔣中正題贈「石垣市唐人墓」橫額，及僑務委員會委員長高信撰寫的「琉球唐人墓題記」。（見圖10-5）

其後，唐人墓受到風雨侵蝕，漸漸腐朽損壞，琉球華僑總會為保存華人史蹟，經石垣市政府和地方居民協助，1981年共同參與整修。唐人墓修建材料來自臺灣，屋頂上有人形、龍、象、鳳凰等雕刻裝飾，外觀亮麗，十分引人注目。1982年5月修復竣工，同年6月4日石垣市政府舉行竣工典禮，邀請方治、朱集禧（僑務委員會副委員長）、陳重光（中琉文經協會常務理事）、張希哲（同前，常務理事）等人參加觀禮活動。張希哲發現「琉球唐人墓題記」內容多有錯誤，為免以訛傳訛，建請市長日後有機會能予訂正。石垣市長虛心受教，1992年在修繕腐化屋瓦、破損裝飾物時，不僅釐正了碑文，還請時任僑務委員會委員長曾廣順重新撰寫唐人墓碑誌。[42]有關唐人墓來歷，日文版碑文記載（見圖10-6）：

本唐人墓合祀中國福建省出身的一百八十二位之靈位。華工（苦力）自十六世紀以後多往世界各地工作。一八五二年二月廈門集合四百餘名勞工，搭乘美國商船羅拔邦號（Robert Bowne）前往加州途中，因不堪被剪辮髮及將病人拋棄海中之暴行，群起反抗，殺死船長等七人後，航行臺灣途中不幸擱淺於石垣島崎枝海面，於是，有三百八十人下船，八重山政廳藏元於富崎原搭建臨時房屋收容他們。（未幾，輪船修復脫險，船員悄悄返航廈門，請來兩艘英

---

[42] 張希哲，〈琉球石垣市唐人墓史實考〉，琉中歷史關係國際學術會議委員會編，《第四回琉中歷史關係國際學術會議論文集》（那霸：琉中歷史關係國際學術會議委員會，1993年），頁117。

國船開往崎枝村）美、英兵船三次來島砲擊，兵士登陸強行搜索，華工避難山中，或遭射擊、逮捕，或自殺，情況甚為悽慘。琉球王府及藏元重視人道，竭力設法減少華人被殺，島民也寄予同情，祕密接濟糧食衣物，然因疫癘以致病故者接連不斷。期間經相關國處理交涉之結果，翌（一八五三）年九月由琉球派船二艘，將殘留者一百七十二人送還福州。中國以此事件為契機，堅決反對大規模苦力貿易行徑。本地富崎原一帶至戰後仍有許多磚造墓碑之唐人墓。一九七○年石垣市為合祀不幸喪生異域的靈位，組成唐人墓建立委員會，由本市補助，尤蒙中華民國大力支援，以及琉球居民、在琉華僑諸賢達之協助，得於一九七一年建成。於此撰述唐人墓來歷之際，對有關方面之協助，謹致衷心之謝意。

　　一九九二年三月三十一日　石垣市長半嶺當泰[43]（筆者中譯）

　　新碑文在記錄一段近代華工悲慘史的同時，也表揚了沖繩人傳承中琉歷史情誼，熱心救助遭難者的人道精神。

## （二）久米至聖廟

　　崇聖會為久米村華裔所組織的社會團體。據資料記載，久米村士族尊孔、祭祀孔子起源如下。

　　明初，琉球國中山王遣使朝貢中國，太祖朱元璋為助琉人航海入貢及推廣中國文化，而於1392（洪武二十五）年將福建36戶賜給琉球，自此開始，琉球王國制禮法，改土俗，積極推行以孔儒思想為中心的文教事業。華人移居琉球後，王府將他們安置在那霸東

---

[43] 原文參見「石垣市唐人墓」古蹟。括弧內補充敘述，引自張希哲，〈琉球石垣市唐人墓史實考〉，頁120。

邊的久米村（一名唐營或唐榮），華人及其後裔知書達理者、擅長
海路者，分別授予官職，對琉球國施政多有貢獻。[44]

　　1610年，久米村總役（久米村最高長官）蔡堅・喜友名親方
（1585-1647）參加進貢使節團去中國，順道前往山東曲阜孔子廟
參拜，購得孔子畫像攜回琉球，經久米村有志者議定，每年春秋兩
回輪流在士大夫家中舉行祭典。

　　蔡堅・喜友名親方歿後，金正春・城間親方（1618-1674）就
任久米村總役，努力發展儒教，1671年建議興建至聖廟，1672年
經攝政向象賢（又名羽地朝秀）向尚貞王啓奏，得到許可，於久米
村泉崎橋頭選定廟址，並立即整地動工，1674年完工。1675年著
手塑造孔子、顏淵、曾子、子思及孟子等聖賢像及神位，1676年
正月完成，與此同時，完成廟裡各裝飾，同年2月舉行盛大的祭孔
典禮。[45]

　　1715年教育家程順則・名護親方（1663-1734）就任久米村總
役，文教風氣鼎盛。1717年程順則向尚敬王建議，在至聖廟附近
建蓋學堂。1718年正月獲得許可，立即動工，閏8月25日明倫堂落
成，為官方建設學校之嚆矢。11月於明倫堂北邊設啓聖公（孔子之
父叔梁紇）及四賢父親的神位，建立了啓聖廟。1719年程順則向
尚敬王建議，按照中國祭孔儀式在至聖廟舉行大牢祭典，在啓聖廟
舉行小牢祭典，並於同年2月起實施。又，原先祭禮簡單，經程順
則建議，改為參加祭孔者必須於三天前開始齋戒，至聖廟奉祀官由
三司官擔任，啓聖廟主祭官由久米村總役或長史官擔任，均行三跪

---

[44] 具志堅以德編著，《久米村の民俗》（那霸：社團法人久米崇聖會，1989
　　年），頁4、7-10。

[45] 具志堅以德編著，《久米村の民俗》，頁10-11。

九叩頭禮及飲福受胙禮。[46]

　　1879年日本併吞琉球，設立沖繩縣後，孔廟、明倫堂的土地及建物與藏書、物品等一度變成國有。其後那霸區向內務省陳情，內務省考量儒教普及、建物修繕、管理及執行祭典等情繁複，同意轉讓孔廟、明倫堂之所有權給那霸區。久米村華裔則爲求長久之計，成立了「崇聖會」，並於1914年完成社團法人登記，直接向那霸區議會請求無償讓渡孔廟、明倫堂所有權。1915年區議會通過請願案，至此，崇聖會的法人財產獲得保障，每年依照舊例舉行春秋兩次祭孔典禮。崇聖會舉行祭典時，那霸市及其近郊的中小學學生都集體出席參拜。[47]

　　不幸的是，1944年10月那霸遭受美軍大轟炸，孔廟、明倫堂等建物及聖像、藏書、器具等全部被燒毀。戰後原有建地大部分又被劃入國道58號線，加上都市計畫施行換地，以致原有建地僅剩下37坪被保留爲「久米孔子廟遺跡」及「明倫堂遺跡」。久米崇聖會鑑於原有土地被公路占去大部分，舊建地狹小，重建困難，便想在崇聖會所有的天尊廟、天妃宮建地（位於波之上護國寺附近）重建至聖廟（天尊廟、天妃宮也受戰災燒毀）。歷經十多年籌劃，崇聖會理事長國吉有慶、理事仲井間元楷、建築師嵩原安一郎等，決定於1973年來臺，請求中琉文經協會予以協助，完成重建孔廟的心願。[48]

　　1974年3月，中琉文經協會邀請臺北市崇聖會辜偉甫、黃逢平、林金清，以及臺北市孔廟管理委員會楊寶發、劉寧顏舉行座談

---

[46] 具志堅以德編著，《久米村の民俗》，頁12-13、17-20。
[47] 具志堅以德編著，《久米村の民俗》，頁13-17。
[48] 社團法人久米崇聖會，〈琉球久米「至聖廟」沿革〉，1973年6月，《民國47年～74年度反共事件》。

會交換意見。經商討決議，由臺北市崇聖會贈送一面「聖牌」（高寬大小比照臺北市孔廟聖牌之比例），臺北市孔廟管理委員會贈送「孔子塑像」一座，中琉文經協會贈送錫製燭臺、香爐等，支援久米崇聖會重建孔廟計畫。[49]

　　1975年那霸孔子廟落成，1月25日久米崇聖會舉行孔聖銅像揭幕暨孔廟重建落成典禮時，臺灣應邀觀禮者有：中琉文經協會方治理事長率領孔德成（孔聖奉祀官）、華仲麟（孔孟學會祕書長）、謝仁釗（中琉文經協會常務理事）、陳重光（臺北市政府顧問）、楊寶發（臺北市孔廟管理委員會主任委員）、辜偉甫（臺北市崇聖會常務董事）、劉寧顏（臺北市孔廟管理委員會執行祕書）、張清來（中華民國全國總商會理事）、陳錫慶（臺北市崇聖會董事）、陳澤吉（臺北市崇聖會會員）、李火徐（臺北市崇聖會會員）、李雪峰（中琉文經協會會員）等14名。贈送祭物有：孔子銅像1尊、國父手筆禮運大同篇大理石1方、蔣總統題字大理石1方、臺北市市長張豐緒敬獻奉祀官孔德成敬書大理石1、孔子問禮圖及仁字大理石32方、白色大理石及紅鋼磚（白色大理石大小60方、鋼磚6,000塊）。[50]

　　沖繩各界人士對上列臺灣觀禮團極為重視，特別籌組接待委員會，公推日本國會議員稻嶺一郎為委員長；那霸商工會議所會長國場幸太郎、琉中協會會長宮城仁四郎、文化連盟理事長山里永吉、崇聖會理事長國吉有慶、留華學生家長會會長龜川正東，以及華僑總會會長毛豐翔為副委員長；日本國會議員國場幸昌、西銘順治，以及大扇會會長大城鎌吉為顧問，以示隆重。孔廟揭幕典禮由崇聖會理事長國吉有慶主持，祭典儀式仿照臺灣祭孔儀式進行。孔孟學

【49】〈中琉文化經濟協會63年度大事記〉，《民國62～75年度工作紀要》。
【50】〈中琉文化經濟協會63年度大事記〉，《民國62～75年度工作紀要》。

會理事長陳立夫有書面賀詞,中琉文經協會方治理事長、孔聖奉祀官孔德成均受邀致祝賀詞。[51](見圖10-7)

1977年10月8日,久米崇聖會理事長國吉有慶暨琉中協會會長宮城仁四郎、華僑總會會長毛豐翔,聯合邀請臺北市祭孔禮樂工作協進會組團前往沖繩,參加孔廟落成3週年紀念典禮。8月24日,方治特邀相關人士舉行赴沖參加祭孔籌備工作會議,由中琉文經協會負責洽商借用祭孔所需祭品、樂器、禮生、樂生、佾生(佾指行列,表演八行八列的八佾舞的人),並請孔廟管理委員會執行祕書連文彬擔任司儀主任兼糾儀官,曹萬枝擔任管理保養及樂器運送等工作。10月8日,方治訪問團一共攜帶大小樂器44種358件;佾生(成淵國中學生、臺北市立大龍國小學生)及有關工作人員共161人前往那霸慶賀。[52]

1982年8月28日,方治以孔德成筆書匾額贈送久米至聖廟。[53]1984年久米崇聖會為至聖廟重建10週年,預定4月21日舉行祭祀典禮,邀請臺灣派遣祭孔八佾舞團參加。中琉文經協會洽請臺北市政府教育局補助15萬元給大龍國小師生組團赴沖演出。[54]2013年久米崇聖會以募款方式,將位於那霸市若狹區的孔廟遷移到久米區松山公園內,新孔廟有中琉文經協會理事長蔡雪泥致贈「至聖廟」匾額,同年6月15日舉行落成典禮時,蔡雪泥及駐日代表處那霸辦事處處長粘信士均應邀為「至聖廟」匾額揭幕。[55](見圖10-8)

[51] 〈中琉文化經濟協會64年度大事記〉,《民國62~75年度工作紀要》。
[52] 〈中琉文化經濟協會66年度大事記〉,《民國62~75年度工作紀要》。
[53] 〈中琉文化經濟協會71年大事記〉,《民國69~73年度工作紀要》。
[54] 〈中琉文化經濟協會73年大事記〉,《民國69~73年度工作紀要》。
[55] 〈中琉文化經濟協會102年大事記〉,《民國102年度工作紀要》。

# 結論

　　文化的發展與進步，是一個承繼傳統、吸收新知與開拓未來
的歷史過程。由此檢視沖繩，可以察知沖繩從古琉球時代到20世
紀，以其自身島嶼文化爲基礎，先後通過漢語、漢文爲媒介，汲取
了中國儒學文化；通過日本語路徑，習得了日本近代科技知識；戰
後又通過軍用地英語爲媒介，感染了一部分美國流行文化。

　　沖繩在融匯異文化的同時，並未忘記開掘傳統，保存本身文
化的獨特性和自主性。進一步說，沖繩獨一無二的自然景觀、列入
世界遺產的城寨遺跡、民宅屋頂上的石獅子、丁字路口的石敢當、
首里城、守禮門、玉陵、圓覺寺等，皆爲觀光客流連忘返的地方。
琉球舞蹈中的音樂、樂器、台詞、服飾，自成系統，古典舞蹈、組
舞、雜舞和中國傳統書畫、南管古樂各有特色，相互展演，成爲沖
臺兩地多元文化交流的一環。

　　沖繩人爲了解中國文化，長久以來，除組團來臺研習華語外，
臺灣也協助沖繩維護孔儒思想文化。儒教文化歷史悠久，傳播範圍
廣泛，包括：朝鮮半島、日本、琉球、越南及東南亞華人聚居地。
17世紀，「尊孔敬儒」爲琉球士族的共同信仰，孔子廟、明倫堂
爲傳揚儒教文化的場所。二戰末期，孔子廟、明倫堂被戰火摧毀，
歷經久米崇聖會努力及臺灣各界的援助，1974年得以重建，2013
年得以遷建。沖繩離島石垣市的唐人墓是島民救助華工，發揮人
道精神的一座古墓地，石垣市與臺僑爲保存華人史蹟，1971、
1982、1992年對唐人墓修復三次。孔子廟、唐人墓的屢屢修建，
體現了沖臺雙方深厚的睦誼關係。

　　值得指出的是，臺灣漢族文化源自中國大陸，日本殖民時代
（1895-1945）接受日本教育的臺灣人在和沖繩人交往時，因有經
歷日本同化階段的共同軌跡，可用流暢的日本語交流，1949年隨

同國民政府來臺的大陸人，可用中琉500餘年朝貢貿易史來延續傳
統歷史感情。沖、臺人民之間就在日本語（日本文化）、中琉歷史
（中國文化）的雙重奏下，從戰後至今，持續不斷地發展了相當穩
定、和平、親善的文化交流關係。

# 琉球／沖繩史大事年表

| 時代區分 | | 西曆 | 琉球／沖繩事項 |
|---|---|---|---|
| 古代琉球 | 城寨時代 三山時代 | 12-15世紀 | |
| | | 1372年 | 中山王察度開始向明朝進貢 |
| | | 1389年 | 中山王派遣使節赴高麗 |
| | | 1392年 | 派遣官生（留學生）到國子監（南京） |
| | | 1404年 | 明朝派遣冊封使到琉球，冊封察度之子武寧 |
| | | 1420年 | 中山王派遣貿易船到暹羅 |
| | 第一尚氏王統 | 1429年 | 尚巴志統一三山（琉球王國成立） |
| | | 1430年 | 中山王派遣貿易船到爪哇 |
| | | 1456年 | 中山王派遣貿易船到滿剌加（Malacca） |
| | | 1466年 | 尚德遠征喜界島（實質統治奄美群島） |
| | 第二尚氏王統（前期） | 1470年 | 尚圓即位（第二尚氏王統開始） |
| | | 1477年 | 第三代尚眞實施中央集權、確立身分制度、神女職官組織化、興建玉陵 |
| | | 1490年 | 中山王派遣貿易船到佛太泥（Patani） |
| | | 1500年 | 支配宮古、八重山群島 |
| | | 1528年 | 興建待賢門（守禮門） |
| | | 1605年 | 野國總管傳入甘藷 |
| 近世琉球 | 第二尚氏王統（後期） | 1609年 | 薩摩藩侵略琉球（中日兩屬時代。割讓與論島以北給薩摩，沖繩島以南受薩摩藩支配） |
| | | 1612年 | 明朝規定琉球王府十年一貢 |
| | | 1623年 | 儀間眞常導入製糖技術 |
| | | 1631年 | 薩摩藩在那霸設置在番奉行，開始實質統治 |

| 時代區分 | | 西曆 | 琉球／沖繩事項 |
|---|---|---|---|
| 近世琉球 | | 1633年 | 明朝規定琉球王府兩年一貢 |
| | | 1634年 | 德川將軍即位，派遣慶賀使節到江戶，並確立慶賀使派遣制度 |
| | | 1644年 | 琉球國王即位，派遣謝恩使節到江戶，並確立謝恩使派遣制度 |
| | | 1647年 | 開啓黑糖、鬱金專賣制度 |
| | | 1663年 | 清朝首度派遣冊封使張學禮、王垓來琉 |
| | | 1683年 | 冊封使汪楫、林麟焻持來康熙帝御筆「中山世土」扁額頒贈尚貞王 |
| | | 1686年 | 清代首度派遣官生到國子監（北京） |
| | | 1689年 | 接貢船派遣制度確立 |
| | | 1690年 | 王府系圖座開始編輯琉球家譜 |
| | | 1716年 | 德川幕府對進貢船、接貢船的渡唐銀限制各爲604貫和302貫 |
| | | 1831年 | 王府參照大清律和日本刑書制定「新集科律」 |
| | | 1837年 | 在首里建造孔子廟（至聖廟） |
| | | 1854年 | 簽訂琉美修好條約 |
| | | 1871年 | 宮古島民漂流臺灣東南部，54名遭原住民殺害 |
| | | 1872年 | 日本政府設置琉球藩，改國王爲藩王 |
| | | 1874年 | 日軍征討臺灣，鎮壓牡丹社，清朝在臺灣事件條約中承認日本出兵是爲保民義舉 |
| | | 1875年 | 日本政府命王府停止進貢、冊封，廢止福州琉球館，要求使用日本年號，設置鎮台分遣隊 |
| | | 1876年 | 日本政府廢除琉球藩王的裁判權 |

| 時代區分 | | 西曆 | 琉球／沖繩事項 |
|---|---|---|---|
| 近世琉球 | | 1878年 | 駐日公使何如璋抗議日本政府阻止進貢、冊封及廢止福州琉球館等的對琉處分 |
| | | 1879年 | 日本政府廢止琉球藩，設置沖繩縣，派遣鍋島直彬赴任縣令 |
| 近代沖繩 | 舊慣保存期 | 1880年 | 沖繩縣劃分為9個行政區，設役所，縣內設14個小學 |
| | | 1882年 | 第一屆縣費留學生上京，米穀等租稅可用貨幣折換 |
| | | 1883年 | 浦添朝忠（舊按司奉行）等42人密航中國，從事琉球復國運動 |
| | | 1885年 | 行政單位的間切及村內法的成文化──「沖繩縣舊慣間切內法」 |
| | | 1886年 | 公布地方官官制，改縣令為知事 |
| | | 1894年 | 甲午戰爭中國戰敗，割讓臺灣和澎湖群島，脫清人放棄琉球復國運動，相繼返國 |
| | | 1895年 | 大藏省設置沖繩諸制度改正法案調查委員會 |
| | | 1896年 | 公布沖繩縣區制及郡編制，劃分為首里、那霸二區和島尻、中頭、國頭、宮古、八重山五郡 |
| | 舊慣改革期 | 1897年 | 公布沖繩縣間切島吏員規定，「間切、島番所」改稱為役場，大幅裁減舊王府地方官員，沖繩－基隆間鋪設海底電信線 |
| | | 1898年 | 實施徵兵制 |

| 時代區分 | | 西曆 | 琉球／沖繩事項 |
|---|---|---|---|
| 近代沖繩 | | 1899年 | 公布沖繩縣土地整理法，26人移民夏威夷，沖繩正式開始移民活動 |
| | | 1900年 | 帝國議會議決眾議院議員選舉法改正案（沖繩縣選出議員2人） |
| | | 1904年 | 施行本島二區三郡地租條例、國稅徵收法 |
| | | 1908年 | 「間切、島及村」改稱為「村及字」，施行沖繩縣及島嶼町村制 |
| | | 1914年 | 第一次世界大戰爆發 |
| | | 1926年 | 沖繩經濟振興會對政府提出「沖繩縣經濟振興相關請願書」 |
| | 恐慌期 十五年戰爭期 | 1932年 | 日本建立「滿洲國」 |
| | | 1937年 | 盧溝橋事變 |
| | | 1938年 | 設立恩賜財團軍人援護會沖繩縣支部 |
| | | 1940年 | 第一屆滿州開拓農民先遣隊出發 |
| | | 1941年 | 組織沖繩縣食糧增産報國挺身隊 |
| | | 1943年 | 組織皇國農村建設青年義勇隊 |
| | | 1944年 | 第32軍司令官牛島滿中將上任，發布大本營陸軍部「島嶼守備要領」 |
| 戰後沖繩 | 美軍支配期 | 1945年 | 美軍登陸沖繩本島中部的嘉手納北谷海岸，尼米茲布告成立美國海軍軍政府支配南西諸島 |
| | | 1946年 | 美軍成立民政府 |
| | | 1949年 | 正式開始建設美軍基地 |
| | | 1951年 | 舊金山講和條約（1952年4月28日對日和平條約生效） |
| | | 1952年 | 琉球政府成立、日美安保條約生效 |
| | | 1953年 | 歸還奄美群島 |

| 時代區分 | | 西曆 | 琉球／沖繩事項 |
|---|---|---|---|
| 戰後沖繩 | | 1954年 | 美民政府發表一次性付清地租方針、人民黨事件 |
| | | 1956年 | 貫徹守護土地四原則縣民大會（全島居民一體的鬥爭） |
| | | 1958年 | 通貨B圓切換成美元 |
| | | 1959年 | 美軍用機墜落石川市宮森小學（17人死亡、121人受傷） |
| | | 1960年 | 沖繩縣復歸祖國協議會成立 |
| | | 1963年 | 美軍卡車不守交通規則撞死中學生事件（無罪判決） |
| | | 1965年 | 美軍轟炸北越、B52轟炸機從嘉手納基地出擊越南、佐藤榮作首相訪沖 |
| | | 1967年 | 爆發阻止教公二法鬥爭 |
| | | 1968年 | 首次公選主席（屋良朝苗當選）、B52轟炸機在嘉手納基地墜落 |
| | | 1969年 | 佐藤、尼克森聯合聲明「去核、與本土一致、1972年返還」 |
| | | 1970年 | 實施國政選舉、胡差反美暴動 |
| | 現代沖繩 | 1971年 | 美軍基地移送毒瓦斯 |
| | | 1972年 | 歸還沖繩、美元通貨改成日圓、自衛隊進駐沖繩、戰後首度選舉縣知事（屋良朝苗當選）、紀念回歸植樹節、沖繩第一次振興開發計畫 |
| | | 1973年 | 舉辦初夏國民體育大會 |
| | | 1974年 | 那霸小祿工事中未爆彈爆炸（4名兒童死亡、20人受傷） |
| | | 1975年 | 沖繩國際海洋博覽會開幕 |

| 時代區分 | 西曆 | 琉球／沖繩事項 |
|---|---|---|
| 戰後沖繩 | 1976年 | 具志堅用高獲得世界拳擊青少年輕量級冠軍 |
| | 1978年 | 交通規則改為日本式、保守縣政誕生（西銘順治當選縣知事） |
| | 1985年 | 美軍實施大規模飛機戰鬥訓練、第一屆那霸馬拉松大會 |
| | 1986年 | 縣民成立反對「太陽旗」、「君之代」總誓師大會 |
| | 1987年 | 縣民手牽手實施包圍嘉手納基地行動（人的鎖鏈） |
| | 1990年 | 6月23日慰靈日存續、第一屆世界沖繩人大會、第二次革新縣政誕生（大田昌秀當選縣知事） |
| | 1991年 | 尚弘子為沖繩第一位女性副知事 |
| | 1992年 | 首里城復原、糸滿市舉辦全國植樹節 |
| | 1995年 | 「和平之礎」紀念碑竣工、美軍士兵強暴少女事件、縣民總誓師大會（85,000人參加） |
| | 1996年 | 橋本龍太郎與蒙代爾會談，就返還普天間基地達成協議、日美首腦發表日美安保聯合宣言、全國首例縣民投票 |
| | 1997年 | 名護市民有52.86%反對海上基地建設 |
| | 1998年 | 第二次保守縣政誕生（稻嶺惠一當選縣知事） |
| | 1999年 | 稻嶺知事宣布普天間替代設施遷址邊野古沿岸地區 |

| 時代區分 | | 西曆 | 琉球／沖繩事項 |
|---|---|---|---|
| 戰後沖繩 | | 2000年 | 新平和祈念資料館開館、發行2,000日圓守禮門圖案、主要國家首腦會議（Summit）、城寨（gusku）及其關聯遺址被登錄爲世界遺產 |
| | | 2001年 | 美空軍士兵強暴事件、「沖繩觀光安全宣言」 |
| | | 2002年 | 通過新沖繩振興法、日美同意以填海造地做爲普天間替代基地 |
| | | 2003年 | 戰後第一條軌道交通Yui-rail通車 |
| | | 2004年 | 美軍大型戰鬥機墜落失火事件 |
| | | 2005年 | 美水陸兩用坦克在邊野古海邊暗礁處沉沒、抗議強制推行都市型戰鬥訓練設施演習縣民集會 |
| | | 2006年 | 日美政府達成協議，取代普天間基地（宜野灣市），在名護市邊野古新基地建設V字形滑行道路 |
| | | 2007年 | 要求撤回教科書檢定意見縣民大會 |
| | | 2008年 | 「集團自決」訴訟（原告請求駁回） |
| | | 2009年 | 在糸滿市發生未爆彈爆炸事故 |

# 徵引文獻

（依照筆畫順序排列）

## 壹　通史篇

### 第一章

入間田宣夫、豐見山和行，《北の平泉　南の琉球》（東京：中央公論新社，
　　2002年）。

內田晶子、高瀨恭子、池谷望子編，《アジアの海の古琉球―東南アジア・朝鮮
　　・中國》（宜野灣市：榕樹書林，2009年）。

安里進等共著，《沖繩縣の歷史》（東京：山川出版社，2004年）。

伊波普猷著、外間守善校訂，《古琉球》（東京：岩波書店，2000年）。

池宮正治、小渡清孝、田名眞之編，《久米村―歷史と人物》（那霸：ひるぎ
　　社，1993年）。

沖繩縣文化振興會史料編集室編，《沖繩縣史　各論編第3卷　古琉球》（沖
　　繩：沖繩縣教育委員會，2010年）。

高良倉吉、田名眞之編，《圖說　琉球王國》（東京：河出書房新社，1993
　　年）。

琉球新報社編，《新琉球史　古琉球編》（那霸：琉球新報社，1992年）。

新城俊昭，《教養講座　琉球・沖繩史》（糸滿：東洋企畫，2015年第2刷）。

### 第二章

上原兼善，《鎖國と藩貿易》（沖繩：八重岳書房，1981年）。

上原兼善，《幕藩制形成期の琉球支配》（東京：吉川弘文館，2001年）。

上原兼善，《近世琉球貿易史の研究》（東京：岩田書院，2016年）。

田名眞之，《沖繩近世史の諸相》（那霸：ひるぎ社，1992年）。

赤嶺守，《琉球王國―東アジアのコーナーストーン》（東京：講談社，2004
　　年）。

高良倉吉，《琉球王國》（東京：岩波新書，1993年）。

宮城榮昌，《琉球使者の江戶上り》（東京：第一書房，1982年）。

紙屋敦之，《大君外交と東アジア》（東京：吉川弘文館，1997年）。

渡口眞清，《近世の琉球》（東京：法政大學出版局，1975年）。

渡邊美季，《近世琉球と中日關係》（東京：吉川弘文館，2012年）。

琉球新報社，《新琉球史　近世編》上下（那霸：琉球新報社，1989年）。

喜舍場一隆，《近世薩琉關係史の研究》（東京：國書刊行會，1993年）。

豐見山和行編，《琉球・沖繩史の世界》（東京：吉川弘文館，2003年）。

豐見山和行，《琉球王國の外交と王權》（東京：吉川弘文館，2004年）。

德永和喜，《薩摩藩対外交涉史の研究》（福岡：九州大學出版會，2005年）。

橫山學，《琉球國使節渡來の研究》（東京：吉川弘文館，1987年）。

箭內健次編，《鎖國日本と國際交流》（東京：吉川弘文館，1988年）。

## 第三章

大城立裕，《沖繩歷史散步》（大阪：創元社，1980年）。

沖繩大百科事典刊行事務局編，《沖繩大百科事典》上、中、下卷（那霸：沖繩タイムス社，1983年）。

沖繩歷史教育者協議會，《沖繩－自然・島々・歷史・文化・戰跡・基地》（大阪：クリスタル出版企畫，1995年）。

新城俊昭，《見て觀て考える圖説琉球・沖繩》（中城村：むぎ社，1999年）。

新城俊昭，《教養講座　琉球・沖繩史》（糸滿：東洋企畫，2014年）。

豐見山和行編，《琉球・沖繩史の世界》（東京：吉川弘文館，2003年）。

## 第四章

「沖繩を知る事典」編集委員會編，《沖繩を知る事典》（東京：日外アソシエーツ株式會社，2000年）。

「沖繩を知る事典」編集委員會編，《沖繩を深く知る事典》（東京：日外アソシエーツ株式會社，2006年）。

沖繩縣文化振興會公文書館管理部史料編集室編，《概説沖繩の歷史と文化》（沖繩：沖繩縣教育委員會，2000年）。

徐勇、湯重南主編，《琉球史論》（北京：中華書局，2016年）。

新崎盛輝著、胡冬竹譯，《沖繩現代史》（北京：生活、讀書、新知三聯書店，2010年）。

新城俊昭，《書き込み教科書改訂版　高等學校　琉球・沖繩の歷史と文化》（糸滿：東洋企畫，2010年）。

新城俊昭，《教養講座　琉球・沖繩史》（糸滿：東洋企畫，2015年第2刷）。

ja.wikipedia.org/wiki/沖繩都市モノレール線。2017年8月5日瀏覽。

# 貳　專題研究篇

## 第五章

### 一、史料

〈進貢、接貢船、唐人通船、朝鮮人乘船、日本他領人乘船、各漂著並破船之時，八重山島在番役役勤職帳〉，石垣市總務部市史編集室，《石垣市史叢書》4（沖繩：石垣市役所，1993年）。

《大清會典　康熙朝》（臺北：文海出版社，近代中國史料叢刊三編72輯，1992年）。

《大清會典　雍正朝》（臺北：文海出版社，近代中國史料叢刊三編78輯，1994年）。

《中山世譜》，伊波普猷、東恩納寬惇、橫山重編，《琉球史料叢書》第四卷（東京：東京美術，1972年）。

《呈稟文集》，沖繩：沖繩縣立博物館藏。

《宋史》（臺北：鼎文書局，1980年再版）。

《明世宗實錄》（臺北：中央研究院歷史語言研究所影印本，1966年）。

《明史》（臺北：鼎文書局，1980年再版）。

《明清史料己編》第10冊（臺北：中央研究院歷史語言研究所，1957年）。

《宮中檔嘉慶朝奏摺》第10冊（臺北：國立故宮博物院，未刊稿本）。

《旅行心得之條々》，沖繩：沖繩縣立圖書館東恩納文庫藏。

《清高宗實錄》（北京：中華書局，1986年）。

《欽定大清會典事例　嘉慶朝》（臺北：文海出版社，近代中國史料叢刊三編67輯，1991-92年）。

《漢文集》，沖繩：琉球大學宮良殿內文庫藏。

《歷代寶案》（臺北：國立臺灣大學影印本，1972年）。

中國第一歷史檔案館編，《清代中琉關係檔案三編》（北京：中華書局，1996年）。

中國第一歷史檔案館編，《清代中琉關係檔案五編》（北京：中國檔案出版社，2002年）。

中國第一歷史檔案館編，《清代中琉關係檔案選編》（北京：中華書局，1993年）。

中國第一歷史檔案館編，《清代中朝關係檔案史料續編》（北京：中國檔案出版社，1998年）。

申時行等重修，《大明會典》（臺北：國風出版社影印，1963年）。

故宮博物院編，《清代外交史料》嘉慶朝三（北平：故宮博物院，1932年）。

## 二、專書

小葉田淳，《中世南島通交貿易史の研究》（東京：刀江書院，1968年）。

比嘉朝進，《波高し！漂流琉球船》（那霸：風土記社，1990年）。

竹原孫恭，《城間船中國漂流顛末》（石垣市：竹原房，1982年）。

沖繩縣文化振興會公文書管理部史料編集室，《歷代寶案》（譯注本）第二冊（那霸：沖繩縣教育委員會，1997年）。

沖繩縣教育委員會編，《沖繩縣史》第12卷、13卷、15卷（東京：國書刊行會復刻，1989年）。

赤嶺守，《琉球王國—東アジアのコーナーストーン》（東京：講談社，2004年）。

赤嶺誠紀，《大航海時代の琉球》（那霸：沖繩タイムス社，1988年）。

荒野泰典，《近世日本と東アジア》（東京：東京大學出版會，1988年）。

豐見山和行、高良倉吉編，《琉球・沖繩と海上の道》（東京：吉川弘文館，

2005年）。

藤井志津枝，《近代中日關係史源起：1871-74臺灣事件》（臺北：金禾出版
　　社，1992年）。

三、論文

小林茂、松原孝俊、六反田豐編，〈朝鮮から琉球へ，琉球から朝鮮への漂流年
　　表〉，《歷代寶案研究》9號（1998年），頁73-136。

木津祐子，〈「官話」の漂著—乾隆年間八重山における官話の傳播〉，藤善眞
　　澄編，《東と西の文化交流》（大阪：關西大學出版部，2004年），頁241-
　　259。

池野茂，〈近世琉球の遭難漂流記錄をめぐる諸問題〉《桃山學院大學社會學論
　　集》10卷1號（1976年10月），頁47-87。

西里喜行，〈冊封進貢體制の動搖とその諸契機—嘉慶、道光期の中琉關係を中
　　心に〉，《東洋史研究》59卷1號（2000年），頁69-113。

西里喜行，〈清代光緒年間の「琉球國難民」漂著事件について—救國運動との
　　關連を中心に—〉，《第二回琉球・中國交涉史に關するシンポジウム論文
　　集》（那霸：沖繩縣立圖書館，1995年），頁25-96。

李薰，〈朝鮮王朝時代後期漂民の送還を通してみた朝鮮、琉球關係〉，《歷代
　　寶案研究》8號（1997年），頁1-32。

赤嶺守，〈清代の琉球漂流民送還體制について—乾隆二十五年の山陽西表船の
　　漂著事例を中心として—〉，《東洋史研究》58卷3號（1999年12月），頁
　　84-109。

赤嶺守，〈清朝の對日琉球歸屬問題交涉と脫清人〉，石橋秀雄編，《清代中國
　　の諸問題》（東京：山川出版社，1995年），頁263-296。

赤嶺守、張維眞，〈清乾隆中期對琉球遭風難民的撫恤及遣送制度〉，馮明珠主
　　編，《文獻與史學：恭賀陳捷先教授七十嵩壽論文集》（臺北：遠流出版，
　　2002年），頁433-451。

周婉窈，〈從琉球人船難受害到牡丹社事件：「新」材料與多元詮釋的可能〉，
　　《臺灣風物》65卷2期（2015年6月），頁23-89。

林玉茹，〈清末北臺灣漁村社會的搶船習慣－以《淡新檔案》爲中心的討論〉《新史學》20卷2期（2009年6月），頁115-165。

俞玉儲，〈再論清代和琉球的貿易—兼論中琉互救飄風難船的活動〉，《第二屆琉球‧中國交涉史研討會論文集》（那霸：沖繩縣立圖書館，1995年），頁315-336。

俞玉儲，〈對清代琉球難船爲貿易而漂流之我見〉，《第四屆琉球‧中國交涉史研討會論文集》（那霸：沖繩縣教育委員會，1999年），頁297-329。

荒野泰典，〈近世日本の漂流民送還體制と東アジア〉《歷史評論》400號（1983年8月），頁73-102。

渡邊美季，〈近世琉球における「異國船漂著體制」－中國人‧朝鮮人‧出所不明の異國人の漂著に備えて〉，《琉球王國評定所文書補遺別卷》（沖繩：浦添市教育委員會，2002年），頁5-47。

渡邊美季，〈清代中國における漂著民の處置と琉球〉(1)、(2)，《南島史學》54、55號（1999、2000年），頁1-48、頁36-109。

渡邊美季、劉序楓、赤嶺守，〈清代琉球民間船漂著一覽〉，赤嶺守、朱德蘭、謝必震編，《中國と琉球 人の移動を探る：明清時代を中心としたデータの構築と研究》（東京：彩流社，2013年），頁331-375。

豐見山和行，〈船と琉球史—近世の琉球船をめぐる諸相—〉，岡本弘道編，《船の文化からみた東アジア諸國の位相》（大阪：關西大學文化交涉學教育研究據點，2012年），頁23-35。

劉序楓，〈清代中國對外國遭風難民的救助及遣返制度—以朝鮮、琉球、日本難民爲例〉，《第八回琉中歷史關係國際學術會議論文集》（那霸：琉球中國關係國際學術會議，2001年），頁1-37。

劉序楓，〈清代琉球船的海外漂流—以漂到東南亞的事例爲中心〉，辛德蘭主編，《第十屆中琉歷史關係學術會議論文集》（臺北：中琉交化經濟協會出版，2007年），頁131-158。

劉序楓，〈清代琉球船的朝鮮漂流紀錄〉，陳碩炫、徐斌、謝必震編，《順風相送：中琉歷史與文化—第十三屆中琉歷史關係國際學術會議論文集》（北京：海洋出版社，2013年），頁123-144。

劉序楓，〈清代遭風漂臺之外國船難事件研究—以琉球、日本、朝鮮難民的處
　　理事例爲中心〉，《歷史研究者交流事業（招聘）研究成果報告書集》（東
　　京：財團法人交流協會，2003年），頁1211-1234。

劉序楓，〈清代檔案與環東亞海域的海難事件研究—兼論海難民遣返網絡的形
　　成〉，《故宮學術季刊》23卷3期（2006年3月），頁91-126。

劉序楓，〈清末的東亞變局與中日琉關係—以漂流民的遣返問題爲中心〉，《第
　　十一回琉中歷史關係國際學術會議論文集》（那霸：琉球中國關係國際學術
　　會議，2008年），頁131-167。

鄭樑生，〈清廷對琉球遭風難民的處置—以嘉慶朝爲例〉，同氏著，《中日關係
　　史論集》（八）（臺北：文史哲出版社，1998年），頁209-239。

# 第六章

## 一、史料

名護市教育委員會編，《名護親方程順則資料集1—人物傳記編》（名護：名護
　　市教育委員會，2005年）。

《枕山樓文集》（原件藏於東京：日本國立公文書館）。影印本收錄於方寶川、
　　謝必震主編，《琉球文獻史料彙編》（清代卷）（北京：海洋出版社，2014
　　年）。

《枕山樓詩集》（原件藏於東京：日本國立公文書館）。影印本收錄於方寶川、
　　謝必震主編，《琉球文獻史料彙編》（清代卷）（北京：海洋出版社，2014
　　年）。

〈程氏家譜〉，《那霸市史資料編二（下）》附《家譜資料二（久米村系）》
　　（那霸：那霸市企畫部市史編集室，1980年）。

## 二、專書

上里賢一，《中山詩文集校訂本》（福岡：九州大學出版，1998年）。

中國福建省・琉球列島交涉史研究調查委員會編，《中國福建省・琉球列島交涉
　　史の研究》（東京：第一書房，1995年）。

比嘉實，《「唐旅」紀行——琉球進貢使節の路程と遺跡・文書の調查》（東
　　京：法政大學沖繩文化研究所，1996年）。

李永選纂，《長樂六里志》卷7〈人物上　隱逸〉，收入《中國地方志集成　鄉鎮志專輯第26冊》（上海：上海書店，1992年據1964年油印本影印）。

赤嶺守、朱德蘭、謝必震編，《中國と琉球　人の移動を探る：明清時代を中心としたデータの構築と研究》（東京：彩流社，2013年）。

沖繩縣教育廳文化財課史料編集班編，《歷代寶案校訂本》第3冊（那霸：沖繩縣教育委員會，1993年）。

眞境名安興，《沖繩一千年史》，《眞境名安興全集》第1卷（那霸：琉球新報社，1993年）。

歐陽英修、陳衍纂，《民國閩侯縣志》卷48〈藝文〉，收入《中國地方志集成福建府縣志輯2》（上海：上海書店，2000年）。

## 三、論文

上里賢一，〈陳元輔の漢詩と琉球─《枕山樓詩集》を中心にして─〉，《歷代寶案研究》第10號（1999年3月），頁47-69。

田名眞之，〈近世久米村の成立と展開〉，《新琉球史　近世編（上）》（那霸：琉球新報社，1989年），頁205-230。

季龍飛，〈陳元輔と琉球文人の詩文交流について──《枕山樓詩集》《枕山樓文集》《中山詩文集》《香園梅詩》を巡って〉（沖繩：琉球大學修士論文，2016年）。

前田舟子，〈清代福建における勤學の活動─《那霸市史》「久米村系家譜」を中心に─〉，《中國福建省における琉球關係史跡調查報告書》（沖繩：琉中關係研究會，2009年），頁367-418。

徐恭生，〈琉球國在華留學生〉，西里喜行、上里賢一共譯，《中國‧琉球交流史》（那霸：ひるぎ社，1991年），頁177-200。

深澤秋人，〈渡唐使節における勤學人〉，《近世琉球中國交流史の研究》（宜野灣市：榕樹書林，2011年），頁161-194。

# 第七章

一、史料

王文治，《夢樓詩集》，收入王菡選編，《國家圖書館藏琉球資料三編》下（北京：北京圖書館出版社，2006年）。

全魁，〈自南台登舟泛海，抵中山，即事十四首〉之十一、十二、十三、十四首，收入鐵保輯，趙志輝校點補，《熙朝雅頌集》（瀋陽：遼寧大學出版社，1992年）卷79。

汪楫，《使琉球雜錄》，收入黃潤華、薛英編，《國家圖書館藏琉球資料匯編》上（北京：北京圖書館出版社，2003年）。

李鼎元，《師竹齋集》，收入王菡選編，《國家圖書館藏琉球資料三編》下（北京：北京圖書館出版社，2006年）。

李鼎元，《使琉球記》，收入殷夢霞、賈貴榮、王冠編，《國家圖書館藏琉球資料續編》上，（北京：北京圖書館出版社，2002年）。

周煌，《琉球國志略》，收入黃潤華、薛英編，《國家圖書館藏琉球資料匯編》中（北京：北京圖書館出版社，2003年）。

周煌，《海東集》，收入王菡選編，《國家圖書館藏琉球資料三編》上（北京：北京圖書館出版社，2006年）。

周煌，《海東續集》，收入王菡選編，《國家圖書館藏琉球資料三編》上（北京：北京圖書館出版社，2006年）。

徐葆光，《中山傳信錄》，收入黃潤華、薛英編，《國家圖書館藏琉球資料匯編》中（北京：北京圖書館出版社，2003年）。

徐葆光，《舶中集》，收入王菡選編，《國家圖書館藏琉球資料三編》上（北京：北京圖書館出版社，2006年）。

夏子陽，《使琉球錄》，收入黃潤華、薛英編，《國家圖書館藏琉球資料匯編》上（北京：北京圖書館出版社，2003年）。

球陽研究會編，《球陽》（東京：角川書局，1974年）。

陳侃，《使琉球錄》，收入黃潤華、薛英編，《國家圖書館藏琉球資料匯編》上（北京：北京圖書館出版社，2003年）。

陳侃，《使琉球錄》，收於《使琉球錄三種》（臺北：大通書局，臺灣文獻叢刊
　　第三輯，1984年）。

張學禮，《中山紀略》，收入殷夢霞、賈貴榮、王冠編，《國家圖書館藏琉球資
　　料續編》上（北京：北京圖書館出版社，2002年）。

張學禮，《使琉球記》，收入黃潤華、薛英編，《國家圖書館藏琉球資料匯編》
　　上，（北京：北京圖書館出版社，2003年）。

程順則編，《中山傳信錄》，收入黃潤華、薛英編，《國家圖書館藏琉球資料匯
　　編》中（北京：北京圖書館出版社，2003年）。

趙文楷，《石柏山房詩存》，收入王菡選編，《國家圖書館藏琉球資料三編》下
　　（北京：北京圖書館出版社，2006年）。

齊鯤，《東瀛百詠》，收入王菡選編，《國家圖書館藏琉球資料三編》下（北
　　京：北京圖書館出版社，2006年）。

蕭崇業，《使琉球錄》，收於《使琉球錄三種》（臺北：大通書局，臺灣文獻叢
　　刊第三輯，1984年）。

## 二、專書

上里賢一編，《校訂本中山詩文集》（福岡：九州大學出版會，1998年）。

中華書局編輯，《曹操集》（北京：中華書局，1974年）。

王文誥輯注、孔凡禮點校，《蘇軾詩集》（北京：中華書局，1999年）。

池宮正治，《琉球藝能總論》（東京：笠間書院，2015年）。

林熙，《中山紀游吟》，收入《清代詩文集彙編》667冊（上海：上海古籍出版
　　社，2010年據清光緒十八年鳥園讀畫亭刻本影印）。

郭汝霖，《石泉山房文集》，收入《四庫全書存目叢書　集部》冊129（臺南：
　　莊嚴出版社，1997年據浙江圖書館藏明萬曆二十五年（1597）郭氏家刻本影
　　印）。

顧龍山人纂，卞孝萱、姚松點校，《十朝詩乘》（福州：福建人民出版社，2000
　　年）。

## 三、論文

馬凌雲，〈唐前江海賦〉，《柳州師專學報》第21卷第1期（2006年3月），頁

34-36。

陳心心、何美寶，〈唐以前海賦的研究─以Eliade的宗教理論為基礎的分析〉，
　　《中外文學》第15卷第8期（1987年1月），頁130-150。

譚家健，〈漢魏六朝時期的海賦〉，《聊城師範學院學報》2000年第2期（2000
　　年7月），頁84-89。

## 第八章

### 一、史料

〈上諭〉，光緒七（1881）年二月初六日上諭檔，收入《清光緒朝中日交涉史
　　料》卷2（臺北：文海出版社，1963年）。

「日本換約」，〈清季外交檔案〉，中央研究院近代史研究所藏，典藏號50-51-
　　1。

〈右庶子陳寶琛奏倭案不宜遽結摺〉，光緒六（1880）年九月二十六日，收入
　　《清光緒朝中日交涉史料》卷2（臺北：文海出版社，1963年）。

外務省編，《琉球所屬問題關係資料》第8卷第1、第2（東京：本邦書籍株式會
　　社，1980年）。

外務省調查部編，《大日本外交文書》第6卷、第7卷（東京：日本國際協會，
　　1939年）。

外務省調查部編，《日本外交文書》第13卷（東京：日本國際協會，1955年）。

《史料稿本》，《那霸市史》資料編第2卷の4（那霸：那霸市役所，1979年）。

〈在北京榎本公使機密信第21號寫〉，明治16年5月5日〈榎本武揚より井上外
　　務卿あて機密信〉，外務省編，《琉球廢藩置縣處分4》（日本外交史料館
　　藏）。

〈江南道監察御使張中炘奏倭患方張籌督戰守事宜摺〉，《清光緒朝中日交涉史
　　料》卷17（臺北：文海出版社，1963年）。

《沖繩縣關係各省公文書2》，《沖繩縣史》13（東京：國書刊行會，1989
　　年）。

〈妥籌球案摺〉，光緒六（1880）年十月初九日，收入（清）李鴻章著、吳汝綸
　　編錄，《李文忠公全集　奏稿》卷39。

松田道之，《琉球處分》，收入下村富士男編，《明治文化資料叢書》第4卷外
　　交編（東京：風間書房，1972年）。

東恩納寬惇，《尚泰侯實錄》，收入琉球新報社編，《東恩納寬惇全集》2（東
　　京：第一書房，1978年）。

陳龍貴主編，《清代琉球史料彙編》，軍機處檔奏摺錄副（下），（臺北：國立
　　故宮博物院，2016年）。

《清光緒朝中日交涉史料》卷1、卷2、卷17、卷25（臺北：文海出版社，1963
　　年）。

〈脫清人明細表〉，收入琉球政府編，《沖繩縣史》第13卷，資料篇3《沖繩縣
　　關係各省公文書2》（那霸：國書刊行會，1966年），頁274-82。

〈琉球國紫巾官向德宏二次稟稿〉，光緒五（1879）年六月初五日附，收入
　　（清）李鴻章著、吳汝綸編錄，《李文忠公全集　譯署函稿》卷9（臺北：
　　文海出版社，1968年）。

〈曾根‧町田‧清水‧三名清國內地ノ視察一件〉，《外務省記 分類第5門軍事
　　5.1.10.3》（日本外交史料館藏）。

〈閩浙總督何璟等奏據情陳案琉球職貢日本梗阻摺〉，光緒三（1877）年五月
　　十四日，收入《清光緒朝中日交涉史料》卷1（臺北：文海出版社，1963
　　年）。

〈翰林院侍講學士四川學政瞿鴻機奏不可輕與倭人言和摺〉，《清光緒朝中日交
　　涉史料》卷25（臺北：文海出版社，1963年）。

〈總理各國事務衙門奏日本梗阻琉球入貢現與出使商辦情形摺〉，光緒四
　　（1878）年六月初五日，收入《清光緒朝中日交涉史料》卷1。

〈總理各國事務衙門奏琉球耳目官毛精長到京乞援摺〉，光緒五（1879）年九
　　月十三日，收入《清光緒朝中日交涉史料》卷1（臺北：文海出版社，1963
　　年）。

## 二、專書

伊波普猷，《伊波普猷全集》第7卷（東京：平凡社，1975年》。

喜舍場朝賢，《琉球見聞錄》（東京：至言社，1977年）。

德富猪一郎，《岩倉具視公》（東京：民友社，1932年）。

三、論文

上里賢一，〈毛有慶『竹蔭詩稿寫』〉，《日本東洋文化論集》5号（1999年），頁54。

赤嶺守，〈琉球士族の反抗〉，沖繩縣文化振興會史料編集室編，《沖繩縣史》各論編5近代（那霸：沖繩縣教育委員會，2011年），頁87。

# 第九章

一、史料（中琉文化經濟協會珍藏公私文書）

《民國47年～54年工商互訪交流》。

《民國47～58年度政府人員互訪》。

《民國47～68年度工作紀要》。

《民國51年5月～58年8月琉球政情》。

《民國53～74年度辦理出入境規則、案件》。

《民國54～61年度工作紀要》。

《民國55～57年度工商互訪交流》。

《民國57～63年度工商互訪考察》。

《民國57～79年度工商互訪考察》。

《民國58～70年度政府人員互訪》。

《民國61年8月～74年9月拓展貿易》。

《民國62～75年度工作紀要》。

《民國64年6月～76年6月琉球政情》。

《民國71年1月～74年8月拓展貿易》。

《民國74～76年度政府人員互訪》。

《民國75年3月拓展貿易》。

《民國75年3月～75年4月經貿促進小組》。

《民國77年3月經貿促進小組》。

《民國78年宮城仁四郎文書》。

《民國79年度第七次中琉貿易促進會議》。

《民國86年9月～87年3月琉球政情》。

二、報紙、雜誌
《中央日報》,臺北,1969年、1982年。
《沖繩タイムス》,那霸,1980。
《週刊時事》,那霸,1971年。

三、專書
久高則夫編,《沖繩の英傑、百人の顏》第5集(那霸:セイケイ新聞社,1987
　　年)。
大田政作,《回想 ―わが半生の記》(東京:白鳥社,1978年)。
于宗先、李誠主編,《經濟政策與經濟發展―臺灣經濟發展之評價》(臺北:財
　　團法人中華經濟研究院,1997年)。
平山源寶編,《沖繩名鑑》(那霸:沖繩名鑑發刊社,1954年)。
古波津清昇,《沖繩產業史　自立經濟の道を求めて》(那霸:文教圖書株式會
　　社,1983年)。
朱德蘭,《臺灣沖繩交流史論集》(臺北:遠流出版公司,2015年)。
沖繩タイムス社編,《現代沖繩人物三千人》(那霸:沖繩タイムス社,1966
　　年)。
沖繩タイムス社編,《私の戰後史》第5集(那霸:沖繩タイムス社,1981年)。
那霸商工會議所編集,《那霸商工會議所五十五史》(那霸:國場幸太郎發行,
　　1983年)。
松川久仁男編,《現代沖繩の百人》(那霸:ヤラフォトサービス,1975年)。
琉球新報社人名鑑刊行事務局編,《沖繩縣人名鑑》(那霸:琉球新報社,1991
　　年)。
新城俊昭,《教養講座　琉球・沖繩史》(糸滿:東洋企畫,2015年)。
新崎盛輝著、胡冬竹譯,《沖繩現代史》(北京:生活、讀書、新知三聯書店,
　　2010年)。

## 四、論文

張殊曼，〈戰後中華民國與琉球經貿交流之研究（1945-1972）〉（中壢：國立
中央大學歷史研究所碩士論文，2017年1月）。

## 五、工具書

沖繩大百科事典刊行事務局編，《沖繩大百科事典》下卷（那霸：沖繩タイムス
社，1983年）。

「沖繩を知る事典」編集委員會編，《沖繩を深く知る事典》。東京：日外株式
會社，2006年。

琉球政府總務局涉外廣報課編集，《琉球要覽》第9卷1967年版。東京：不二出
版，2014年復刻。

## 六、網路資料

www.twword.com/wiki/石油危機。2017年6月27日瀏覽。

# 第十章

## 一、史料（中琉文化經濟協會珍藏公私文書）

《民國47～58年度政府人員互訪》。

《民國47～68年度工作紀要》。

《民國47年～74年度反共事件》。

《民國51年5月～58年8月琉球政情》。

《民國53～74年度辦理出入境規則、案件》。

《民國53年8月～76年7月琉界人士來華短期研習》。

《民國54～61年度工作紀要》。

《民國55年4月～63年6月文化界赴琉訪問》。

《民國62～75年度工作紀要》。

《民國76年中華文化在琉球—琉球歷史文物考察》。

《（中琉文化經濟協會）76年中華民國琉球友好訪問團報告書》。

《民國86年8月～87年2月琉球宜野灣市文化協會來華公演》。

《民國86年9月～87年3月琉球政情》。

《民國102年度工作紀要》。

二、報紙、雜誌

《臺灣新生報》，臺北，1969年。

《中琉雜誌》創刊號，臺北，1992年7月。

三、專書

中琉文化經濟協會，《中華民國文化藝術訪問團琉球展演交流紀要》（臺北：中
　　琉文化經濟協會，1994年）。

中琉文化經濟協會編，《中琉四十年交流紀要》（臺北：中琉文化經濟協會，
　　1998年）。

何沁、張靜如、肖超然、周承恩、聞立樹共編，《高等學校文科教材　中共黨史
　　講義》（北京：中國人民大學出版社，1986年）。

沖繩タイムス社編，《私の戰後史》第5集（那霸：沖繩タイムス社，1981
　　年）。

具志堅以德編著，《久米村の民俗》（那霸：社團法人久米崇聖會，1989年）。

楊仲揆，《現代中琉關係史》（臺北：中琉文化經濟協會，1997年）。

四、論文

張希哲，〈琉球石垣市唐人墓史實考〉，琉中歷史關係國際學術會議委員會編，
　　《第四回琉中歷史關係國際學術會議論文集》（那霸：琉中歷史關係國際學
　　術會議委員會，1993年），頁117。

五、工具書

沖繩大百科事典刊行事務局編，《沖繩大百科事典》上、中、下卷（那霸：沖繩
　　タイムス社，1983年）。

六、網路資料

https://zhidao.baidu.com/question/25312269.html。文化的意思百度知道，全球最大
　　中文互動。2017年7月20日瀏覽。

# 索　引

# 主編、著者及譯者簡介

## 主編、第四章、第九章、第十章著者

### 朱德蘭

日本國立九州大學國史學博士。歷任中央研究院人文社會科學研究中心研究員兼副主任、人文講座教授、臺灣史研究所合聘研究員，國立中央大學歷史研究所兼任教授、中華民國海外華人研究學會副理事長。

現任中央研究院人文社會科學研究中心兼任研究員、中琉文化經濟協會監事會召集人兼學術研究委員會主任委員。

## 第一章、第五章著者

### 劉序楓

日本國立九州大學東洋史學博士。現任中央研究院人文社會科學研究中心研究員兼亞太區域研究專題中心執行長。

## 第一章著者

### 前田舟子

日本國立琉球大學學術博士。現任日本沖繩大學法經學部講師。

## 第二章、第八章著者

### 赤嶺守

　　國立臺灣大學歷史學博士。現任日本國立琉球大學法文學部教授。

## 第三章著者

### 金城ひろみ

　　日本大東文化大學中國語學碩士。現任日本國立琉球大學法文學部准教授。

## 第六章著者

### 上里賢一

　　日本國立東北大學中國文學碩士。現任日本國立琉球大學名譽教授。

## 第七章著者

### 廖肇亨

　　日本國立東京大學文學博士。歷任中央研究院中國文哲研究所研究員兼副所長、日本東京大學文學部客座教授。

　　現任中央研究院文哲所研究員、國立臺灣大學中國文學研究所兼任教授、法鼓山中華佛學研究所兼任研究員。

## 第一章譯者

**沈玉慧**

　　日本國立九州大學東洋史學博士。現任國立中興大學歷史學系助理教授。

## 第三章、第六章譯者

**童宏民**

　　日本國立琉球大學大學院人文社會科學研究科博士。現任國立勤益科技大學通識教育學院副教授。

國家圖書館出版品預行編目資料

琉球沖繩的光和影：海域亞洲的視野／朱
德蘭等著；陳姿穎主編；中琉文化經濟
協會策劃. -- 二版. -- 臺北市：五
南, 2019.09
　　面；　公分.
　ISBN 978-957-763-623-2（平裝）

　1.歷史　2.區域研究　3.琉球

731.788　　　　　　　　108014021

1WI4

# 琉球沖繩的光和影——
# 海域亞洲的視野

主　　　編 ― 朱德蘭

作　　　者 ― 朱德蘭　赤嶺守　劉序楓　上里賢一
　　　　　　　廖肇亨　金城ひろみ　前田舟子

策　　　劃 ― 中琉文化經濟協會

發 行 人 ― 楊榮川

總 經 理 ― 楊士清

總 編 輯 ― 楊秀麗

企畫主編 ― 陳姿穎

責任編輯 ― 沈郁馨

出 版 者 ― 五南圖書出版股份有限公司

地　　　址：106台北市大安區和平東路二段339號4樓

電　　　話：(02)2705-5066　　傳　真：(02)2706-6100

網　　　址：http://www.wunan.com.tw

電子郵件：wunan@wunan.com.tw

劃撥帳號：01068953

戶　　　名：五南圖書出版股份有限公司

法律顧問　林勝安律師事務所　林勝安律師

出版日期　2018年 3 月初版一刷
　　　　　2019年 9 月二版一刷

定　　　價　新臺幣520元